本书为武汉大学自主科研项目（人文社会科学）"当代文化心理学研究"团队项目研究成果，并得到"中央高校基本科研业务费专项资金"资助！

幸福心理学

Psychology

of

Well-Being

严　瑜 ◎ 著

人民出版社

目　　录

人们追求任何事物都是源于某种幸福感的驱动，也就是追求能让自己感觉良好或感到满足的事物。生活因为有了幸福感而变得丰富活跃，生命因为有了幸福感而变得快乐和有意义。一个人不论处在什么样的环境下，有什么不幸的遭遇，只要他仍能从生活中发现幸福的根源，那么所有的努力都是值得的，所有的经历和遭遇也都会变成一种财富。

每个人都在生活中追求幸福，幸福似乎是一切人类努力的终极目标。我们关注幸福，并思考如何提升幸福。如果我们问究竟是什么使得一个人的生活进展顺利，我们就在问他关于幸福的问题。幸福是一个非常主观的概念，不同的人对幸福有不同的理解。成功的事业、稳定的友谊、美的事物等都会让我们获得幸福感。

在你的日常生活情境中更加频繁地找到积极的意义,是提升你的积
极情绪从而提升你的幸福的一个关键途径。你的思维反映了你是如
何解释目前的情况的,你从它们当中找到怎样的意义。找到积极的
意义是有可能的,发现好的方面的机会以及在你当前的情境中诚实
地强调积极意义的机会,是始终存在的。当你将不愉快甚至是悲惨
的情况以积极的方式重新定义时,你就提高了积极情绪。

要使一个人有所成就,不是通过矫正他的缺点来实现,因为他自己可
以改变自己,只要他肯下决心,所以要去引导他的优势,从而促使他
建立自己的生活。当优势发展得很好时,就可以成为对抗缺点和抵
挡人生诸多不幸的缓冲器。所以,人的发展不仅仅是要改正缺点,更
为重要的是挖掘美德和优势,因为发展美德和优势才能获得积极体
验,带给我们希望、满足和幸福。

工作满意感是一种重要的、长期形成的态度,它渗入到人们工作和工

作以外生活的认知、情感和行为方面。这些特点突出了工作满意感的重要性,它是一个值得组织科学和幸福科学研究关注的概念。工作态度和主观幸福感的相互性突出了这样一个事实:如果对其中一个领域没有进行必要的考虑,那么对另一个领域的理解也不会完整。

第六章 "积极关系"改善幸福体验 ………………… 164

社会关系并不总是积极的,它带来了愉悦和幸福,也引发许多冲突和悲伤。不良的或冲突的社会关系与较大的压力和焦虑相关,并且可能降低了主观幸福感。离婚、孩子或配偶的去世或者失恋导致消极情感增多,积极情感减少。类似的,消极的互动关系也与更加消极的心境、压力和抑郁有关。例如,有过于苛刻的人与男性较低的幸福感有关;有让自己"心烦"的人与女性较低的幸福感有关。

第七章 "意义和目标"谱写幸福密码 ……………… 205

要提高我们的生活意义感,设定恰当的目标,培养幽默风趣的生活态度,学会感恩,抱有希望,为自己的存在找到定位,都是可能有效的办法。而通过生活意义的提高,我们也终将掌握生活幸福的密码,成为获得"持续幸福和繁荣"的个体。

历史上幸福感研究有三个主要问题:"什么是幸福?""谁幸福?"和"什么使人幸福?"。哲学家讨论第一个问题达千年之久仍没有达成共识,定义的缺乏导致幸福的实证研究没有发展。事实上1948年Henry Murray 和 Clyde Kluckhohn 悲叹:"据我们所知,亚里士多德主张的理性就是幸福还没有被成功驳倒,但到目前为止没有科学家勇于迈出幸福心理学的第一步"。

第 一 章

幸福科学的起点：积极心理学

积极心理学（positive psychology）这个词最早于 1954 年出现在马斯洛（Maslow）的著作《动机与人格》（*Motivation and Personality*）中，当时该书最后一章的标题为"走向积极心理学"（Toward a Positive Psychology）。但在此后的几十年，这个词并没有引起心理学界太多的注意，直到美国心理协会（APA）前主席塞利格曼（Seligman）在 1998 年的 APA 年度大会上明确提出把建立积极心理学作为自己任职 APA 主席的一大任务时，积极心理学才开始正式受到世人的关注。而 2002 年 斯奈德（Snyder）和洛佩兹（Lopez）主编的《积极心理学手册》的出版则正式宣告了积极心理学运动的独立[①]。

积极心理学之父塞利格曼（Seligman）对积极心理学的推动，可能源于多重原因：原因一：1988 年，心理学家塞利格曼（Seligman）与学者派因（Pine）的一次会晤使塞利格曼的学术生涯发生了重大的转变。塞利格曼当时向派因介绍了自己的悲观研究，但派因听完以后却果断地告诉塞利格曼说"你的研究内容不是关于悲观的，而是关于乐观的"。并且继续鼓励说，"我也希望你能够完成一本有关乐观的书，它一定会产生重大影响！"塞利格曼真的这样做了。随后一场重要的心理学运动出现了：积极心理学运动。

原因二：源于"大西洋慈善基金会"的捐助，这个慈善基金会是由查尔斯·菲尼（Charles Feeney）的慈善家创办的，并将他所有的财产——50 亿美元，全部捐给受托人做好事。1997 年，心理学家马丁·塞利格曼（Martin

---

① Snyder，C.R.，& Lopez，S.J.（2005）.*Handbook of positive psychology*.Oxford：Oxford University Press.

Seligman)当选为美国心理协会主席后,受到"大西洋慈善基金会"的捐助启动,以及其个人研究兴趣的转变,开拓了心理科学一块崭新的研究领域——积极心理学,并强调这门学科将研究那些使生命更有价值和更有意义的东西。[①]

原因三:有一天,塞利格曼在自家的花园里认真地除草,但她的小女儿尼奇却非常顽皮地捣乱,塞利格曼非常生气,他严厉地训斥和责骂了小尼奇。然而,令塞利格曼惊奇的是,小尼奇不仅没有哭泣,反而异常冷静地回应他说:"爸爸,我想和你聊聊。你还记得我5岁生日之前的事情吗? 以前,我是一个爱哭的女孩,但在我5岁生日那天,我决定不再哭泣,那对我来说很难。如果我保证以后不哭,你能否也保证改掉你的坏脾气。"在那一刻,塞利格曼顿悟了。第一方面的顿悟源于他的自我觉察:培养一个人并不是要找出他们的缺点和不足,而是要识别和发展他们的长处。第二方面的顿悟源于他对心理学的觉察:现存的心理学并没有充分关注人类的优势、美德和卓越能力。

原因四:塞利格曼当选美国心理协会主席(1997)以后,渴望对传统的心理协会进行变革。因为他认为当时的美国心理协会(APA)已经被临床治疗师所操纵,而这些精于政治手段的人使APA偏离了学术轨道,变成了一个支持私人开诊所的机构,完全忽略了科学研究。他思考自己作为心理协会主席的使命,推动了"预防胜于治疗"的主题。他意识到,我们现在所掌握的一些治疗心理问题或精神障碍的方法,却不能告诉我们如何预防心理问题的发生。要想预防精神疾病就必须从了解和培养年轻人的优势、能力和美德入手。而发展优势和美德才能得到积极体验。

在这里我们不得不提到1998年1月的艾库玛尔(Akmual)会议,当时塞利格曼出面邀请了西卡森特米哈伊(Csikszentmihalyi)、弗勒(Fowler)等人到墨西哥尤卡坦半岛(Yuctan)的艾库玛尔(Akumal)共商积极心理学的有关内容、方法和基本结构等问题。这次会议最终确定了积极心理学研究的三大支柱,并分别指定了相应的负责人:第一大支柱是积极情绪体验,负责

---

① 马丁·赛里格曼:《真实的幸福》,洪兰译,万卷出版公司2010年版。

人是迪纳（Diener）；第二大支柱是积极人格特质，负责人是西卡森特米哈伊（Csikszentmihalyi）；第三大支柱是积极的组织系统，负责人是贾米森（Jamieson）；另外，诺扎克（Nozick）负责有关积极心理学的一些哲学问题的研究；这次会议期间，他们还决定成立一个积极心理学网站来宣传积极心理学的理论和思想，网站由塞利格曼本人直接负责和领导，斯库尔曼（Schulman）协助做一些具体的工作①。

积极心理学作为一个研究领域的形成，以塞利格曼（Seligman）和西卡森特米哈伊（Csikzentmihalyi）2000 年 1 月在《美国心理学家》杂志发表的论文《积极心理学导论》为标志。它采用科学的原则和方法来研究幸福，倡导心理学的积极取向，以研究人类的积极心理品质、关注人类的健康幸福与和谐发展。同一期的《美国心理学家》杂志还同时刊载了积极心理学专辑，里面有当时最著名的一些心理学家所写的 15 篇文章（除导论之外），详细论述了积极心理学的研究成果：积极情绪体验、积极人格特质和积极组织系统。从此，积极心理学由美国走向了世界，积极心理学也因此成为了一种世界性的运动。

"积极心理学"这个学科概念乍看起来与其他的心理学科没有什么特别之处，但"积极"这个词汇对这个学科非常关键：就像人类生命中的优势和缺陷一样，都是真实存在的，过去的心理科学太关注研究人类的痛苦和缺陷，现代心理学应该继续而深化地完成心理学的未竟事业，积极心理学应该致力于填补人类画卷中的空白之处，关注人类的幸福、满意和创造，积极心理学的宗旨就是帮助我们回答这些问题。

一、积极心理学的基石

从目前来看，积极心理学主要围绕着一个中心三个基本点（以幸福为中心，以积极情绪、积极人格特质和积极组织系统为三个基本点）来开展相关的研究。而且已经形成了自己完整的理论体系，如在积极情绪体验方面：

① 马丁·赛里格曼：《持续的幸福》，赵昱鲲译，浙江人民出版社 2012 年版。

积极心理学提出了主观幸福感(subject well-being)、畅流(flow)、积极情感扩建(the broaden-and-build theory of positive emotions)等理论;在积极人格方面:积极心理学发展乐观解释风格理论(optimistic explanatory style),提出了6大美德和24种人格优势;在积极组织系统方面[1]:积极心理学也提出了一些独到的理论和观点,较有影响主要有自我预防(self-prevention)、积极应对(positive coping)和生活质量(quality of life)等理论。从当前的发展态势来看,积极心理学不仅仅在心理学领域里取得了巨大的成就,而且其思想已经渗透进了教育、社会学、管理学和经济学等多个社会领域。

基于此,积极心理学之父塞利格曼认为,"积极心理学是用科学方法发现并倡导那些有利于个体、群体、组织以及社区繁荣的因素,它关注最优的人类机能,而不是病态的机能。"[2]积极心理学有三大基石:第一是研究积极情绪;第二是研究积极特质,其中最主要的是优势和美德;第三是研究积极的组织系统。

(一)积极情绪

塞利格曼(2002)在他的《真实的幸福》(*Authentic Happiness*)一书中把积极情绪分成三类:与过去有关的积极情绪主要包括满意、满足、充实、骄傲和安详。与未来有关的积极情绪包括乐观、希望、信心、信仰和信任。与现在有关的积极情绪可以分为两类:即时的快感和长久的欣慰。而快感包含生理上的快感和精神上的快感。生理上的快感来自感官,如性、美食、香气等;精神上的快感来自更复杂的活动,包括飘飘欲仙、心满意足、心醉神迷等。欣慰与快感的区别在于,欣慰要有投入和沉浸体验,往往来自于全神贯注的从事的活动(如体育运动、智力活动等),这些活动通常需要动用个人独特的优势。

1.积极情绪和消极情绪的作用

塞利格曼(2002)认为,积极情绪和消极情绪的区别在于,积极情绪主

---

① 任俊:《积极心理学》,上海教育出版社2006年版。

② Seligman M., "Positive psychology:An introduction", *American Psychologist*, 2000, pp.5-14.

要让我们为非零和博弈做准备,而消极情绪主要让我们为零和博弈做准备。所谓零和博弈,指参与博弈的各方,在严格竞争下,一方的收益必然意味着另一方的损失,博弈双方的收益和损失相加总和永远为"零"。从进化角度来看,消极情绪,如恐惧或者愤怒,是我们面临威胁时的第一道防线,愤怒和恐惧告诉我们,危险可能存在,或者伤害即将发生。消极情绪收缩我们的注意力范围,让我们集中关注威胁源头,动员我们战斗或逃离。相比之下,积极情绪,比如愉快或满意,告诉我们好事即将发生。积极情绪拓宽我们的注意力范围,使我们能够对更广阔的物理环境和社会环境保持清醒的意识。注意力拓宽之后,我们就能够对新思想和新活动保持开放心态,比平常更具创造性。因此,积极情绪为我们改善人际关系和提高生产率提供机会,积极情绪让我们为非零和博弈做准备。所谓非零和博弈,指博弈双方在博弈结束时收益都有增加。非零和博弈与积极情绪的理论基础是怀特(Wright, 2000)的论证,社会越文明,社会制度就越支持非零和博弈①。

从上述分析可以表明:消极情绪促进批判性思维和决策(批判性思维和决策高度聚焦,具有防御性,目标是排查错误),而积极情绪则促进发散性思维和创新。"抑郁现实主义"研究证明:抑郁的人能比较准确地评估自己的技能,比较准确地回忆自己的积极经历和消极经历,对风险信息比较敏感(Ackerman & Derubeis, 1991)。相比之下,幸福的人高估自己的技能,回忆的积极事件远多于消极事件。但是,他们懂得运用一些重要策略,比如搜罗健康风险信息等,因此他们比较擅长制订生命规划决策(Aspinwall et al., 2001)。

Diener(1996)强调积极和消极的影响并不对立。许多产生于经验上的好与坏状态之间的不对称是存在的。尽管有一些人强调过"消极总比积极占上风"(Baumeister, Bratslavsky, Finkenauer & Vohs 2001),但 Diener 和同事们仍然寻找着另一种重要的不对称性的证据,即"多数人是幸福的"和"多数时光是美好的"(Diener & Diener, 1996)。这两个观点反映出了所谓

① 任俊:《西方积极心理学运动是一场心理学革命吗?》,《心理科学进展》2005 年第 6 期。

的"积极抵消",即人们最常有的情感状态是轻度的积极状态(Cacioppo, Gardner,& Berntson,1999)。这种抵消被认为是一种适应性的倾向,它激发人们在早晨醒来以好奇心而非恐惧接近新鲜事物。

2. 积极情绪的扩展和建构理论

美国密歇根大学的芭芭拉·弗瑞德里森(Barbara Fredrickson)对积极情绪促进非零和博弈的观点进行延伸,提出了积极情绪的扩展和建构理论(Broaden-and-Build Theory)用来解释为什么积极情绪体验不仅反映了个人的幸福感,而且有助于个人的成长和发展(Fredrickson,2009)。许多消极情绪,如愤怒、焦虑,会收拢即时思维—行动范畴。思维—行动范畴变宽了,我们就有更多机会建造持久资源;建造了更多持久资源,我们就更有可能好好地成长和发展;成长和发展好了,我们就会产生更多的积极情绪。如此往复,就会形成良性循环。图1.1(Fredrickson,2002)展示了这个过程①。例如,一个人很快乐和愉悦的时候,往往会强烈渴望通过社交活动、智慧活动或艺术活动进行游戏和创造;而与他人游戏获得快乐,可以强化社会支持网络,还可以创造出艺术作品或取得科研成果,或者创造性地解决日常生活问题。社会支持网络变强、艺术作品或取得科研成果、成功解决问题的经历,都是快乐带来的相对持久的结果,有助于个人成长和发展,这也进而会带来更多的积极情绪。

来自社区研究、临床研究和实验室研究的实证证据,为积极情绪的扩展和建构理论提供了有力的支持(Cohan & Fredrickson,2009;Fredrickson,2002,2009)。有充分证据表明,积极情绪确实会扩展思维—行动范畴。双相障碍临床研究表明:躁狂状态与思维过度包罗万象有关,双相障碍病人用锂盐疗法治愈后其创造力显著下降。实验室研究发现,很多方法能够可靠地诱发被试的积极情绪,所诱发的积极情绪最长可以保持15分钟。这些方法包括(根据有效性排列):观看令人兴奋的电影或者阅读激动人心的故

① Alan Carr:《积极心理学:有关幸福和人类优势的科学(第二版)》,丁丹译,中国轻工业出版社2013年版。

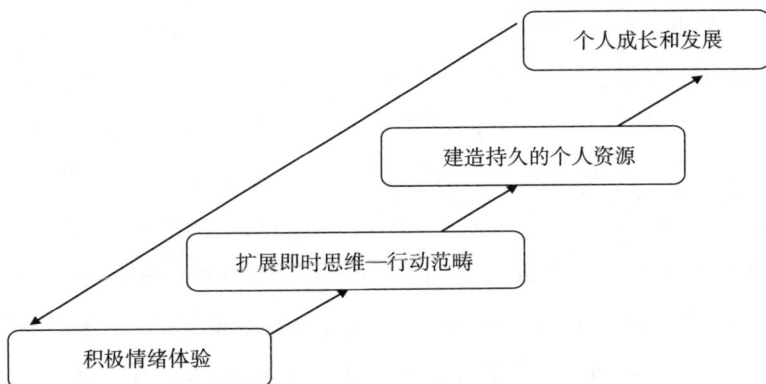

图 1.1　积极情绪的扩展和建构理论

事,收到意外的礼物,阅读积极的自我陈述,回忆积极事件,获得正面反馈,
听音乐,与开朗的人积极互动(Westermann et al.,1996)。使用这些积极情
绪诱导法的实验室研究证明:积极情绪对知觉、认知和社交都有积极作用。
类似的研究也表明:情绪积极的被试,或者收到成功反馈的被试,表现出整
体视觉加工倾向,注意范围更广;相反,情绪消极的被试,或者收到失败反馈
的被试,则表现出部分视觉加工倾向。实验室研究表明,诱导出来的积极情
绪会让思维和行为更具有创造性和灵活性。弗瑞德里森(Fredrickson)在自
己的实验室里进行了一系列研究,验证了积极情绪的扩展和建构理论。在
一组实验中,她给被试看幻灯片,使被试产生快乐或满足等积极情绪,或者
产生恐惧或愤怒等消极情绪;诱发出被试的某种情绪后,就让被试列出一个
清单:在真实生活中产生这种情绪时想做哪些事情,列得越多越好。结果显
示,积极情绪下的思维—行动范畴宽广很多。大量证据表明,积极情绪状态
有助于建构持久的个人资源。Lyubomirsky(2005)做了一个元分析,综合考
察了 225 个横断研究、纵向研究和实验室研究,发现积极情绪可以促进工
作、人际关系、健康三大领域的适应,让人对自我、对他人的认识变得更积
极,让人更会社交,更受欢迎、更乐于助人、更擅长应对困境、更擅长解决冲
突、更具创造力①。

----

① Lyubomirsky,S.,"Positive psychologists on positive constructs".*American Psychologist*,
2012,67(7),pp.574−574.

　　但一个重要的问题是,多少积极情绪才足以促进生活发生积极变化? 为了回答这个问题,Fredrickson 和 Losada(2005)邀请了 188 个被试完成了一个测评蓬勃发展(Flourishing)水平的初级调查,然后让这些被试连续一个月每天报告自己的积极情绪和消极情绪。如果被试在以下维度中的六项上得高分,即可被视为拥有"蓬勃发展"的人生:自我接纳、人生目标、环境掌控、积极的人际关系、个人成长、自主性、社会凝聚力、社会整合、社会接纳、社会贡献和社会实现。他们发现,对于蓬勃发展的人而言,积极情绪与消极情绪的比大于 2.9:1;对于不蓬勃发展的人而言,积极情绪与消极情绪之比低于2.9:1。这个分界线我们称之为"洛萨达比例"。当然,也不要过度追求积极,如果积极情绪与消极情绪的比例超过 13:1,那么人生会变得飘忽不定,会让人觉得不踏实可靠。弗瑞德里森(Fredrickson,2009)进一步丰富了扩展和建构理论,增加了一个命题:如果积极情绪要带来明显的长期收益、引发蓬勃发展的体验,那么积极情绪与消极情绪之比必须达到"洛萨达比例"。

　　拓展与构建理论的几个关键部分已经被经验检验和支持。比如,实验室的研究表明,与中性和消极的情感状态相关,被诱发的积极情感能够扩大注意力集中的范围(Fredrickson & Branigan,1998;Rowe,Hirsh & Anderson,2007),拓展所需的行动本领(Fredrickson & Branigan,1998),消除由消极情感引发的对特定行为的生理准备(Fredrickson,Mancuso,Branigan & Tugade,2000),提升对新鲜经历的接受性(Isen,1970;Kahn & Isen,1993)。在人际间的层面上,也与中立和消极的状态相关,被诱发的积极情感能够提升人们对亲密同伴的"和谐感"(Hejmadi,Waugh,Otake & Fredrickson,2007),对交情的信任度(Dunn & Schweitzer,2005),和确认跨种族面孔的能力(Johnson & Fredrickson,2005)。潜在相关的研究更进一步表明,无论什么原因,一个比别人更多地体验和表达积极情感的人能够更有效率地处理生活中的困扰(Fredrickson,Tugade,Waufh & Larlin,2003;Folkman & Mokowitz,2000;Stein,Folkman,Trabasso & Ricards,1997;Bonanno & Keltner,1997),并能在工作和人际关系中获得更多的成功(Diener,Nickerson,Lucus & Sandvik,2002)。有着更多积极情感和积极外表的人也将活得更长(Danner,Snowden & Friesen,2001;Levy,Slade,Kunkel & Kasl,2002;Moskowitz,2003;

Ostir,Markides,Black & Goodwin,2000)。并且,田野试验表明,能够增加人们日常中的积极情感体验的干预措施会有助于人们在生理上、社会上、精神上和心理上资源的建立(Fredrickson,Cohn,Coffey,Pek & Finkel,2007)。

积极情感的拓展与构建理论及其不断增长的经验支持,能够解释高的阳性率是如何预测最佳运转状态的,以及它的原因,即:通过拓展人们的思维和随之建立的个人资源,积极的情感在经历一段时间后,能使人变得更好,让人更好地生存、成长,甚至繁荣。繁荣意味着在人类最佳的生活运转范围中生活,同时包括生长、行善、繁殖和适应。

(二)积极特质

积极心理学不仅关心积极情绪,而且关注积极特质(Lopez & Snyder,2009)。积极心理学的成就之一,就是建立了一个积极特质分类体系。积极心理学特别感兴趣的性格特质,都包含在奉行价值观—性格优势和美德分类体系(Values in Action Classification of Character Strengths and Virtues;简称 VIA 分类体系;Peterson & Seligman,2004)中,Peterson 教授和 Seligman 教授(2004)在《性格的优势和美德》中做了详细的介绍。

这个分类体系基于研究者对全世界主要宗教流派和哲学流派提到的美德和优势进行综述(Peterson & Seligman,2004)。通过综述,研究者确立了许多美德和优势,它们是普遍存在的,还很有可能在世界大多数文化中都是被公众认可的。这些美德和优势也许由进化决定,被自然选择出来维持人类的生存繁衍。马丁·塞利格曼(Martin Seligman)基于三个标准:首先,这些美德应该具有跨文化的普适性;其次,这些美德是可以被建构和测量的;最后,这些美德是可以通过教育、培训和开发,从而习得的。基于这三个标准,塞利格曼(Seligman)提出了 6 大美德和 24 种优势,这 6 大美德分别是智慧、勇气、仁慈、正义、节制和超然。

1. 智　慧

智慧这种美德涉及获取知识并运用理智增进幸福的能力,它被定义为与认知和人格高级发展阶段有关的专家知识系统。它涉及运用智力和创造力,平衡所涉及各方的利益,权衡各类方案的利弊,实现一个符合公共道德和多方共赢的结果。它包含的性格优势是创造力、好奇心、思维开阔、爱学习和洞察力。

(1)创造力:意味着一个人能够在艺术、科学或其他领域提出有利于产生优秀成果的新思想或新方法。创造力既取决于个人特征,又取决于心理社会背景,这些个人特征和心理社会背景可以用多种方法加以测评(Kaufman & Sternberg,2010)。

(2)好奇心:在心理学中,好奇心和兴趣是不同的概念,好奇心是持久的特质,兴趣是暂时的状态。好奇心意味着强烈渴望获得新的体验、知识和信息,与好奇心相近的特质是,经验开放性、寻求新异和寻求刺激(Kashdan & Sylvia,2009)。

(3)思维开阔:指在不确定情境中做决策时,个体能够从多方位、多角度地考虑问题,把能够找到的证据都用上,不会武断地下结论。如果新证据说明他以前的想法不对,那么他不会固执己见,而是会调整想法,最后得到一个综合判断(Hardman,2009;Stanovich,2009)。

(4)热爱学习:指个体能够发自内心地渴望掌握新的技能和知识,并用系统方法满足这个需要。热爱学习这个特质,心理学里叫成就动机或胜任动机(Elliot & Dweck,2005)。热爱学习这个特质的发展,一方面取决于个人的天分和气质,另一方面取决于所在环境的机会和支持。

(5)洞察力:意味着个体能够认真倾听,考虑全局,做出综合判断,用简洁明了且具有说服力的方式表达自己的看法。有洞察力的人,能够给人提供明智的建议。在心理学中,运用这种洞察力就是智慧(Sternberg & Jordan,2005)。

2. 勇 气

勇气是个体顶着内外部压力完成目标的意志。勇气这一美德包含的性格优势是本真、无畏、毅力和热忱。

(1)本真:意即诚实、正直,指个体敢于呈现自己真实的样子,不假装、不造作,为自己的信念、感受和行为负责。道德发展心理学研究表明,本真的获得受先天因素(如气质)和后天环境(特别是父母教养、学校教育以及亲社会同伴)的影响(Killen & Smetana,2006)。自我决定论研究表明,自主地追求自认为重要的目标(本真的核心)与幸福感有关(Deci & Ryan,2002;Sheldon,2004)。

(2)无畏:指个体敢于直面身体和心理上的威胁、挑战、困难和痛苦;只要相信某件事情是正确的,就会为之挺身而出、力争到底;无畏是心理学的新兴研究领域(Pury & Lopez,2009)。

(3)毅力:心理学领域研究毅力的,是对坚持、勤奋和延迟满足感兴趣的心理学家(Peterson & Seligman,2004)。毅力往往意味着无论任务多么困难,一旦开始,就会坚持到底,永不言弃。在很多情况下,延迟满足能力强、自尊水平高、自我效能感强、自主性和自制力强的人,坚持得持久。

(4)热忱:意味着对生活充满热情、精力充沛、活力四射。他们把人生看作冒险,满怀激情地体验其中的一切。自我决定论认为,追求内在的东西,就会对生活充满热情,因为这个追求过程能够满足交往需要、胜任需要或自主需要,进而增强活力(Ryan & Deci,2008)。

3. 仁 慈

仁慈可以被看作是一种人际优势,通常被用作经营一对一的亲密关系。这个美德所包含的性格优势有善良、爱和社会智力。

(1)善良:为别人做好事、照顾别人的需要。他们乐于助人、有同情心、体贴、慷慨。心理学对利他的研究确认了共情是支撑善良和利他行为的重要因素(Batson et al.,2009)。也就是说,共情性情绪激发利他动机,通俗地说就是,对别人的痛苦感同身受,就愿意牺牲自己帮助别人。

(2)爱:爱让人重视并经营亲密关系,并在亲密关系中相互分享、相互照顾。心理学研究的各种爱主要依据的是依恋理论(Cassidy & Shaver,2008)。依恋理论的核心假设是:亲子之间、朋友之间、伴侣之间建立并维持依恋关系的动机和能力是自然选择出来的,对人类的生存至关重要。

(3)社会智力:社会智力让人对自己和他人的动机和感受保持清醒的认识,在各种社会情境中做出恰当的反应。社会智力是在各种社会情境中准确识别自己和他人的心理状态、有效管理自己的心理状态的能力,社会智力包括情商(Salovey et al.,2009)。

4. 正 义

正义这种社会优势让人在团队、团体和社区中发展强大的社会支持网络。与仁慈有关的优势主要涉及人际关系,而与正义有关的优势主要涉及群内关系。正义这个美德包含的性格优势是公平、领导力和团队合作。

(1)公平:意味着对所有人都一视同仁,不让个人感情左右决定。因此,公平是道德判断的结果。心理学曾把公平作为道德发展的一个方面研究过(Killen & Smetana,2006)。权威型教养方式特别有利于道德推理和道德行为的发展。

(2)领导力:领导力使人能够有效组织群体活动,营造群体成员之间的良好关系,确保群体完成任务。有证据表明,不同的领导风格适合不同的领导情境,有效的领导者根据群体的目标、特征和发展阶段,自己和群体其他成员的技能和优势,群体所在环境的普遍特点,来调整领导风格(Linley et al.,2010)。

(3)团队合作:团队合作使人能够与所在工作团队中的其他成员维持良好关系,做好分派给自己的工作。团队合作涉及社会责任感、公民意识和社区意识。有关团队合作的研究,集中在组织心理学、职业心理学和工业心理学这几个成熟领域(West et al.,2003),而有关公民意识与协作的心理学研究,集中在政治心理学这个相对较新的领域(Sullivan et al.,2008)。

5. 节 制

节制这个美德所包含的性格优势是宽容、稳重、谨慎和自我调节。这些优势可以预防原罪。宽容让人远离仇恨,稳重让人远离傲慢,谨慎让人不会因追求一时快乐而造成长久痛苦,自我调节让人不会因强烈情绪做出不恰当的反应。

(1)宽容:意味着心肠软、不记仇,愿意给对不起自己的人第二次机会。宽容是种特质,与它对应的状态是原谅(McCullough et al.,2009)。原谅涉及与过错方共情,进而在信念、情绪、动机和行为上发生一系列变化。原谅受很多因素的影响,包括伤害的程度、道歉和弥补的程度、受害方和过错方的特征、他们之间的关系以及伤害和原谅发生的背景。

(2)稳重:意味着让成绩说话,不自吹自擂,不自视高人一等。稳重的人,经常表现得很谦虚。谦虚指准确评价自己,认可自己的长处和成绩,也接受自己的短处和失败,更强调他人的价值(Tangney,2009),谦虚稳重的人不会给人以威胁感。

(3)谨慎:意味着不冒不必要的风险,不会只顾眼前,不顾将来的放纵,不逞一时之快说一些日后会后悔的话、做一些日后会后悔的事情。因此,谨慎就是在做决策之时更多地考虑行动的长远后果(Roberts et al.,2009)。

(4)自我调节:自我调节也叫自我控制、自我约束(Forgas et al.,2009)。自我调节的核心特点是,搁置本能反应,代之以更具有适应性的反应。研究证明,在很多方面,比如吃、喝、性、花钱、理性思考、决策制订和人际行为等,自我控制都能够带来积极结果。然而,自我控制会消耗自我控制资源,只有补充了这些资源,才能继续表现恰当的行为。

6. 超 然

超然这个美德所包含的性格优势是欣赏、感恩、希望、幽默和虔诚。这个优势让人超然于小我,把心灵与宇宙相连,在生活当中制造意义。欣赏让人关注一切的美好事物,感恩让人为生活当中的美好心存感激,希望让人用梦想和抱负拥抱未来,幽默让人笑对生活中的挑战和难题,虔诚让人有信仰和追求。

(1)欣赏:这个优势让人注意并欣赏日常生活、大自然、科学中的一切美好事物。善于欣赏大自然的人,体验到敬畏;善于欣赏他人技艺的人,体验到崇拜;善于欣赏美德展现的人,体验到高尚(Diessner et al.,2008)。

(2)感恩:感恩可以分为个人感恩和超个人感恩。个人感恩是指某个人给自己带来好处而感恩这个人。超个人感恩是指因为自己拥有的而感恩社会、世界和上天。心理学对感恩的研究,历史相对较短(Walking et al.,2009)。感恩还可以分为特质和状态,特质性感恩是一种总体心态,它与情绪的稳定性、宜人性、自信有关,还与不自恋、不物质主义有关。状态性感恩与具体情境有关。

(3)希望:心怀希望的人,对未来抱有最好的期望并努力去实现。与希望相近的概念包括有特征性乐观和乐观的解释风格(Carver et al.,2009)。相关研究、实验研究和临床研究都表明,希望与幸福、适应性应对、积极关系和身心健康都相关。

(4)幽默:幽默让人笑对生活中的挑战和难题,还通过逗乐和搞笑娱乐自己、愉悦他人。心理学对幽默以及与之相关的机智、喜剧、讽刺、戏谑、逗乐和游戏的研究有着悠久的传统(Martin,2007)。幽默包含认知、情感、人际和生理几个方面。幽默可以分为幽默感知和表现幽默。

(5)虔诚:意味着相信并敬畏超能量,追求人生意义。因为有信仰和追求,所以他们内心充实,生活方式简朴而高尚。有研究表明,当虔诚是自愿的,虔诚与幸福相关;当虔诚是被迫的、害怕不虔诚会受到惩罚,虔诚与幸福不相关(Pargament,2002;Mahoney,2009)。

有关 VIA 优势的研究在世界多个国家和文化中开展过。帕克(2006)等人通过互联网调查了美国 50 个州和其他 40 个国家一共 117000 多人发现,美国人最认可的优势是善良、公平、诚信、感恩和判断力。他们还发现,美国人最不认可的优势是谨慎、稳重和自我控制。美国人的优势轮廓与其他国家国民的优势轮廓有很大一部分的重叠。Biswas-Dinner(2006)的一个研究表明,VIA 分类体系中的优势并不仅限于有文字的文化。他对东非肯尼亚 123 个马赛人和格陵兰北部 21 个因纽特人进行研究后发现,VIA 分类体系中的 24 个优势也存在于这些没有文字的文化中,而且很受重视。

(三)积极的组织系统

除了积极情绪体验和积极人格特质之外,积极心理学关注的第三个重要内容是积极的社会组织系统。它不仅是建构积极人格的支持力量,而且也是个体不断产生积极情绪体验的最直接来源。积极的社会组织系统包括很多方面,其中国家、工作单位、家庭和学校等是其中最主要的方面。

组织是一种稳定的结构化群体。一个组织往往有一定的传统和风俗。

它的成员会将自己的组织视为一个整体,成员的角色是独特的、不同的。区分组织和其他团体的一种方法就是,看它们各自的成员是否可有可无。不管谁担任校长,谁担任老师,谁是学生,大学都依然能够正常运行。这类结构化的群体就是组织。相反,有些群体,特别是家庭,父母和孩子一个都不能少,也不具有可替代性,这类群体就不是组织。

尽管积极特质在定义上是个人化的,但在组织层面也具有相似的东西。关于组织水平的特质,是指整个群体在道德层面的特征,而非个体成员特征的简单组合。因此,组织水平的良好特性需要成为组织文化中稳定的一部分。组织水平的美德有助于一个组织完成其道德目标,而不仅仅维持在道德的底线。事实上任何组织都有多重目标,所有目标都是从组织自身的利益出发,我们所面临的挑战是尝试区分组织水平的良好特质和那些有助于组织完成其他期望目标的特征。

组织水平的美德是组织的一种特征,有助于其成员的自我实现。自我实现不应该跟暂时的愉悦或主观幸福感相混淆,而且自我实现必须有足够的努力、意志坚定的决定以及对有道德价值活动的追求。美德有助于自我实现,但不是用自动化的方式导致自我实现,自我实现没有捷径可走。

当今时代背景下,组织水平的美德在于能够培养和鼓励组织内的成员,并且能够成为他们自我身份和自尊的来源。在一定程度上组织内的成员具有流动性,那些符合组织层面美德特点的人就有理由继续成为组织的成员。当人们说某个街区特别适合居住,或某个公司是理想的就业单位,或某个大学是梦想的学习场所,他们的意思是感到充实、满足和感激。在积极心理学的语境下,积极的组织就是有助于它的成员获得美好生活的组织,而且,美好的生活并不仅仅只是意味着金钱、地位或愉悦。

1. 积极的学校

学生是学校最关键的成员,同时也是最终的目标和产品。学校被称为生命产业,意味着教育不仅一时一地地影响学生,学生走出课堂之后的整个人生也受其影响。学校的目标不止于教给学生加减乘除或者之乎者也,而是要努力促进知识的传播,推动杰出人才的产生。

积极学校的特点包括具有明确和公认的学习目标:学习的立足点是什么以及学习的努力方向在哪里? 只有当学校给出明确的目标时,学生才能接受它们。目标能够增进学习的动机,加大对学习过程的投入,以及增强面临困难工作时的决心和勇气,有助于取得所期望的成就。积极的学校应该能够帮助学生成为高效的终生学习者。因此,这样的学校应该首先提供给学生感到安全的环境,通过明确指导使学生成为富有爱心、有责任感并最终成为建设性的社会成员。社交能力和情绪能力可以通过适当的训练和活动来加以培养。以下是关于积极学校特点的总结:

(1)学生认为学校的课程彼此之间是相互关联的,课程与学生的个人成长是相互关联的;

(2)学生认为他们对自己在学校所发生事情有控制能力;

(3)学生认为学校的纪律政策是坚定、公平、透明的,并且持续发生作用,重点是矫正和培养能力,而不是惩罚。

(4)学生认为学校的奖励系统是合理的:学校能够看到学生的成就,并对他们的积极行为进行奖励。

(5)存在强有力而且有效的学校管理机构;

(6)学校校长表现出很强的领导能力;

(7)适量的练习任务使学校更加人性化,增强学生与教师之间的接触,进而增强学生的归属感和联系性。

现代意义上的积极教育就是指以学生外显和潜在的积极品质为出发点和归宿点,通过增加学生的积极体验,以培养学生个体层面和集体层面的积极人格为最终目标而开展实施的教育。积极教育强调教育并不仅仅只是纠正学生的错误和不足,教育更主要的应是寻找并研究学生的各种积极品质(包括外显的和潜在的),并在实践中对这些积极品质进行扩大和培育,这是一种对教育进行重新定位并适应现代社会的新观念。

教育在今天这样一个现代社会已不仅仅只是充当了反愚昧的武器,它在某种程度上更是为了使今天的世界和人民的生活变得更美好,并为未来的世界幸福做好充分的准备。在人们只需花少量时间就可以解决自己的吃饱喝足的生存问题之后,文明和幸福本身已经变成了一个比过去更加激动

人心的问题,教育也由过去的一种外在使然而成为人的一种内在的生活需
要。在人类的漫长发展历史过程中,教育曾经是一种特权的标志,成了一种
所谓的高尚享受。但社会在进入到 21 世纪的今天,教育已逐渐成为了所有
人不可或缺的生活组成部分。如果说,近代以来的教育只能算作是一种帮
有钱人进行生活点缀的话,那么如今的教育则已真正成为了普通人的生活
本身。其根本的任务在于使每一个个体、每一个家庭和整个社会都变得富
有生机,而要达到以上目的的根本前提则是使每个个体生活快乐、幸福和
健康。

2. 积极的工作场所

对一个成年人来说,他清醒时候的 1/4 或 1/3 的生命时间是在工作中
度过的,因此其工作满意感就直接关系到他对生活的满意度。据大样本调
查发现,一个人的工作满意感和其生活满意度之间的相关在 0.5 到 0.6 之
间(Judge & Watnabae,1993),也就是说是中高度相关。过去的生活实践已
经证明,工作本身所具有的一些自然特性——如常规流程、监管程度和复杂
程度等都能直接影响到个体的心理健康,所以使员工在工作中保持身心愉
快不仅是社会公共健康事业的一个重要组成部分,而且也有利于雇主和公
司,可以为雇主或公司创造更多的利润。但事实情况却不容乐观,2004 年
中国人力资源开发网牵头在全国范围内开展了一次"工作幸福度指数调
查",结果显示:超过 60% 的人认为自己所在单位的管理制度与流程不合
理、超过 50% 的人对直接上级不满意、超过 50% 的人对薪水不满意、接近
50% 的人对自身的发展前途缺乏信心、接近 40% 的人不喜欢自己的工作、
40.4% 的人对工作环境和工作关系不满意。什么时候我们天天在做的工作
竟然给了我们如此之多不快乐的理由?

那么怎样使员工在工作中能保持愉快的心情呢? ——方法是创造积极
的工作制度(这是一个包括管理、分配、提拔、休假等多方面的综合制度而
不是指某一单项制度),增强员工的工作满意感。我们不能轻视工作所具
有的心理学的重要意义。工作在习惯上被定义成经济学术语——人们为了
获得经济补助来维持生活而进行的活动——但这种定义模糊了工作的心理

学意义。

工作对个人的意义，跟一系列的个人和职业特点有关，从工作动机到教育水平，再到工资水平。没有任何一种单一的特点能够完全解释工作意义的重要性。英格兰德和怀特里对比研究了美国员工和日本员工发现，日本员工比美国员工工作时间更长、工作更加单调、用到较少的技术，反而日本员工有更高的工作满意感。答案可能在于工作的心理学意义。日本员工更多属于责任—驱动型或平衡型，而美国员工更多属于经济型或疏离型。

在积极的工作场所，员工可以得到公正的待遇，机构的奖励体系是明确和公平的。工作场所必须将员工视为一个个体的人来看待，而不仅仅着眼于他的工作成绩。对于雇员来说，这就意味着给予他们更多自主性来激发他们的创造力。人性化的关怀不仅只针对员工，还有涉及他们的家庭。对于顾客来说，人性化的对待他们就是要诚实地制造商品或提供服务，听取顾客对工作组织的看法并采取他们的建议。最终，出色的工作组织能够一贯坚持自己的承诺——对员工以及对顾客的承诺；一个良好的工作场所，法律精神远比法律条文更具有效力。

3. 积极的社会和组织

以什么作为指标来衡量一个社会的发展水平？许多人会脱口而出：国民生产总值（GDP）。在过去很长的一个时期，我国社会存在着一种为了经济的发展而不计后果的"GDP 崇拜"现象，"一切为了 GDP 的增长"成了最大的发展目标。问题是国家的 GDP 用来干什么呢？美国前总统罗伯特·肯尼迪曾有一段精彩的演说也许会对我们有所启示："GDP 既不表现我们的身体健康，也没有反映社会的教育质量；既不代表文采优美，也不体现家庭和谐；既不证明辩论智慧，也不显示政府廉洁。它既没有衡量我们的勇气，也没有反映我们对国家的贡献。简而言之，它衡量了一切，却没有衡量我们活着的意义；它标志了一切，却没有标志我们作为国人的骄傲。"[1]

社会发展是有生命的，社会发展要有命运感和生活感，发展如果放弃了

---

① 克里斯托弗·彼得森：《积极心理学》，群言出版社 2012 年版。

一种顾及生命和生活的责任感,那么我们的发展就可能会被外在的物欲所
支配。然而,事实上这种危险曾一度就离我们很近,伸手可及。在过去相当
长的一段时间里,我们的各级政府踩着 GDP 的步调,说着 GDP 的语言,自
以为抓住了社会发展的真经。可事实又怎样呢? 当 GDP 高速增长、物质财
富不断增加的同时,幸福却离我们越来越远了。幸福是什么? 仅仅是住大
房子,开好车子? 答案显然是否定的。幸福是物质的,但更是精神的,它不
仅是对物质生活的一种追求,更是对健康和谐、让人身心舒畅的生活环境的
一种要求。那么,究竟什么是积极社会的特征? 总结不同学者的观点,他们
都强调积极社会或者组织应该具有以下特征:

(1)目的:组织有广为接受的道德目标,这些目标通过记忆和称颂而得
以存在;

(2)安全:提供保护,防止不公正对待、危险和剥削,强调公众健康和
福利;

(3)公正:实施奖励和惩罚的公平条例,并且能持续产生作用;

(4)人性化:相互关照和关心;

(5)尊严:充分尊重组织内的每一个人,不论他们处于何种地位;

(6)深谋远虑:对社会命运的责任和感知。

在过去的一些年,发达国家讨论如何评价市民心理上的幸福,就像几十
年来一直用经济指标来衡量幸福一样。积极心理学的研究已经多次指出,
物质生活的富裕只是美好生活的一小部分,但政策的制订是建立在经济学
因素上的,丝毫没有考虑到心理学的因素。如果这项尝试能够成功,对国民
幸福的评价就能进行跨时间和跨国界的对比了。我们将会获得用来总结美
好社会的相关信息,至少目前的良好是以它对绝大多数人民具有最好的
(心理学意义的)利益进行评定的。社会改革的方向因而可以得到明确。

积极的组织能够激发其成员做得更好——发现自己主要的性格力量或
创造出组织所认为非常重要的新的力量。积极心理学有意义的未来目标,
就是要去关注组织是如何运作,以使得所有机构成员都能表现出道德上的
卓越和个人价值的实现。

二、找寻积极的意义，促进积极的影响

为什么积极的状态是如此的特殊？当频率适当的时候，积极的状态为什么总能预测到最佳的运转状态？积极的影响能导致成功吗？

发现事物好的一面或者突出内在的积极意义总是存在成功的机会，即使仅仅说上一句"时间会冲淡不幸。"当人们以积极的方式重新评估或重新界定不好的情形的时候，积极的情感，如希望、敬意、感激之情出现的机率就会提升。有可能，这些"一线希望"的积极情感有时会显得微小而且可能不能完全抵消令人厌恶的境况，不过这些情感可以产生积极的动力。比如，经历丧亲的人们如果能够有积极的情感就会倾向于制定长期的计划和目标。与积极的情感一道，计划和目标能够在丧亲 12 个月内使幸福感得以改善而且让心理运转正常（Stein，1997）。类似地，大部分中国人在 2008 年汶川地震发生后都感到一种悲伤、愤怒和恐惧的混合情感。但是，那些连同消极情感一样，也能感受到积极情感——如爱、同情和感激——的人是最不可能得抑郁症而且最可能表现出危机后积极方面的成长，如乐观、安宁和知足（Fredrickson et al.，2003）。

一种找寻积极意义的方式是以积极的情境重新评估和界定消极的事件；另一种则是为普通的事件注入积极的意义（Folkman & Moskowitz，2001）。"感恩"的策略即是这种方式，它鼓励人们重新评价日常生活中微不足道的方面，如需要珍惜的"恩赐"。这样，这些日常生活的部分就会成为感激和其他积极情感的源头。实验研究表明，能够"感恩"的人，与那些不这样做的相比，有着自身积极影响的提升（Emmons & McCullough，2003；Lyubomirsky，Sheldon，& Schkade，2005）。

（一）提升"阳性率"

人们日常生活中积极与消极的情感体验的比率能够反映人们主观幸福感的整体水平（Diener，2000）。这种调查人们感觉的好坏比率的做法——我们称之为"阳性率"——已经被证实在其他的领域也取得了丰硕的成果。

比如,在抑郁症康复的研究中,Schwartz 和他的同事们发现,在最佳的临床治愈过程中,病人的阳性率从低于 1:1 爬升到超过 4:1。而在对婚姻的研究中,Gottman(1994)发现,平稳而幸福的婚姻阳性率在 5:1 左右,而"处于离婚的边缘"显现出阳性率不足 1:1 的情况。在对于商业团队的研究,Losada(1999)发现,赢利的且前景看好的商业团队在进行商业会议期间的阳性率能够超过 5:1;然而,那些相对来说不赢利且不被看好的团体的阳性率不到1:1。从以上各个例子中我们可以发现,高阳性率——5:1左右——表示做得很好,而低阳性率——低于 1:1——意味着做得很糟。如果人们阳性率的提升可以帮助他们免除憔悴并且达到繁荣的心理状态——正如升高的温度可以把冰化为水一样——那么我们就有必要去研究能有效提高人们阳性率的方法。

改变人们的情感习惯是一个艰巨的任务,好比搬动一条河流一样。尽管它有可能,但这并不是一件心血来潮或者不需要大量和持续的工作就可以办到的事。最新的研究表明,使人们在情感上的主观幸福感上产生持久的变化需要有很大的意向,很多的努力和生活方式的转变,就像减肥或改变胆固醇水平一样(Lyubomirsky,Sheldon & Schkade,2005)。

正如变化的努力可以很多一样,实现这一目标的路径也是多种多样的。在阳性率的条件下,概念化人们的幸福感和繁荣的前景的核心意义在于,有三种总体上提升阳性率的可能情况:即或扩大分子,或减小分母,或两者兼顾。消极偏见("消极总比积极占上风";Baumeister et al.,2001)的原理确保了分母的削减会有很大的希望(Larsen,2002)。即使是这样,这个目标也不可被认为应该去降低一切形式的消极元素。消极情感通常是合理的且有用的,比如损失后的悲伤(Keller & Nesse,2006),或者与不公正斗争的愤怒共鸣(de Rivera,Gerstmann,& Maisels,2002)是合理的,甚至是能够适应这种情形的。同时也别忘了,超过 11:1 的阳性率也不再能预测心理健康的繁荣(Fredrickson & Losada,2005)。这个上界意义之一在于,实际上,消极影响是心理达到繁荣水平的必要成分。有时,人们的情感习惯能够加重和延长厌恶的感觉,使它们远远超出它们本身的功用。举个例子,沉思,就是一种精神上的习惯,它能延长伤痛的感觉而且提高人堕入抑郁症的风险

（Nolen-Hoeksema，2002）。幸运的是，认知行为治疗的全套手段——近几十年发展起来的——可以帮助人们减少消极影响的体验。

仅仅有好的打算并不能让人更加幸福。与生理上的疼痛作一个比较就可以说明这一道理。假设现在——无论什么原因——你想要让你的左腿感到针刺的疼痛。你可以通过仅仅想到这一肢体并且希望你躯体的那一部分感到疼痛来得到这一期望的疼痛吗？不可能。完成这一意图你需要做的不仅仅是实施纯粹的毅力，你必须实实在在做一些事情。而这"事情"必须是特定的：比如把你的腿撞向桌腿或者让别人踢你一脚。这些相关的行为可以认为是你实现自己左腿疼痛意图的杠杆点。按照同样的逻辑，人们也不可能仅仅通过愿望来让自己产生积极的情感，而是应该做几件特定的事情作为产生积极情感的杠杆点。因此，正如你必须"做"一些事情来无中生疼一样，人们也必须做一些事情来唤起本来没有的积极情感。大部分情况下，当人们在自己当下的环境中找到并且实现积极的意义的时候，积极的情感就会生根。尽管其他提高积极影响体验的方式仍然存在（如节食、锻炼、表情反馈），但我们思考和行动的习惯却能够提供最有力的杠杆点来提升积极的情感。

（二）"开放性"提升积极性

拓展与构建理论坚持认为，积极的情感会拓展人们的注意力和思考的范围（Fredrickson & Branigan，2005），并且我们也知道，拓展了的注意力和思考能够预示未来的积极情感（Fredrickson & Joiner，2002）。类似地，在他对于商业团队会议的研究中，Losada（1999）发现，在积极性和开放性的两个可信的预示信号，即问询和注意力转移之间具有双向的联系。积极情感间的相互因果联系和开放的心态能够使得让自己变得开放一点的练习成为又一个提高积极情感的杠杆点。其中，一种可行的办法便是让自己对直接的感官体验更加地开放。比如，清晨散步时，你应该试着去以开放的心态欣赏花、聆听鸟鸣，伏嗅芬芳，感触清凉的空气，而不是陷入对自己心里制定的不停增多的待办事项的深思。

专注于当下和保持经验上的开放被认为是正念（mindfulness）的两个核

心组成部分(Bishoc et al.,2004)。正念的第一组成部分是专注于当下,这需要对自身注意力有自律能力。这种自律力若要有效果,就必须:其一,持续专注,即保持对当下体验的清醒认识并且专注于一个特定的事情(通常是呼吸);其二,转变关注,即当发现一些想法、感受或知觉出现的时候,要把注意力转回那个特定的事情上来。正念的第二个组成部分是对体验保持一种开放的心态,这要求培养一种对意识中出现的事物的好奇心和接纳的定力。这样做的话,浮现的想法、感受和知觉就不会成为专注于特定事件时必须去消灭的干扰了。若不这样,它们会被感知、认同,然后流走。这样说来,正念就是要求一种对于当下体验的非同寻常的宽广而包容的视角。因此,通过冥想和其他练习手段来训练正念,可以定义为培养一种拓展的注意状态的技巧,这种注意状态将会在积极的情绪下自动产生。

对体验变得开放能够提升积极的情绪吗?会不会反而产生消极情绪呢?当然,并不是人们开放自己面向的所有体验都是令人愉悦的。举个例子,在清晨散步时,你可能会突然发现动物的粪便落在鞋上或是头发上。对种种体验开放心灵并不会有选择性地提升积极的情绪。但即使是这样,培养一种开放而包容的姿态来面对消极的情绪可以使情绪上的失落消散。比如说,踩到"狗屎",和民间提及有可能走"狗屎运"联系起来,主动地对事件表示开放被认为可以改善人们对消极情绪的忍受力并且消除不良情况的反作用和强度(Bishop et al.,2004;Hayes,Follette & Linehan,2004)。

为什么我们期望通过提高自身的开放程度来提升积极性?其中一个关键的地方在于,我们应该想想好体验与坏体验的天然状态。我们从 Diener 对于积极抵消的研究中了解到,令人不愉快的体验相对来说是稀少的,而这正是消极事件总是更能吸引我们注意的原因之一(Baumeister et al.,2001;Schwartz & Garamoni,1989)。基于此,当人们对体验开放自己的时候,那些体验就很可能反馈出这种内在的积极抵消。因此,从人们的当下情况和惯常的阳性率来看,对体验开放本身很可能提升积极的情绪并且从而提升阳性率。

开放并且细心也能够拓展人们的意识的广度,这样一来,人们就能够认识到过去未曾注意到的环境中的特点。比如,开放并且细心能够提高人们对统一性和联系性的认识程度,这种认识既包括对其他人的,也包括对自然界的。反过来,这种对于统一性的深入理解能够激发人们自我超越的积极情绪,包括敬畏(Keltner & Haidt,2003),感激(McCullough,Emmons & Tsang,2002),和同情(Cialdini,Brown,Lewis,Luce & Neuberg,1997)。

开放性与积极性的逻辑联系是诞生于事实基础上的吗?迄今为止证据虽不足,但仍然有说服力。比如,一项研究利用一种体验样本技术来比较两组正念冥想者(Easterlin & Cardena,1998)。分组标准是他们冥想经验的水平。高级冥想者(n=24)已经练习内观术超过三年了,每年至少十天的正式静修,并且在一项自我反馈的冥想经验测试中展示出较高的技术水平。入门冥想者(n=19)的经验相对不足(平均一年左右),技术水平也较低。这两组成员在五天时间里都带着呼叫器,呼叫器会在一天中随机地呼叫他们2到5次。当被呼叫时,他们要填写一份特制的"体验样本表格"(Csilszentmihalyid & Larson,1987)。对比这两组挑选出来的经验,能够反映出高级冥想者——更擅长细致与开放的注意力——体验到了更积极,更活跃的影响,同时也有着更强的自我意识和包容力(Easterlin & Cardena,1998)。是较大的开放程度直接导致了这种差异吗?数据并没有回答这个问题。虽然练习细致的注意力有可能产生开放的心态来面对更多的积极体验,但也有可能这些高级的冥想者能在他们的冥想实践中体察到更多的成功与喜悦,而这些较强烈的积极情绪降低了他们体会到更多积极情绪的门槛。此外,值得注意的是,这两组的分配并不是随机的,所以因果关系的方向无法确定。比如,倾向于体会到更频繁的积极情绪的人非常有可能成为有影响力的冥想者。但即使是这样,技巧性的正念的练习,开放的注意力和提升的积极性之间的联系仍然令人感到兴致勃勃。

另一种关于情绪上正念冥想的影响的证据可以支持这种因果关系。Kabat-Zinn 和他的同事们(2003)的研究项目很有代表性,在一项长达25年之久的研究项目中,Kabat-Zinn 和他的同事(Davidson,Kabat-Zinn,Schumacher,et al.,2003)检测了开放训练对于情绪、大脑、和免疫的效果。研究把一些冥想效果学习坊的志愿者们随机分成了两个组,一个是变量控制组(n=16),另一个是8周的用正念方法缓解压力的工作坊(n=25),要求每日一小时的指导下的正念冥想练习。研究者需要测试大脑的电活动(利用EEG),分别在研究的开始的时候、8 周的时候以及 4 个月的时候。在 8 周的训练结束的时候,所有参与者都接种了流感疫苗,并在 4 或 8 周后抽血检测对流感疫苗的抗体。像在过去的研究中一样,Kabat-Zinn 发现,特质焦虑在冥想组里显著地减少了。更惊人的是,结果表明,练习正念冥想的人们在休息时展示出左侧前脑的活动,同时积极和消极情感也产生感应。这种模式之所以让人感到惊奇是因为 Davidson 之前的成果(2000)把这武断地归功于积极情感的增强。冥想组同时表现出更强的对流感疫苗的抗体,这种有益的免疫反应与左前脑的活动的程度有关。因此,作为正念思维干预的结果,自我的积极情感反馈并没有改变不对称的大脑活动和免疫功能,而这种改变预示着积极性的提升。

习惯性地对事情刨根问底会反过来压制愉悦的体验,而其余的思维习惯则会扩展和加强愉悦感。欣赏似乎是更加有助于心理健康的习惯之一。欣赏代表着主动产生、加强和延长积极事件的愉悦感的能力。人们对于欣赏愉悦事物能力的自我评价会形成一种对积极情绪的控制力,正如人们会形成相应的对消极情绪的控制力一样。更重要的是,这两种对于积极和消极情绪的控制力似乎大部分情况下是独立的(Bryant,2003)。人们对于欣赏力被假设能够预测从积极情绪得来的愉悦感的强度与频度。一项研究(Bryant,2003)测定了人们对欣赏力的三个方面:人们对自己欣赏(1)未来事件,(2)当下事件,(3)过去事件的能力的评价。研究者在大学假期前、中、后三个时间接触了参与者。Bryant(2003)的欣赏力信任度清单显示出预示性、收敛性和区别性效度,因为它相关的分量表比在另两个时间方向上的分量表更好地预测了行为和情感。对欣赏力的研究表明,与其单纯地接受好事,不如品尝它,深深地赞许它每一分的甜美。

有实验团队近期意外地发现了另一种提升开放心态的策略:出去走走。更确切地说,在大好春光中出去走走。Keller 对天气于情绪的影响十分感兴趣。他检查了现有的文献然后惊奇地发现,好天气能让情绪上涨的说法简直是无稽之谈,已有经验证据证伪了这一点(Wasson,2000)。Keller 指出,这种持久的无效观点也许是因为人们有限地暴露在天气的影响下,几近

93%的时间是待在室内度过的(Woodcock & Custovic,1998)。了解到这一点,Keller预测好天气和户外活动时间对人的情绪有一定的相互作用。天气好的时候花费更多时间在户外的人表现出预计中的愉悦情绪提升,而户外时间少的人则并非如此。我们没有预料到的是,更多时间在户外的人同时也在拓展的开放思维上取得了更多的分数。

(三)"做好事"提升积极性

目前,强调改变内心增加积极性的措施,多种多样的发现积极意义的方法,变得越来越多。还有很多的策略值得一提,至少,它们使得积极的远景具体化,尤其是在社会交往领域,举出了行为实例。一个社会心理学的传统流派提出了促进积极性的方法:帮助他人。乐于助人群体的行动不仅源于积极情感,而且也导致了积极情感。最近更多的研究表明,最幸福的人相对来说比不快乐的人更加友善,而且当人们关注于自己的友善行为时,主观幸福感会增加(Otake,Shimai,Tananka-Matsumi,Otsui & Fredrickson,2006)。"历数自己的善行"的习惯可能和"历数一个人的祝愿"有一点相同的作用。每个策略都用来增加积极影响。另一种增加积极影响的表面方式就是和其他人分享自己好运的消息。日记研究表明,如果人们这么做了,他们的美好感受会加倍(Gable,Reis,Impett & Asher,2004)。最近的工作表明,当人们庆祝自己的成功时,他们得到了更多的幸福(Langston,1994)。同样的推测,如果你开朗、感恩,并对听到的好事感觉很好,你也能从中获得快乐。Moskowitz(2000)的工作说明,积极地去解决问题可能会产生重要的支配感,也增加了积极影响。

另外,所有过得很幸福的人都高度地社会化:与不快乐的人相比,他们独自一个人的时间最少,而和家庭、朋友或其他同伴在一起的时间最多,他们有最强的浪漫主义色彩。由这些资料,Diener和Seligman(2002)得出结论:好的社会关系对于幸福虽然不是充分条件,但却是必不可少的(有的不怎么快乐的人也有相当的社会性)。并不奇怪,幸福的人更外向,更讨人喜欢,而较少神经质。这个发现导致了一个有趣的问题,人们是否需要变得更社会化以增加积极影响。一系列研究在日常生活和控制的实验条件下对这个猜想进行了直接的测试(Fleeson,Malanos,& Achille,2002)。一项经验抽样研究表明,外向性的快速波动是积极影响快速波动的预兆。引人注目的是,这种关系对每个参与测试的人是显而易见的,每个参与者表现得外向时要比表现得内向时快乐。一项实验表明,如果人们在小组讨论中被随机地标以"外向"(相对内向),他们会表现出强烈的积极影响(Fleeson et al.,2002)。因此,相比为他人做好事,与他人沟通是增加积极性的一种更可靠的策略。

三、幸福感成为积极心理学的关键概念

幸福感是积极心理学的关键概念,它既是人积极体验的核心,同时也是人生活的最高目标。人们追求任何事物都是源于某种幸福感的驱动,也就是追求能让自己感觉良好或感到满足的事物。生活因为有了幸福感而变得丰富活跃,生命因为有了幸福感而变得快乐和有意义。一个人不论处在什么样的环境下,有什么不幸的遭遇,只要他仍能从生活中发现幸福的根源,那么所有的努力都是值得的,所有的经历和遭遇也都会变成一种财富①。

(一)提升幸福:积极心理的发展方向

那么,什么是幸福呢? 尽管积极心理学对此作过多次的回答,但实际上要准确地定义这一概念是一件既非常重要又非常困难的任务。迄今为止,人们对于幸福的认识仍然是模糊不清的。从主观感受的角度出发,当代大多数心理学家都认为,幸福就是人们根据自己的标准对生活质量进行综合评价后获得的一种体验,是主体认为自己现有生活状态正是自己理想生活状态的一种感受,也就是人们常说的主观幸福感(subjective well-being,简称SWB)。很多积极心理学家也持同样的观点,认为主观幸福感是一个人对自我的生活状态、周围环境和相关事件的满意度的认知和评价,并同时在情

---

① 任俊:《西方积极心理学运动是一场心理学革命吗?》,《心理科学进展》2005 年第6 期。

绪体验上对这些方面的主观认同,也即幸福是两者的结合。但用这种主观幸福感的概念来具体解释幸福,不可避免地带来了一些理论难题和实践困扰。当前积极心理学的研究内容主要还是围绕着塞利格曼等人 1998 年在"艾库玛尔会议"中所确定的积极心理学研究的三大支柱上,即积极情感体验、积极人格特质和积极的社会组织系统。积极心理学的三大支柱之间是相互联系的,积极人格的形成是建立在积极情感体验不断获得的基础之上的,又反过来增加了个体获得积极情感体验的可能性,而积极社会组织系统则为前两者的获得和形成提供了社会支持。因此,这三者之间发生着真实而复杂的互动关系,缺一不可。从对人类生活的影响来看,积极情感体验和积极人格方面的研究可以直接帮助人们生活得更乐观、更开心和更满意,这两个领域的研究内容似乎可以为提高生活质量提供直接的方法,是积极心理学的核心组成部分。而积极的社会组织系统则是让生活更加美好,使人们更乐观、更开心、更满意的条件。但从目前来看,学者们将他们大部分的注意力都倾注在积极体验和积极人格研究上了,而对积极的社会组织系统(第三大支柱)的研究还稍显稀少。

所以,为了更有效帮助提高人类生活的幸福感,积极心理学今后的重大任务就是要提高有助于人类生活幸福的社会和文化方面的条件。具体来说,以下四个方面可能是积极心理学未来的重要发展方向。

第一,积极的生理健康。所谓积极的生理健康就是指个体不再仅仅关注自己生理指标的问题方面(如血压超过正常多少等),也要关注自己生理指标的良好方面(自己肌肉的弹性处于多么优良的状态)。不仅如此,积极的生理健康还要求个体在充分了解自己生理优势的同时,也能充分利用自己的这些优势来帮助自己获得更多的生理健康。

第二,积极的神经科学。经过各领域学者的努力,现在人们已经对许多疾病的神经机制有了非常清楚的了解,如心理学家早在 20 世纪 50 年代就已经知道了杏仁核控制着人的恐惧情绪,与杏仁核相关的缺陷被称为心理盲(Psychic Blindness),随后的研究也证实了脑岛与人的厌恶情绪相关、眶额皮质则与人的愤怒相关等,但与此同时研究者对人的积极神经机制却还基本上一无所知。因此,许多研究者都在呼吁,神经科学也应该致力于研究人的积极机理，要揭示那些快乐、健康、幸福的人的神经机制，这就是所谓的积极神经科学。

第三，积极的社会科学。社会科学构成了一个社会事业发展的有机组成部分，它以社会现象为自己的研究对象，其本质在于寻找到使人类社会变得更生机勃勃的客观规律，并帮助每一个个体在求得解放和生活幸福的基础上成为一个具有自觉性和掌握自己命运的主人。积极的社会科学正是这样一种以人的心理和生理幸福为价值核心的新视野，它使社会科学真正回归到了它的价值意义。积极的社会科学是指人们在研究社会现象时，应以人固有的、实际的、潜在的具有建设性的力量、美德和善端为出发点，以引导全体社会成员过上幸福生活为最终目标，这是一种对社会科学本质的真正理解。今天，社会科学所面临的一项最重要的任务就是要把所有人动员起来，调动起所有人的力量、积极品质、智慧和创造性，从而促进社会的日益完美，并以此来满足人类自身不断增长的各种需求。

第四，积极教育。教育是对人的一种教化，它的主要功能在于发展人的社会意义，也即使人通过一定的活动而成为具有一定知识、能力和社会道德的人。作为社会的一个基本领域，教育与整个社会及其各个领域相关联，它保证了社会的延续，是社会存在的条件之一。教育的一个非常重要的功能是预防学生各种问题的产生，因为不管是生理问题还是心理问题，治疗在多数情况下只是缓解症状，并不能真正彻底消除问题病症，因此预防其实是一种最高级的解决问题的方法。也就是说，教育首先是要帮助学生成长为一个拥有健康心态、能正常地生活在这个社会上的人，其次才是带领学生走向幸福或成功。教育对幸福的影响主要通过三种心理机制产生作用（Richard Desjardins，2008）[①]。分别是：

第一，绝对机制（Absolute Mechanism）：认为教育经验能够帮助人们获得知识、能力、价值观、动机等，而这些又与实现幸福积极相关。人们能从教育中获益，并由此产生幸福感。这种获益可以是个人层面上的，比如获得更

---

① Desjardins R., " Researching the links between education and well-being ", *European Journal of Education.* , Vol.43 , No1 , 2008 , pp.23-35.

多的收入和更好的工作(Psacharopoulos,2006);也可以是通过社会层面起作用的,比如一个国家的教育越发达,政治参与的人越多,社会的信任水平越高(Campbell,2006)。

第二,相对机制(Relative Mechanism):认为教育不仅发展个人的资源和能力,同样会对社会中的人进行社会地位的划分,进而对幸福产生影响。

第三,累积机制(Cumulative Mechanism):教育能产生累积的效应,单独某个个体的教育对整个社会的幸福具有消极影响,因为中间存在着教育获得的不均等性,而当个体及其周边的人或组都能获得平均水平的教育,整体的幸福感就能得到大大的提升。比如,教育的均等性与社会整体的信任水平正相关(Green et al.,2004)。

积极教育就是指教育要以学生外显和潜在的积极力量、积极品质等为出发点,以增强学生的积极体验为主要途径,最终达成培养学生的积极人格,使学生成为一个幸福快乐的人。从这个意义上说,积极教育并不仅仅只是为了纠正学生的错误和不足,更主要的应该是寻找并发展学生的各种积极品质,并在实践中实现这些积极品质与学生自身生活的良好结合。

(二)追求幸福:积极心理的发展动力

追求幸福在成年人个性发展过程中可能起着非常重要的一个作用。大多数针对成年人发展的现代理论都包含了这样的问题:"为什么我们要发展? 是什么驱使成年人发展?"

Erikson(1968)没有将幸福作为个性发展的准则,但得到了"信任"、"自主"、"主动"、"勤劳"、"身份"、"性行为"、"生殖力"、"真诚"的人比心里矛盾不堪的不幸灵魂更幸福,更广意义的发展也许包括变得更幸福。根据Loevinger 的理论,在自我发展的开始阶段,我们受冲动行事、缺乏洞察力、思考简单化所左右。随着自我发展,自身和世界的复杂经验开始有了增长,我们学会了控制自己,也不再冲动。我们意识到生命的伟大问题可能有了合乎逻辑的答案。随着不断成长,我们也越来越能够理解矛盾。高水平的自我发展需要对自身和世界更全面也更广阔的视野。研究成果已经支持了这个观点——富有挑战性的生活经历可以激励自我发展(Bursik,1991;Helson,1992;Helson & Roberts,1994;Helson & Wink,1992;King & S.N.Smith,2005)。

为什么我们能够在人生困境中成长? 一种思考成年个体发展的思路,通过 Piagetian 的"同化和顺应"理论来思考(Block,1982)。勇敢地面对人生困境(如遭受离婚,失去爱的人),我们要运用以前有价值的经历去努力把握(这是同化过程),也要有意识地弄清楚新的经历、新的结构(这是顺应过程)。我的研究表明,顺应过程的例子和现在及将来的自我发展水平有关。顺应过程可以通过反映积极寻求意义的叙述资料和承认在人的意义库中需要一个"榜样性的转换(paradigmatic shift)"来研究(King,Scollon,Ramsey & William,2000)。

追求幸福本身是在应对生活困境时的一个关键动力。我们知道自己何时幸福或何时不幸福,这个假定依赖于主观幸福感的自我报告。对美好的感觉丢失对一个人的生活来说是显而易见的损失。也许,响应生活变化的发展以结果的形式产生,这种结果即个体需要开发一种新的生活方式,一种使他或她幸福的生活方式(King & Hicks,2006)。当生活变得艰难的时候,寻求快乐的生活方式成为一项巨大的挑战。对幸福的研究也涉及重设目标以及重新划分重点:本质上,顺应是追求幸福的结果。Lyubomirsky,Sheldon,Schkade(2005)提出了"幸福的能力"的名词。这个具有煽动性的概念是在一个经历过重大改变的人正处于尴尬境地时的核心问题,所经历的重大改变正是在新的生活条件下如何重新获取幸福,而重获幸福的愿望使得个人发展成为必须。一个人在现有价值体系中不能幸福,因此,他就要寻求生活的变化。也许,人们是成熟了就会变得幸福(King,2001)。这个观点是由 Bursik(1991)研究离婚男子时提出的,他发现离婚男子的自我发展取决于那些发现了他们幸福感的女子。显然,追求幸福本身就是发展的动机,这一令人鼓舞的观点敞开了幸福感研究的未来。

第 二 章

幸福:美好生活的核心

我们并不诧异于整个心理学的历史都充斥着关于什么是幸福的本质和如何获得美好生活的质询。我们不仅要活着,而且要活得好,这个概念对于我们的生命来说非常重要,并且自从有人类以来就一直存在着。古往今来的哲学家们穷思竭虑,用什么方法能够不受单纯的存在的限制从而获得令人满意的生活。在本章中,我们要检验历史上的哲学家们和其他伟大的思想家们提出的有关幸福的重要观点,我们还要尝试去揭示同时代的心理学家们对于如何理解幸福所做出的贡献。

一、幸福的真谛

从古希腊时期甚至在更早以前,人们就希望知道"美好生活"的本质含义。是什么使生活变得值得?什么因素决定了高质量的生活?他们该如何着手去实现这个目标呢?回答这些问题的答案是人们自己的感觉和对自己生活是否值得的理解而不管其他人是如何看待的。这种现象被称为主观幸福感,即人们主观的相信自己的生活是值得的,愉悦的以及好的。回顾历史,不同的哲学家都或多或少的关注过对美好生活的主观定义,有一些认为最值得拥有的生活可以被定义为一系列的特征,例如善;而其他一些人则认为美好生活最根本的是愉悦的感觉。甚至当关注愉悦的感觉时,有些人认为最好的方法是受过教育的享乐主义,而其他人则认为坚忍是最重要的原则。在最近几十年里,一些学者才将对美好生活的研究转向了科学的经验方法。

（一）幸福简史

在吉姆·霍尔特回顾达林·麦马虹的《幸福史》时,他半开玩笑地评论说,有关幸福概念可以用一系列"刻板印象"来总结概括:幸福＝运气(荷马时代),幸福＝美德(古希腊、罗马时代),幸福＝天堂(中世纪),幸福＝快乐(启蒙运动时代),幸福＝温暖的小狗(当代)。有关幸福概念的历史,横跨了至少两千年的岁月,是一个特别错综复杂的概念。给出一个对于这段历史的综合理解性的描述超出了我们能够掌控的范围。当然,我们希望呈现出一段简洁的幸福史,衔接过去和现代,将现代关于幸福的研究结果放入连贯的文化背景中。

"美好人生"是一个在古希腊受到严肃认真思考的哲学主题。德谟克利特认为,幸福生活不只是好的命运或是外在环境的产物,更是由人的精神浇铸而成的,他被认为是第一个探究幸福的本质的西方哲学家(达达基兹,1976)。德谟克利特的观点不被苏格拉底和他的学生柏拉图所接受,他们将幸福概念化为更加客观,更加绝对的项目,像"对美好和美丽的事物的尽情享受"(柏拉图,1999)。另一方面,亚里士多德在他的有影响力的著作尼各马可伦理学中的中心问题是幸福(eudaemonia),他指出,幸福不是从谁那里可以获得的,但幸福是可以被任何一个想要过一种与最高尚的美德相契合的生活的人感受到的(亚里士多德,1992)。在古代,有一种广泛的认识,首先是在希腊人中,再是在罗马人中,他们认为缺乏理性和道德的美好生活是不值得夸耀的。即使是伊壁鸠鲁,即使他的学说经常被当作是自我放纵的享乐主义而否定,他也坚定地认为美德与快乐是相互依存的,"不谨慎、不值得尊敬、不正直而又想要生活得快乐"是完全不可能的(伊壁鸠鲁,1994)。斯多葛学派的哲学家西塞罗是美德带来幸福的力量坚定拥护者,他相信一个拥有美德的人即使在被虐待的时候也会是幸福的(马洪,2006)。

一些中世纪的基督徒哲学家同样也认为有道德的生活是美好生活不可缺少的;尽管如此,对幸福来说,有美德不再被认为就足够了。幸福是一种缥缈的,精神上的事物;它现在掌握在上帝的手中,只有依靠对上帝虔诚的信仰和上帝的恩典才能够获得。反之,尘世的幸福是不可靠的——尽管不可能——但极乐王国许诺给我们完整并且不朽的幸福(达达基兹,1976)。

在启蒙运动时期,幸福的概念变得更加现实而非寄托于来世。同时,西方文化中对于快乐的重视逐渐增长,快乐成为了通往幸福的道路,甚至成为了幸福的同义词。19世纪初的功利主义哲学很好地阐述了这些变化,它坚定地认为幸福等同于功利,是由极致的快乐产生的。功利主义者们,比如英国的哲学家杰瑞米·边沁,将痛苦过后能够剩余最大的快乐当作人类奋斗的主要目标,并且主张最广大的人的最大快乐才是道德和立法的基础。

人类有权去追求并且获得幸福的观点在现代得到了广泛的赞同,古典和中世纪将美德和完美当做幸福的概念,在最近的几个世纪已经大部分被忽视。用马洪(2006)精辟的评论来说,这个时代的人类认为"感觉好比做得好"更接近幸福。这个时代哲学上对于人类幸福问题的处理比过去的几个世纪都要稀少,然而行为与社会科学却都开始对这个主题投入大量的关注(海布瑞,2007)。

(二)幸福是什么

每个人都在生活中追求幸福,幸福似乎是一切人类努力的终极目标。我们关注幸福,并思考如何提升幸福。如果我们问究竟是什么使得一个人的生活进展顺利,我们就在问他关于幸福的问题。幸福是一个非常主观的概念,不同的人对幸福有不同的理解。成功的事业、稳定的友谊、美的事物等都会让我们获得幸福感。

关于"幸福是什么"这个问题,一直以来都被认为是难以捉摸的,但是通过大量的研究,对此还是取得了一定的成果。Dolan & Metcalfe(2012)对此进行了一个有用的总结,区分了关于幸福的三种描述。第一种观点认为,幸福是客观外生的,存在一套固定的物质、心理和社会需要清单,当此清单得到满足时,幸福感便产生了。第二种观点从经济视角出发,认为幸福就是偏好的满足,幸福存在于满足人们需求和欲望的自由和资源中。第三种观点认为,幸福(happiness)是通过人们对个人生活的情感和认知评价的自我报告来测量的,提出了"主观幸福感"(SWB)这个术语(迪纳,1984)。主观幸福感(SWB)指的是人们对他们生活的评价,包括对满足感的认知判断和情绪情感的评估。

现代的心理学家们也许并不苛求幸福的定义能够满足所有的人;然而,他们做出了一个重大的发现——幸福的各个成分可以以某种方式凝结起来。这些成分包括生活满足感(对一个人生活的全局性判断),对重要领域的满足感(对工作、健康、婚姻等的满足感),积极情感(普遍的积极情感、情绪),低水平的消极情感(普遍的使人伤感的情感、情绪)。检验表明,这些成分在过去的两千五百年中不同的时段成为关于幸福哲学的一部分。例如,关于频繁的积极情感以及为数不多的消极情感就是幸福,与哲学中的享乐主义传统有着直接渊源。另外,主观幸福感(SWB)对于主观生活满足感是幸福的一个重要因素的认同与同时代的哲学家韦恩·萨姆纳"对于个人来说,幸福(或不幸福)是个体对于她自己看到的她的生活环境的反应"(1999)的观点产生了共鸣。瑞福和辛格(1996)关于心理幸福感的观念与赖安和德西(2000)的自我决定理论对于他们列举的某些关于人类的幸福感必须满足的条件(如自治权、自我认同、统治权)较少有主观而更多的有客观的特性。在这种意义上,他们与古典时代繁荣的幸福理论相类似,就像亚里士多德那样(提庇留,2006)。

大部分实证研究引导心理学关注幸福是非常重要的,对于幸福的设想不是心理观念上的——使一个人过一种很好的生活价值判断具体化——而是从主观的幸福意义而言。现在的经验主义心理学研究直接回答了古代心理学关于如何才能生活得好的问题。我们期望通过阐述一个美好生活的要素间接地回答这个问题——主观幸福感。自从科学家开始研究主观幸福感,他们就很少集中在试图确定主观幸福感是否是凌驾于科学之上的哲学问题。而是强调对主观幸福感来龙去脉的理解。因此,关注的焦点不再是幸福是否尽善尽美的,而变成了是什么原因导致了这种状态的形成,以及它产生的结果是否值得。

(三)人们可以变得幸福吗

为了回答这个问题,我们相信理想幸福和实际幸福间有一定的差别

（达达基兹，1976）。理想幸福可以被定义为完整、持续、贯穿了整个生命的幸福。这样的幸福——完美、纯净并且永恒——是极其高的标准并且可能实在是任何人都不能够达到的。然而，在多数情况下人们还是可能在他们的生活中体验积极情感并感到满足的。实际幸福，是在科学研究中心理学家们感兴趣的一个对象，这种能够实现的幸福是我们关注的重点。

悲观主义和乐观主义间的冲突历史同心理学历史本身一样悠久（达达基兹，1976）。在这一图谱的一端，我们找到了莱布尼茨（1646—1716），他以我们生活在所有可能的世界中最好的世界的说法而为人称道。在图谱的另一端是海格斯亚斯，一个来自公元前3世纪的亚历山大的人物，被称为死之赞美者。因为他相信幸福是遥不可及的，生命是没有价值的，并且圣人会选择死亡（马特森，1998）。这样的悲观主义者们把人类的幸福看成是不可能实现并且不可信，将在这个世界上经历悲剧描述为不可避免的一幸来源。

科学心理学可以尝试通过两个问题使幸福是否可能的问题给予一些启迪：人们在幸福的时候是否会报告？幸福是否是一个适应性的、可逐渐发展的现象？世界范围的调查证据显示，对于第一个问题的答案是肯定的。在一篇《大多数人是幸福的》的文章中，迪纳（1996）评估了有效证据并且总结了绝大部分的个体集中在幸福天平的积极的一端，这包括了表面上有缺陷的人们，像四肢瘫痪或者那些处于最低收入水平的人们。最近的一个意见调查证明了这个发现，它显示，84%的美国人认为自己"非常幸福"或者"相当幸福"（皮尤研究中心，2006）。同样地，在迪纳研究中涵盖的43个国家中86%的国民的平均幸福水平在幸福等级的中点之上。

虽然人们持续地兴高采烈或是狂喜是很少见的，大部分人在大多数时间还是报告自己是幸福的。所有的这些证据都与生活是"泪水流成的溪谷"和现代社会是"忧愁的污水坑"这一观点不一致。人类似乎有一种模糊幸福水平的倾向，这会带给我们第二个疑问：幸福适应性功能是什么？

长久以来，消极情绪（如恐惧、愤怒和焦虑）让一个个体将注意力集中于当下的威胁或难题，因此适应性对发展有利。仅最近，我们才开始明白积极情感产生适应性优点。芭芭拉·弗雷德瑞克森的"拓展建构理论"（1998）提出，积极情绪让个体能够拓展他们的思维——行动的全部才能并且久而久之就构建了理智的、精神上的、社会的和物质资源。换句话说，积极情感和大体上的幸福构造了一个个体可以自信地从中探索外界环境并接近新目标的状态，从而允许他们构建重要的个人资源。因此幸福并不仅是偶发现象，它同时也是逐渐发展调整适应而来的。

　　在过去的几十年中，心理学的发现驳斥了幸福是一个人类不可能实现的追求的消极观点。一些哲学家赞同幸福必须是在寻求其他活动的过程中的附属品。当把幸福当作存在的目标来直接追求的时候，幸福只会导致一种如同野鹅般的胡乱追逐，约翰·米尔富于表现力地阐述了幸福，"将他们的思想确定在一些客体上而不是放在他们自己的幸福上；放在别人的幸福上，放在人类的改善上，甚至放在一些艺术或追求上，没有伴随的意义，但她自己本身就是一个完美的目标。"（米尔，1994）。由斯古乐等人（2003）的研究表明，对幸福有意识的追求和一个人对幸福的持续性评价可能的确会对一个人的幸福有害。在这个研究中，参与者在三种不同的情境下听斯特拉文斯基的音乐。在第一种情境中，参与者只是听音乐；在第二个中，他们被要求在听唱片的时候使自己尽可能的快乐；在最后一种情境中，他们被指示去调整一个可以移动的测量数值去表明他们即时的幸福。果不其然，那些在第一个情境中只听了录音的——没有试着去尽量地使自己快乐或没有时常地检验自己的幸福水平的——最享受它。这个发现与那些表明幸福的情绪是与低水平的自我中心注意相联系的发现相吻合的（格林、萨迪克的斯、索尔特兹伯格、伍德、福萨罗，2003）。

　　一些研究表明（布里克曼、柯茨、杰那夫尔曼，1987），中奖者并不比操纵者更快乐，即使是瘫痪事故受害者也恢复到接近他们初始的幸福水平。享乐适应主义理论——我们调整情绪系统以适应任何在我们的生活中发生的事的观点——被心理学家们奉为在幸福研究中的指导原则。设定点理论隶属于享乐适应主义理论，它假定人生的重大事件，好比婚姻，一个孩子的逝去，或者失业，只是暂时地影响一个人的幸福感，在这之后人的幸福感会倒退到一个由基因先设的限度（里肯、特里根，1996）。这些主张表明，无论我们多么努力去尝试着更加幸福，我们的适应性和个性等因素会使我们的冒险只是有着虚幻目标的无用竞争。

累积的证据表明,即使在某种程度上适应会出现,毋庸置疑,人们不会很快地适应并且(或者)对于所有事情都是这样(迪纳、卢卡斯、斯格兰,2006)。举例来说,卢卡斯、乔治里斯、迪纳(2003,2004),观测了一个15年的纵向研究,经历了失业、守寡的个体平均上都没有完全恢复并且回到他们较早的生活满足水平。另一个研究表明假如生活中有烦恼、焦虑或者人际冲突,人们几乎不会使自己适应这些环境(海德特,2006),然而其他事件,像外科整形可能对于一个人的心理幸福感会有持续很久的积极影响(兰金、波拉、佩里、韦,1998)。

(四)幸福的积极后果

最近,有关于幸福研究发现:在个体社会水平上,幸福不仅仅是积极的产物,幸福同样会引发许多积极的结果(迪纳,2005)。更具体地说,幸福会使人更加健康,使人拥有更好的工作绩效,更好的社交关系和更加道德的行为。

1. 健　康

法国作家马塞尔·普鲁斯特在《追忆似水年华》中说道,幸福对身体是有益的,然而却是忧愁开拓了我们心灵的力量。如今的研究强烈地支持了他对于幸福能够通向更好的身体健康的洞悉。揭示这一联结最令人难忘的研究之一是由丹纳·斯诺登和弗里森(2001)实施的,它展示了天主教姐妹在他们平均年龄22岁的时候手写自传中积极情感的内容,强有力地预测了他们六十年后的寿命。实验数据同样证明了幸福在身体上的有益影响:在一个试验中,研究者被置于有可能感染一种感冒病毒的环境中,那些报告了有高水平幸福感的被发现不那么容易受到感冒病毒的危害(科恩、道尔、特纳、阿尔伯、斯加纳,2003)。

2. 成　就

弗雷德里克森关于积极情感的拓展—建构理论,从现有数据中显露出来的幸福,是一种引向发展的资源,并且导致更好的智力技能和资源。为了使公众更易理解而将幸福相当普通地描述为刺激因素肯定是与将幸福理解为轻浮,愚蠢的享乐主义有关联。几十年的研究表明,幸福不是根本源于对快乐不停的追求,而是源于争取并向最有价值目标的不断前进。

普鲁斯特的更悲哀但更明智的格言被研究反驳,这些研究表明了有意向地快乐或者被人为地放到一个愉悦的心境时要比其他情况任务完成得更好,像精确的决策,笔误校验,解字谜等(迪纳、塞利格曼,2004)。看起来人们只有体验一种提高情绪的情感时才会被认为是"愚蠢的",这就是他们对启发的依赖倾向的增强(林波米尔斯基、金、迪纳,2005)。

幸福与职业生涯的高成就同样有关联。因此,幸福的个体更可能从大学毕业,获得一份工作,从他们的总管那里获得更好的评估,并且赚得更高的薪酬,他们丢掉工作的可能性会更低,如果被解雇了也会更快的被重新雇用(迪纳、尼克森、卢卡斯、山特维克,2002;迪纳、塞利格曼,2004)。

3. 社会关系和亲社会行为

大多数反对幸福的争论提出,幸福等同于自我中心和对问题的感觉迟钝使世界变得黑暗的观点。乔治·艾略特(1996)谈论幸福,幸福被认为是"肉体丰满对于外界悲伤的冷漠"。英国作家休·沃波尔写道:"去承认幸福意味着自以为是的满足和对世界上普遍的灾难的麻木不仁"(达达基兹引用的,1976)。

一次又一次的研究,却没有对于幸福的描写有一个自我本位并淡漠的实体化陈述;相反,他们揭露了对立的一面。幸福是要使最好的人类显示出来的,使他们更加社会化,更加有合作精神,甚至更加有伦理道德。举例说明,有着高水平长期地或者通过试验方法增强积极情感评价的人们,他们倾向于用更多的积极情绪评估人,他们更聚集于正向的结果,变得对社会互动更加感兴趣,而且变得更加倾向于自我表露(迪纳、塞利格曼,2004)。那些报告了更高的生活满足感的人展现出对他人更加普遍的信任(布雷姆、拉恩,1997),当被问及他们如何感到一些假设的道德情景是有道理的(例如买一些他们知道是被偷的东西或者在公交车上逃票),有着更高幸福感水平的参与者做出的回答更符合道德规范(詹姆斯、杰米斯,2004)。此外,像特夫和迪纳(2007)指出,幸福和令人满意的社交效果间的道德关系也适用于国家级水平。更加幸福的国家倾向于在普遍的信任,志愿服务,民主政治中获取更高的分数。

二、幸福的相关理论

Wilson(1967)认为对幸福感的理解自古希腊时期开始一直在理论上都未能取得很大的进展。虽然在过去的十年里我们取得了一些令人关注的理论上的进展,但发展过程仍然受到了很大的限制。我们非常需要进一步将理论和研究联系起来。

(一)目的理论

主观幸福感的目的或终点理论认为幸福感的获得是达到某种状态,诸如一个目标或需要。Wilson(1960)认为"对需要的满意感导致了幸福感,相反的,需要持续的无法满足导致了不幸福"。很多有关主观幸福感的研究都是基于一个和需要以及目标相关联的一个含蓄的模型。人们评价和需要以及渴望相关的资源的程度,并且和主观幸福感相关联。

很多哲学家所考虑的问题都和目的理论相关联。例如,他们询问幸福感是否通过满足或压制个人的渴望得到。此外,享乐主义的哲学家们支持对渴望的满足,苦行者则支持对渴望的歼灭。哪一种渴望或目标更为重要,在各种渴望中间我们应该如何保持平衡?存在某种渴望会对幸福感有害吗?也许其中最重要的一个问题是幸福感是来源于已经满足了的渴望,还是来源于最近达成的一个渴望,抑或是来源于通往渴望目标的过程中。就像 Scitovsky(1976)说的那样"在通往这些目标的道路上,努力奋斗达成它们比确实达到目标更令人感到满意"。

另外一个目的理论来源于需要理论,存在某些人们寻求满足的先天的或习得的需要。我们假定在这些得到满足以后会产生幸福感。相反的,目标理论则基于个体意识到了的特定的渴望。个体寻求特定的目标,当他们达到目标就会产生幸福感(Michalos,1980)。目标和需要都和这种能达到特定目标的潜在需要相关联。对于达到特定目标,由于个体可能还存在特定的价值观。他们可能由于个体差异而有极大地差别。人们普遍认为,对需要,目标和渴望的满足和幸福感之间存在某种程度的关联。

Maslow 提出了所有人都有一个普遍的需要层次。个体如果在他们的特定水平上满足了需要,那么就会体验到主观幸福感,虽然这种幸福感可能比起那些高水平的需要层次会更强烈一些。对于 Maslow 的理论的研究结果并不是那么鼓舞人心(Lawler & Suttle, 1972;Wahba & Bridwell, 1976)。所以将这一理论应用到幸福感之前需要更多的研究工作。Murray 假设最开始各种需要是各不相同的。人们对于这些需要也表现的各不相同。Diener 等人(2012)发现一些证据支持当人们的需要被满足时个人会体验到幸福感这样一种观念。他们通向幸福感的方法是基于个人—环境的匹配——即当个体处在和他人格相匹配的环境中时个体感到幸福。

一些人类普遍的需求(效能,自我认可,理解)都被人提出来过。如果这些真的是普遍的需要,那么在所有文化中,这些需要的满足都应该和幸福感相关联。Reich 和 Zautra(1981)提出个体的因果或效能都是积极情感的一个普遍存在的来源,Csikszentmihalyi 和 Figurski(1982)发现自由意志是经历中的一个积极方面。社会支持对幸福感的重要性(Campbell et al., 1976)表明这可能是一个普遍存在的需要。一个最佳水平的激励也被认为是幸福感的一个主要来源。Scitovsky(1976)认为正确水平的刺激或新颖性会增加积极的情感。

目标和渴望通常被认为比需要更具意识性。大多数的个体当达到一些重要的目标时,都有过幸福的经历。然而,一个关键问题是目标的实现是否能够导致个体间对于主观幸福感的长期差异,而不是短期内的提高。一些理论(Chekola, 1975)认为幸福感取决于对生活的计划,以及完整的一系列个人目标的不断地实现。有些目标可能会和其他的相冲突。因此,根据生活计划的方法,幸福感取决于两个相关因素:和谐的整个个人目标,以及实现这些目标。

Palys 和 Little(1983)假设个体有个人的计划和考虑,这些计划可能整合成为一个总的计划系统。他们测量这些计划并且发现个体感到不太满意是因为这些项目都是一个长期的回报项目,很少有短期的强化或享受。他们的项目困难并且持续时间长。较为感到满意的个体所拥有的计划则更为令人愉快,较为简单,并且在当时显得更为重要。

根据目的理论,有一些因素可以干预主观幸福感。第一,个体可能希望目标能够带来短期的幸福,但是可能由于其他目标的干扰而对幸福感带来有害的长期影响。第二,个体的目标和渴望可能存在冲突,并且因此无法完全使他们得到满足。由于个体的需要或渴望可能没有被自身意识到,如果它们之间存在冲突可能很难去识别他们。第三,个体可能会由于没有目标或渴望而被剥夺幸福感。第四,个体可能由于缺乏条件,或技能,或由于目标太为崇高而无法达到。

同时现在的目的理论也存在一些缺陷。他们极少制定一个明确的方向并加以验证。很多方法都无法证伪。需要以及目标又是会被循环的描述,这取决于观察概念如何被解释。我们需要对需要和目标的明确测量方式,以及纵向的方法论可以帮助我们证明目标的达到是否能够增加主观幸福感。

(二)快乐和痛苦关联理论

成功或需要的取得可以产生幸福感这样一种想法导致了这样一个课题:快乐和痛苦紧密相连。只有当某些东西未得到时,才会有目标和需要。因此,大部分目标和需要的制定都是假定一个必要的前提,那就是幸福感的缺乏和剥夺。其中一个假设是越强烈的剥夺(强烈的不幸福),在达到目标后会有越强烈的喜悦。满足需要会产生幸福感的想法和将所有需要永远的满足就会产生最大的幸福感这一想法完全相反。根据目前的构想,如果个体的渴望和目标完全地被满足了,那么就不太可能产生极大地幸福感。Houston(1981)认为"我们的遗传组合是这样的,即当我们经历过基于剥夺的需要,并且这种需要被满足时我们会感到最幸福"。同样的,根据 Wilson(1960)"经常性的需要在本质上是周期性的,对这种需要最有价值的是有序正常的重复这样一个周期"。通过这样一种观点,生物需要随着时间自我更新这一点是幸运的,并且达到目标的个体则会不断设置其他目标。然而，Wilson(1960)得到在任何时间最大程度的完满对感觉和后天的需要来说最有价值。

快乐和痛苦(幸福和不幸福)在一定程度上是相关联的这样一个观点最近经常被改进(Tatarkiewicz,1976)。例如，意大利作家 Verri 提出，快乐经常在艰苦中前行，有很多其他的原因来说明为什么满意和不满意应该联系在一起。快乐和痛苦相关联的原因是基于对于目标心理上的投资或投入。如果一个人有一个重要的目标并且努力达成它，失败会产生不幸福感，成功会导致强烈的幸福感。如果一个个体对于达到目标没有很大兴趣，失败将不会导致很强烈的不幸福感。因此，承诺，参与，努力可以增强个体感觉到的情感的强度。

另外，Solomon(1980)的相反过程理论认为快乐和痛苦是紧密联系的。根据这一假设，对某些好的东西的丧失导致了不幸福感，而对某些坏的东西的丧失则导致了幸福感。此外，对于情感的大小也做了特殊的预测。一个人可能会习惯于一些好的或坏的东西，并且由于重复的暴露而产生较少的或不幸福的感觉。然而，这一理论最重要的部分是，在习惯之后，当丢到这一事物后会产生巨大的反向情绪。例如，如果个体习惯使用一部手机，这会带来很小的一些幸福感，如果这部手机被偷了，那么他会感到非常的不高兴。我们发现这是一种附加类型，即当重复暴露时，好的事物失去了它们制造幸福感的力量，但是如果重复暴露它们的损失，则会产生巨大的不幸福感。

（三）行为理论

目的理论将幸福感放在一种必定结束的状态，行为理论则认为幸福感是人类活动的副产品。例如，爬山的这种行为可能比到达山顶时产生更强烈的幸福感。亚里士多德是行为理论最早以及最重要的倡导者。他认为幸福感来源于善的行为，即那些好的表现的行为。根据亚里士多德的理论，有一些特定的人类的能力，当他们以一种好的方式表现出来时就会产生幸福感。相反，现代老年病学的行为理论将行为定义为一个更为广泛的术语。例如，兴趣，社会交往，以及练习都可以被看作是行为。

行为理论中最常见的一个课题就是自我意识会减少幸福感,并且已经有很多的实证研究证明了这一点(Csikszentmihalyi & Figurski,1982)。这和目前流行的关注幸福感的获得就需要打败自我的观点相一致。根据这种方法,个体应关注重要的行为和目标,幸福就会作为副产品到来。虽然这种想法经常在文献中出现,但还没有被严格的假定或实证的验证。

有关行为和主观幸福感的最明确的假定是畅流理论(Csikszentmihalyi,1975)。当面临的挑战和个人的技能水平相匹配时,行为是最令人愉快的。如果一种行为太过简单,就会产生乏味;如果太过困难,就会产生焦虑。如果一个人被卷入到一个需要大量集中精力,并且个体的技能和挑战的任务大致相当的行为时,个体就会产生一个令人愉快的畅流体验。

(四)至上而下——至下而上的理论

有关至上而下和至下而上方法的区别在现代心理学里非常的流行,并且也可以在有关幸福感的学术历史中找到类似的问题。例如,一些哲学家认为幸福感是很多微小幸福的总和(至下而上理论)。根据这种观点,当一个人在判断自己的生活是否幸福时,我们会心算开心和痛苦记忆的总和。在这种观点中,幸福生活仅仅是幸福时刻的总和。这种观点在哲学上和洛克的还原论和原子论相关联(Kozma & Stones,1980)。相反的,至上而下的方法则假设存在以积极方式体验生活的总的倾向,并且这种倾向影响着个体对于整个世界记忆的交互作用。

在有关幸福感至上而下的方法中,人格的总特征被认为影响了个人对事物的反应方式。例如,乐观性格的人可能会将很多事件解释为是积极的。哲学家频繁的将幸福感置入态度中去,因此支持至上而下的方法。例如,德谟克利特认为"幸福的生活不是取决于好运或是其他外在的偶然性,而是从某种程度上说是基于个人的思想投射……重要的不是一个人拥有什么,而使他对于他所拥有的作何反应"(Tatarkiewicz,1976)。Andrews 和 Withey(1974)报告的数据支持了至上而下的方法。在预测生活满意感时,他们发现用来作为预测变量的幸福感的领域类型并不重要,对这些领域的衡量不能产生更好的预测量。这些发现表明幸福感的领域可能产生,而不是导致了总的生活满意感。

所有的结论都可能存在部分的真实性,我们所面临的挑战是解释至上而下和至下而上如何相互作用。由于人们对事件的反应是主观的感知,因此会产生一些至上而下的过程。然而,某些特定的时间能够引起大多数人的愉悦,这表明至下而上的原则可能也是有用的。我们需要理解在积累的事件中,认知和人格的因素是如何变换的。同时我们需要研究个人获得乐观性格的过程以及如何防止这种性格的改变。生活中的大事件和日常生活至上而下和至下而上的两分法应该服务于产生新的理论办法,同时启发产生新的研究思路。

幸福感领域存在两个与至下而上和自上而下有关的争论。第一个争论是幸福感是作为一种特质还是一种状态。在那些认为是一种倾向或特质的观点看来,幸福感本质上不是一种幸福的感觉,而是一种以幸福的方式反应的倾向。这种至上而下的方法认为幸福的个体可能此时并不幸福。至下而上或状态论的方法则认为一个幸福的个体即拥有很多幸福片刻的个体。Chekola(1975)描述了这种幸福感的集合体,由于幸福被认为是幸福片刻的简单的大集合体。幸福是特质,还是状态,这可能需要遵循不同的原则。

第二个争论是有关高兴地事件在创造幸福感中的角色(Lewinsohn & Amenson,1978)。Lewinsohn和他的同事支持愉悦事件的缺乏导致了沮丧的出现这样一种至下而上的方法。然而,批评者认为沮丧导致了个体在参与某些普通的愉悦事件时无法感受到愉悦(Sweeney,1982),并且这是一种至上而下的方法。我们需要更多的研究来确定愉悦事件的缺乏是否(或在何种环境下)导致或产生了沮丧。

(五)联结理论

很多模型试图解释为什么个体会有一个容易产生幸福感的性格。很多这样的理论都被纳入联结模型。认知导向幸福感是他们的初始阶段。其中一种认知方法依赖于人们对于事件发生的归因(Schwarz & Clore,1983),例如,如果人们将好的时间归因于内部的,稳定的因素,那么就会带来强烈的幸福感。另一个可能是无论何种归因,人们将事件感知为是好的,也可以导致幸福感。

一种普遍的认知导向幸福感方法和记忆的网络联结相关。Bower（1981）表明人们会回忆起那些和当前情绪状态相对等的记忆。有关记忆网络的研究表明：人们会发展出一个很大积极联结的网络，以及一个相对有限和隔离的消极联结的网络。对于这种个体，更多的事件和想法会触发幸福的想法和情绪。因此，当一个拥有这种积极优势的网络联结会更容易对多数时间作出积极地反应。

另外一个相关的理论类型则基于经典的情绪条件作用诱发。研究表明情绪的条件作用是非常顽强的。因此，幸福的人可能是那些有着和大量生活中频繁的刺激相连接的积极的情感经历的人。Zajonc（1980）认为情感反应独立发生并且比对刺激的认知评价更为快速，它和条件作用方法相兼容导致了幸福感。

条件作用和记忆网络可以不需要明确的意识干预而作用。然而，有证据表明个体可以给予他或她生活的情感联结一些自觉的方向。Fordyce（1977）提出证据表明自觉的尝试减少消极的想法可以增加幸福感，并且Kammann（1982）发现早上保持一个积极的状态会使一整天都更愉快。Goodhart（2012）发现积极想法和主观幸福感相关联。因此，明确自觉的尝试避开不愉快的想法，并去回忆那些愉快的会在一定程度上增加幸福感。

某些个体可能会建立起一个强烈的积极联结网络，并且学习习惯性的以积极的方式作出反应。这些个体可能就是那些被哲学家描述为拥有快乐个性的人。一个在生活中应用波利纳方法（Matlin & Stang, 1978）的人是用积极联结来构建整个世界的人的原型。很多研究（Dember & Penwell, 1980; Matlin & Gawron, 1979）发现在幸福感，对积极联结的认知偏见，和高波利纳人格得分之间存在着相关关系。

我们可以发展一种既整合外部事件的影响，又整合人格影响的交互作用的方法。一个人可能拥有容易导致愉快反应的联结网络。然而，虽然对于收入事件的反应可能由于这些联结而产生偏见，当前事件也可能随着时间的推移而改变联结。换句话说，个体的联结网络可能或多或少渗入新联结的影响。

(六)判断理论

　　一系列的理论都假定幸福感是来源于某些标准和实际情况的比较。如果实际情况超出了标准,就会产生幸福感。在满意的情况下,这种比较是有意识的。然而,对于有些情感,和标准的比较发生在无意识的状况下。虽然判断理论通常都不会预测这个事件是积极的还是消极的,它们只是预测这个时间会产生多大程度的情感。

　　一种划分判断理论的方法是基于已经使用过的标准。在社会比较理论中,个人将其他人作为一个标准。如果一个人比其他人优秀,那么这个人就会感到满意和高兴(Carp & Carp, 1982; Emmons et al., 1983; Michalos, 1980)。个人过去的生活也可以作为一个标准。如果个体现在的生活超出了这个标准,那么他可能也会变得幸福。个体也可能通过其他方式得到标准。例如,个体可能基于自我概念或基于父母所告诉他的而渴望达到特定水平的成就。

　　虽然根据不同的理论,标准可能来源于不同的方式,但在每种情况中他们都作为判断条件的基础。在社会比较理论中,由于身边很亲近的人通常比较突出,因此我们通常会过分评价他们。然而,Dermer、Cohen、Jacobsen和Anderson(1979)证明即使是那些离我们很遥远的人,由于他们的突出,因此也会被用于作为比较的标准。Seidman和Rapkin(1983)研究表明社会比较可能影响精神健康,Will(1981)发现和相对不幸的人进行向下的比较会产生主观幸福感。Kear(1982)发现相信其他人生活在贫困的环境中会提高个人的生活满意感。Easterlin(1974)很有说服力的指出,基于社会上其他个体的收入状况,个体会满足于收入的数量。社会比较理论的一个缺点就是他们无法弄清人们何时需要将自己和他人作比较。就像Freedman(1978)指出的那样,对于诸如性别,社会比较之类的事情并不会对满意感产生重要的影响,这是由于个体存在一个基于他们自身价值观和需要的内在标准。然而,Emmons(1983)发现,在大多数领域中社会比较对幸福感来说是一个非常强的预测变量。

　　对事件的适应性表明当事件第一次发生时可以制造高兴或不高兴的感

情,这取决于事件的性质是好的还是坏的。然而,随着时间的流逝,时间失去了它们引起感情的力量。当个体适应了好的状况后他们不再会产生高兴,对于坏的事件同样会产生类似的适应过程。适应理论基于的标准来自于个体自身的经历。如果当前的事件比标准要好,个体就会变得高兴。然而如果好的事件继续下去,就会出现适应,个体的标准就会上升,并最终导致它会和更新的事件相匹配(Brickman & Campbell,1971)。因此,根据适应性理论,近期的转变能够引起高兴或不高兴,这是由于个体将最终适应事件的所有水平。因此,这种理论预测了收入的转变和诸如此类的事件对幸福感来说比事件的平均水平显得更为重要。个体的标准最终会提高或降低到各种水平或情形,只有离开这一水平才会引起情绪。

Brikman(1978)发现中奖者并不会感到更高兴,而四肢瘫痪者也不会比正常人更不快乐。他们通过人们适应所有无论是幸运的或不幸的事件来解释这一结果。Wortman 和 Silver(1982)通过纵向的数据证实了这一结论。然而,即使是在极端不幸的情况下,适应的发生非常快速,因此他们的情绪很快就转回至幸福。Cameron(1974)和 Feinman(1978)报告的证据也表明其他被阻碍的被试组和控制组表现出一样的快乐。我们需要有关适应性的更详细的纵向描述性数据:适应的过程需要多长时间,什么样的环境会使人适应,以及人们能够完全适应环境吗? 个人的标准中包含了多少时间和经历的总和,以及如何评价最近发生的事件? 我们需要进一步考虑适应性的心理过程。它似乎表明人们不会完全适应所有的环境。诸如健康或收入之类的积极因素确实会和主观幸福感相联系。环境影响的适应性可能会减少,但不会被消除。虽然适应性看似是一个有力的过程,它影响的局限性或参数确实不太好被理解。

Parducci(1968)发展了一个基于人为判断实验室模型的幸福感挑衅理论。范围频率模型预测了一个不同于判断收入事件的精确的模型(基于个人经验)。这一理论的实验室设置优于适应水平的方法。这一模型有趣地解释了经历生活事件偏态分布的人。它假设最强烈的满意感会出现在那些经历了偏态分布倾向于消极事件的人身上。就像之前解释的那样,个体身上发生的好事件的平均水平并不会影响幸福感,这是由于个体对事件有适应性。然而,范围频率模型确立了标准的比较点,这个比较点大约处在范围的中点和在该个体身上发生的事件的中位数之间。这一临界点以上的事件会令个体高兴,一个偏态分布倾向消极的人将会在大多的时间里感到高兴,这是因为大多数的事件都会落在比较点之上。一个事件绝对水平的好处并不重要,但是分布的形态却很关键。一个偏态分布倾向积极事件的人在大多数的时间里会感到不愉快。因此,如果个体在生活中体验到欣喜若狂的片刻,那么他注定要走向不愉快。就像 Parducci(1968)说的那样"如果最好很少发生的话,那么最好是在经历的范围中完全不包括它"。这种预测和那些认为一些非常幸福的时刻可以丰富生活的常识想法相抵触。范围频率理论的一个长处就是他的预测非常特殊并因此是可证实的。

判断理论的一个流行形式是抱负水平,即幸福感是基于实际情况和抱负之间个人生活的差异(Carp & Carp,1982)。McGill(1967)和 Wilson(1960)认为幸福感是基于已经满足的愿望和总的愿望间的比例。根据这种理论,高抱负对于幸福感来说是一个威胁。就像过去 Cyrenaics 提到的那样,那些金钱的欲望没有得到满足的人里没有一个是富裕的。抱负的水平可能来自于个体之前的经历、目标以及诸如此类。Easterlin(1974)概述了不同国家的人对收入的抱负间的巨大差异。Gibbs(1973)将在美国相对幸运的黑人不断下降的幸福感归结于这一群体抱负水平的上升。虽然有证据支持了实际情况和个体抱负水平间的差异和幸福感相关的观点,这种关系总的来说表现得并不强烈(Emmons,1983;Kammann,1982)。

一个和所有判断理论相关联的问题是只发生在领域内还是可以推广到跨领域中。Dermer(1979)发现比较不能推广到所有的领域。此外,他们发现虽然制定一个显著地消极标准会增加满意感,但是它同样会导致更多的负性情绪。因此,积极情绪并不是简单的随着满意感判断的增加而增加。

三、幸福的影响因素

约翰·洛克注意到人们通过"各不相同和相反的方法"来得到幸福,虽然"所有的目的在于变得幸福"(1894)。哲学的编年史充满了各种各样得到幸福的方法,几乎每一页记述着引起幸福的特定品质的优点,而另一页则谴责那一特质并称赞与之相反的一个。不可避免地,有些建议比其他更加中听,有些得到幸福的方法比其他更加有效。幸运的是科学方法让我们能够区别那些竞争者和伪装者。

正因社会学家和生活质量的研究者比心理学家更早地表述了对于幸福主题的兴趣,第一个关于幸福的伴随物和原因的调查主要包括人口因素(如年龄、性别、种族)和生活状态变量(如婚姻状况、健康)。这个研究传统引向了有些令人震惊的发现,客观的生活环境在解释幸福中扮演着相对次要的角色。学者们估计,人口因素可以解释 8%—15%幸福差异(迪纳、徐、卢卡斯、史密斯,1999)。

外部环境对预测幸福的不充分指引心理学家关注其他的幸福相关物。在这一部分,我们要深思一些幸福的情境和来源,因为他们是为一些过去著名的思想家所讨论,被现代研究所揭示的。

(一)幸福设定点

研究表明,存在一个幸福点限制了人们的幸福感。Brickman 和 Campbell(1971)率先提出"享乐主义踏板车"或"幸福的跑步机"(hedonic treadmill)的概念。它说明了这样一种现象:发生的积极事件或消极事件会导致幸福感的上升或下降,但是过不了多久,人们的幸福感又会回到幸福点附近。比如,研究者发现脊髓受伤的人在刚开始经历了极大的负面情绪,且在短期内,情绪呈现下降的趋势,但到了第八周时,该病人的情绪水平又返回到了基线水平(Janoff-Bulman,1978)。还有对彩票中奖者一段时间内的情绪研究也发现了该现象(Silver,1982)。幸福点在社会中的表现还包括,当富裕国家的 GDP 显著上升时,人们的生活满意度似乎没有太大的提升(Myer,2000)。

对于这一现象的原因,我们可以通过人类的适应机制来进行解释。人们能够迅速地适应一些事件或环境,然后对此不再产生之前那样强烈的情绪。比如,当人们的成就和财富上升时,他们感到幸福的同时期望也会随之上升,然后他们迅速适应新的水平,从而不再感到幸福。这似乎意味着必须不断地拥有更多更好的,一旦得到满足,便会适应,然后又必须去满足更高的期望。从另一方面来看,人们会因为自己所遇到的不幸的事感到不幸福,但是人们也会迅速地适应,然后变得没有那么不幸福。

幸福的基线水平还受到个人特质的影响。人格似乎是 SWB 长期水平的最有力的预测因素。比如分开抚养的双胞胎研究显示,主观幸福感变异中几乎有一半是遗传因素导致的(Tellegen et al.,1988)。Rusting 和 Larsen (1997)证明,在实验室环境中,外向的个体对积极图片的反应更强烈,而神经质的个体倾向于对消极图片做出反应。

(二)收　入

收入对幸福的影响可以从个体层面、国家层面和社会层面来看。

首先,就个体层面而言,探讨收入与 SWB 关系的研究显示,收入与个体层面的生活评价有很强的关系(Diener,2010)。高收入的人报告有较高的生活评价。一个人的财务满意度越高,会有更高的主观幸福感——较高的生活评价、较多的积极情绪和更少的消极情绪。与之前研究一致(Diener, Ng,et al.,2010;Lucas & Schimmack,2009),富人比穷人更幸福(Diener, 2014)。从这一方面来看,我们可以认为"金钱能够购买幸福"。然而,也有研究发现,富人只比穷人多幸福那么一点点(Diener,Horowitz & Emmons, 1985)。这意味着"并不是越富有就越幸福"。Easterlin(1974)据此提出了著名的伊斯特林悖论(Easterlin Paradox)。他发现绝对收入的对数与幸福感之间的相关水平显著但较低。这说明,收入与幸福感之间存在一个经济学上所说的"边际效用递减规律"。即存在一个临界点,过了这个临界点,幸福感的增强速度远远慢于收入的增加速度(Stevenson & Wolfers,2008)。使用盖洛普幸福指数调查获得的数据,Kahneman and Deaton(2010)发现较高的收入能够持续提高生活评价,甚至在超过 120000 美元的情况下。然而,收入—生活评价之间的关联在较高收入水平时较低,表明存在一个边际效用递减效应。Easterlin 用适应理论和社会比较理论对此进行了解释。此外,那些在金钱和物质财富上投入过多精力的人会对他们的生活欠满意,并且体验到更少的积极情绪和更多的消极情绪(Kasser & Kanner,2004)。可见,个体对收入的过度重视,也会降低幸福感。

其次,就国家层面而言,国家 GDP 的上涨与生活满意度的上升相关,且全国家庭收入的上升与消极情感的下降、生活满意度和积极情感显著相关(Diener,Tay & Oishi,2013;Stevenson & Wolfers,2008)。此外,使用盖洛普调查考查国家间的收入差异与幸福的关系,发现国家的收入水平是生活满意度的有力预测指标(Diener,Kahneman,Tov & Arora,2009;Inglehart,2009)。

最后,从社会层面看,高 GDP 的国家相比低 GDP 的国家有更高水平的平均生活满意感(Deaton,2008)。富裕的国家相比贫穷的国家,不仅有更高的生活满意度,而且更幸福(Inglehart et al.,2008)。一项早期研究表明贫穷社会中的人确实更重视物质需求。来自 31 个国家的大学生数据表明在贫穷的国家中财务满足感与生活满意度更相关,相比在富裕的国家中(Diener & Diener,1995)。然而,最近的研究表明,相比贫穷的国家,在富裕的国家中收入对生活评价产生了更强的影响(Diener,Ng,et al.,2010;Diener,Tay & Oishi,2013;Tay,Morrison & Diener,2013)。

收入对幸福确实能够产生一定作用,但是近期的研究表明其他的一些因素,相比收入这个指标,对幸福的影响程度更大,比如社会因素(社会支持、政府的能力、社会的信任水平等)和心理因素(自由)。Diener(2014)的一项关于财富和后物质主义需要对幸福感的研究表明,国家财富能够调节财务满意度和后物质主义需要对幸福的影响,经济的增长能够导致幸福的一个线性转化,即从关注经济或物质需要到关注心理需要。但是,需要注意的是,后物质主义需要并不是只有在一定水平的收入保障之后才得到重视,相反,两者是独立的结构,对 SWB 的不同成分都很重要①。

(三)休 闲

休闲对幸福很重要,是通往幸福的关键途径(Pressman et al.,2009)。研究表明休闲参与与幸福感存在正相关关系(Caldwell,2005),休闲活动对

---

① Ng W.,Diener E.," What matters to the rich and the poor? Subjective well-being, financial satisfaction,and postmaterialist needs across the world ",*Journal of Personality and Social Psychology*,Vol.107,No.2,2014,pp.326-338.

生活满意度产生积极影响(Lee,2005)。举例来说,看电视,听广播(e.g.,
Menec and Chipperfield 1997;Yarnal et al.2008),旅游(Mitas 2010),创作艺
术(Reynolds and Lim 2007),使用因特网(Koopman-Boyden and Reid 2009)
等都能使个体产生幸福感。

所谓休闲,是指个体自愿投入到非工作状态的活动中(Hills & Argyle,
1998;Holder,Coleman & Sehn,2009)。Diener(2013)认为休闲是指工作时
间之外所花费的活动或时间总额,也指在休闲中知觉到的投入。

休闲的种类很多,不同类型的休闲方式对幸福产生不同的影响。
Kleiber、Larson 和 Csikszentmihalyi(1986)认为休闲包括轻松休闲(relaxed
leisure;比如,看电视)和严肃休闲(serious leisure,比如,运动、游戏)。前
者,只能影响短期的幸福感;后者,个体能够有更多的选择和决定自由,激发
内部动机,促进个人成长,能够对幸福产生更持久的影响。Passmore(2003)
将休闲分为三种类型:主动的(目的导向的休闲;比如,运动)、社交的(比
如,与朋友会面)、耗时休闲(time-out leisure;比如,看电视),其中以目的为
导向的休闲和社交型休闲对幸福的影响更大,能够促进个体的心理健康。
还有将休闲分为主动休闲、被动休闲(比如看书、看电视)和社交休闲,其中
主动休闲与高水平的幸福正相关(Csikszentmihalyi & Hunter,2003;Holder,
Coleman & Sehn,2009)。

此外,最近的研究还总结描述了休闲影响 SWB 的心理机制和过程
(David B.Newman,Louis Tay,Ed Diener;2014)。Diener 和他的同事提出了5
个核心的心理机制,分别是分离修复(detachment-recovery),自主性(autono-
my),控制感(mastery),意义(meaning)和归属(affiliation)[1]。也就是说,休
闲可以通过与生活压力的分离,修复工作中所产生的心理资源的消耗;激发
内部动机;自由选择休闲活动;满足自我效能感,享受成就和投入的心流体
验;获得生活的价值与目的;以及从属于某一个群体等来增加积极情绪、减
少消极情绪和增加生活满意度来提高主观幸福感。这些心理机制均是以一

---

[1]　Newman D.B.,Tay L.,Diener E.," Leisure and subjective well-being:A model of psycho-
　　logical mechanisms as mediating factors ",*Journal of Happiness Studies*,Vol.15,No.3,
　　2014,pp.555-578.

个自下而上的方式影响域 SWB,从而对整体的 SWB 产生影响。

(四)文 化

文化是影响幸福感的重要因素之一(Oishi & Graham,2010)。早期的跨文化研究关注文化作为调节变量的作用,发现文化能够调节自尊和幸福(Diener & Diener. 1995)、社会关系与幸福(Kwan,Bond & Singelis,1997)、人格与幸福(Dzokot & Ahadi,2002)等之间的关系。此外,也有大量研究直接关注文化对幸福的影响。尽管有大量的研究表明大多数国家报告有相当高的幸福感,但是国家间的幸福水平仍然存在差异,且这种差异在某种程度上能够通过文化因素进行解释。那些幸福感水平最低的国家无疑是最贫穷的和非个人主义的社会。居住在个人主义、富裕和民主文化中的人们,相比集体主义、贫穷和极权主义文化中的人,有更高水平的 SWB(Diener & Suh,1999;Veenhoven,1993)。富裕国家中的穷人,尽管生活条件穷困,但仍然表现出平均水平的主观幸福感(Vitterso,Diener,2005)。这可能是因为这些国家的社会保障更完善,他们的基本需求仍能得到较好地满足。

最近的一项研究表明,社会对积极情绪的重视与幸福和生活满意度相关[1](Brock Bastian,Peter Kuppens,Kim De Roover & Ed Diener,2014)。这是因为,社会重视积极情绪,能够营造出一种倡导该情绪的环境。跨文化研究表明,文化倡导与它们的文化价值观相一致的情绪,且由此导致该文化中的成员能够更频繁地体验到这类情绪(Boiger,Mesquita,Uchida & Barrett,2013)。另外,倡导积极情绪的文化氛围,会导致消极情绪体验在这样一个环境中更为突出,从而成为个体关注的焦点,诱发其思考不幸福的原因,进而减少生活满意度(Bastian et al.,2012;Gruber,Mauss & Tamir,2011;Mauss,Tamir,Anderson & Savino,2011)。

图 2.1 呈现了不同国家或地区对积极情绪重视的水平与生活满意度之间的关系。可见,在世界范围内,对积极重视程度越高,生活满意度越高。

---

[1] Bastian B.,Kuppens P.,Roover K.D.,Diener E.," Is valuing positive emotion associated with life satisfaction?",*Emotion*,Vol.14,No.4,2014,pp.639-645.

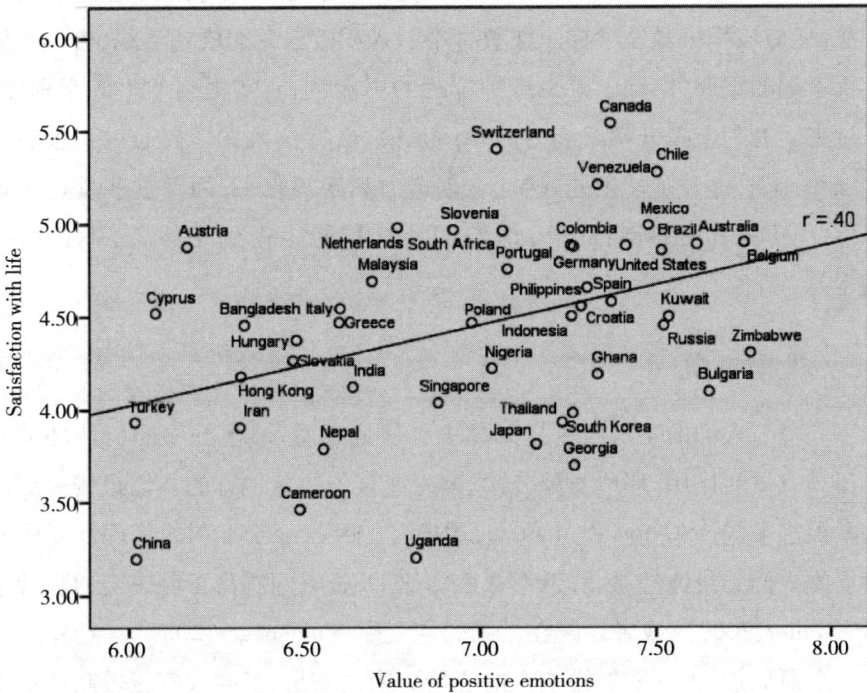

图 2.1 Value of positive emotions

比如图中显示加拿大、澳大利亚、墨西哥等国家或地区的积极情绪的重视程
度较高,均在 7.5 分左右,它们的生活满意度也相对较高,均在 5 分以上。

(五)教 育

幸福是教育的本质(Seligman,2012)。Witter、Okun、Stock 和 Haring
(1994)的研究发现,在控制一些额外变量后,一个人的受教育水平与幸福
存在正相关关系。与此研究相一致,Michalos(2008)也发现教育与幸福的
正相关性。教育对学校满意度的影响还与学生的个人特点、教学风格、学校
的环境特点等因素有关。那些提倡主动学习、引导学生树立长期目标的教
学风格,民主、乐观、开放的教学环境,都更能促进幸福(Alan Carr,2011)。
此外,情绪智力一直被认为与高水平的幸福感相关(Furnham & Petrides,
2003;Schutte et al,2002)。

此外,教育作为影响人身心发展的重要因素之一,学校除了教授成功的方法,还应该积极教授幸福。在教育中引入积极教育的成功实践,告诉我们教授幸福的重要性,除了减少患抑郁症的可能性,真实提高学生的幸福感,反过来还有利于提升学习能力。举例来说,斯特拉黑文学校通过积极心理学课程计划,提升了学生的好奇心、创造力和幸福水平,而且这些反过来促进了学习成绩的提高;此外,他们的社会技能也得到了改善,不良行为减少①。

(六)环　境

环境与人们的生活质量息息相关。研究表明,一个健康的自然环境对幸福具有重要作用,那些身处公园、郊外或其他绿色地方的人们报告有更高的幸福水平(Mackerron & Mourato,2013)。相反,处于不利的物理环境中则会损害人们的身体健康,降低幸福感。比如,长时间置身于城市交通噪音中(Passchier,2000),或者暴露在污染的空气中(Luecjonger,2009),等等。

众所周知,天气能够影响人的心情。阳光充足、温度和气压较高的地方与更好的情绪相联系(Denissen,Butalid,Penke & Van Aken,2008)。Nicolas Guéguen(2013)发现了一个更有意思的现象:相比多云天,在晴天里路过独自走在大街上的陌生人并对其微笑,会产生更多的微笑回应。可见,好天气能够诱发更多的积极情绪②。

(七)工　作

工作是重要的生活领域之一,它可以通过提供收入、身份认同、支持性的社交网络和增加生活的意义来提高主观幸福感(Mayer D,Diener E;1995)。关于工作上的幸福感,主要通过工作满意感来测量。工作满意感是指员工对自己职业的态度(Weiss,2002)。提高工作满意感,有利于工作

---

① [美]马丁·塞利格曼:《持续的幸福》,赵昱鲲译,浙江人民出版社2012年版,第75—93页。

② Guéguen N.," Weather and smiling contagion:A quasi experiment with the smiling sunshine ",*Journal of Nonverbal Behavior*,Vol.37,No.1,2013,pp.51-55.

绩效的提高和组织承诺等。

工作满意感与 SWB 的每个维度都存在一定的关联。Van de Vliert 和 Janssen(2002)的研究发现,工作满意感与生活满意度的相关系数为 0.68; Thorsen et al.(2003)发现其与积极情绪和消极情绪缺失的相关系数均为 0.34。当然,对工作满意感与 SWB 各维度进行相关研究,不同的学者可以得到不同的相关系数,但可以证明的是,工作上的满意感与幸福相联系。

就业状态与幸福有关。人们在失业后,幸福感会显著降低(Helliwell & Huang,2014;Lawless & Lucas,2011);而在重新工作后,幸福感能够得到显著恢复(Clark,Diener,Georgellis & Lucas,2008)。可见,工作对幸福来说十分重要,工作有助于幸福(Fisher,2010;Warr,2007)。

兼职工作能够提供较大的灵活性和更多发展自尊和社会关系的机会,因此也是某些个体满意感的来源(Frey & Stutzer 2002;Clark 2003;Carrol 2007);当然,从另一方面来看,临时性的工作不利于长期的职业发展,这也会给个体带来不满意感(Russo & Hassink 2005;Chalmers & Hill 2007;Connolly & Gregory 2008)。

(八)年龄和性别

老年人的幸福水平并不像我们平常所认为的那样低。尽管年纪越大,身体功能越差,但 85 岁以上的老人体验到较少的消极情绪、较低的抑郁和焦虑感,和不断提升的生活满意感(for review, see Charles & Carstensen, 2010)。这一现象被称之为"老化悖论(paradox of aging)"(e.g.,Charles & Carstensen,2010)。大多数研究表明在成年期的晚些时候,随着年纪的增长,幸福感会越来越强,但这并不包括中年。事实上,人在中年(45—64 岁)的时候,相比青年和老年人而言,会体验到更多的悲伤(e.g.,Keyes et al., 2014)。这是因为,相比其他时期,中年时期是事业和家庭的顶峰,个体所承受的心理和生理压力更大,从而导致幸福感的降低(Charles & Carstensen,2010)。

从性别上来看,女性比男性更同意体验到极端的幸福或不幸福(Diener et al.,1999),这可能是因为相比男性,女性容易更频繁地体验到积极和消极情绪。针对在满意度上的性别差异,Stevenson 和 Wolfers(2009)的研究表明,近几十年来,美国男性和女性的幸福感知差异越来越小。尽管她们取得了巨大成就(比如,更高的教育水平,较小的工资性别差距),她们的满意感水平仍然有所下降。一个可能的解释是,女性的生活变得更加复杂,需要承担的责任更多。

(九)社会支持

社会支持,就是来自社会联系中的其他个体、组或更大社会团体的支持(Lin,Ensel,Simeone & Kuo,1979),被证明是促进 SWB 的重要因素之一(Diener,2009)。社会支持可以从不同的方面对幸福产生影响。举例来说,Parasuraman、Greenhaus 和 Granrose(1992)发现,工作支持与提升的工作满意感相关,配偶的支持与家庭满意度相关。此外,Diener 和 Fujita(1995)发现家庭支持与主观幸福感显著相关。

一般认为,社会支持包括工具性支持(instrumental support)和情感性支持(emotional support)。前者主要是指物质或信息的支持,后者则主要是共情和安慰方面的支持。社会支持还可以按照不同来源分为朋友支持、家庭支持、邻居支持、同事支持和社区支持等。研究者们已经对不同来源的支持对幸福感的影响做了大量的实证研究。有学者发现来自配偶的支持比其他来源的支持对幸福的影响更大(Antonucci,lansford & Akiyama,2001)。也有学者认为,不同的社会支持网络满足个体不同的需要,因此对幸福的影响方面不同,比如,Connidis 和 Davies(1992)认为配偶更有可能提供工具性支持,Lanford(2000)认为朋友更有可能提供情感支持和友谊。

(十)健 康

健康是幸福的重要条件。严重的甚至是致残的慢性医疗条件,如关节炎、糖尿病,或多发性硬化症都与较差的生活质量相关,而且会导致情感幸福的下降(Bombardier,Ehde,Stoelb & Molton,2010;Gettings,2010;Mehnert,Krauss,Nadler & Boyd,1990)。但需要注意的是,疾病对幸福的影响程度并没有我们所想象得那样大。在 Larsen(1990)的一项研究中,接受化疗的癌症患者被告知自己病情得到缓解时,情绪得到暴涨,然而两天后,这种影响回到原来的基线水平。可见,人们能够相对迅速地适应自己的健康水平。此外,幸福还更多地受到人们对自己健康状态的认知的影响,即幸福与主观的健康有关。除了一些极端情况之外,客观的健康状况很可能对总体幸福感没有丝毫影响。

(十一)宗教信仰

宗教作为生活领域之一,与幸福积极相关。比如说,有宗教信仰的人,有更多的生活意义,且报告有更令人满意和支持性的社会联系以及更大的整体幸福感(Koenig, McCullough & Larson, 2001)。有宗教信仰的青少年表现出更少的攻击性和较少的物质成瘾行为,他们在学校中出现的不良问题更少,且有着更健康的生活方式和更少的沮丧情绪(Wong, Rew & Slaikeu, 2006)。Crystal L.Park 等(2013)还考查了宗教的 7 个维度(宽恕、日常的精神体验、对来世的信仰、宗教认同、宗教支持、公共行为和积极的宗教应对)与幸福的三维度(身体的、心理的、存在的)之间的关系,发现宗教各维度与幸福的联系存在显著差异[1]。没有一方面的宗教维度与幸福相关,宽恕与更少的抑郁相关,对来世的信仰与较差的心理健康相关,宗教的所有维度均至少与存在幸福的某一方面相关。特别是,精神体验与更高的存在幸福相关,并预测随后较少的精神压力。这表明。宗教可能不能影响身体健康,但对幸福的其他方面能产生强有力的影响,尤其是生存方面。

宗教信仰能给人带来幸福的原因可能是,第一,它提供了一个信仰体系,能给信徒们带来生活的意义;第二,宗教定期组织的活动,有利于加强成员间的联系,提供社会支持和归属感;第三,许多宗教提倡助人行为、忠诚、懂得感恩等良好的美德;第四,宗教灵修活动比如诵经、冥想等,能给人们带

---

① Park C.L., Lim H., Newlon M., " Dimensions of religiousness and spirituality as predictors of well-being in advanced chronic heart failure patients ", *Journal of Religion and Health*, Vol.53, No.2, 2014, pp.579-590.

来平静的心情或其他一些积极情绪①。

宗教与主观幸福感之间的联系在不同的文化背景下程度不同(Bond, Lun & Li,2012;Diener et al.,2011)。Diener(2011)谈到,居住条件更困难的社会中的人们更倾向于宗教信仰,宗教与幸福间的联系在这些社会中相比较不困难的社会中更强。Vivian Miu-Chi Lun 和 Michael Harris Bond(2013)的研究发现,在宗教信仰较为常见的社会中,精神实践与主观幸福感正相关;而在宗教社会化不流行的社会中,两者之间的关系逆转。在对宗教团体存在社会敌意的国家中,对宗教领导者权威的信仰和主观幸福感的联系更强,而在这种敌意较少的国家中,两者的联系相比更弱。

(十二)婚姻和家庭

一些大型的研究表明(Larson,1978),已婚人群在各方面会比未婚人群报告出更强的主观幸福感(Andrews & Withey,1976;Glenn,1975)。Glenn得出结论虽然已婚女性可能比未婚女性报告更强的压力症状,但他们同时报告了更强的满意感。Glenn 和 Weaver(1979)发现当控制了受教育程度,收入和工作状况后,婚姻是主观幸福感最强的预测指标。因为婚姻的效应是积极但并不是总是很强烈,研究者应该研究可能和婚姻交互作用的因素。例如种族(Freudiger,1980;Mitchell,1976)。最后的目标应该是理解可能缓和婚姻效应的潜在工作过程。根据这条思路,Glenn(1981)发现之前的离婚经历不会影响再婚的人的幸福感。这表明婚姻作用于主观幸福感,但它对于准备结婚或已婚的更幸福的人来说不是一个简单的选择因素。当我们从婚姻的主观事实转向婚姻满意对总的幸福感的重要性时,得到的结论是婚姻和家庭满意感是主观幸福感的一个最为重要的预测变量(Campbell et al.,1976;Glenn & Weaver,1979,1981a),事实上,在很多研究中都证实家庭和婚姻满意感是主观幸福感最强烈的预测变量(例如,Freudiger,1980;Michalos,1980;Toseland & Rasch,1979-1980)。

---

① [爱尔兰]Alan Carr:《积极心理学:有关幸福和人类优势的科学(第二版)》,丁丹等译,中国轻工业出版社 2013 年版,第 23 页。

四、促进幸福的途径和方法

(一)Fordyce 的 14 要点幸福项目

Fordyce(1977)基于幸福个人的已知特征,提出了 14 要点幸福项目,包括:(1)保持忙碌和积极性;(2)花更多的时间参加社交活动;(3)有意义地且富有成效地工作;(4)对事情进行更好的组织和计划;(5)停止担忧;(6)降低期望和抱负;(7)培养积极乐观的思维方式;(8)着眼于当下;(9)致力于一个健康的人格;(10)培养外向的、社会性的人格;(11)做自己;(12)忘记负性的情绪和困难;(13)建立亲密的关系,是幸福的第一来源;(14)重视幸福。

(二)Carr 增进幸福的策略清单

在上一部分,我们探讨了影响幸福的一些境况因素,改进这些境况因素,能够有效增进幸福。Alan Carr(2011)据此列出了一个较为详细的策略清单①(见表 2.1)。

表 2.1

领域	策略
人际关系	●找个与自己相似的人结婚,与伴侣的沟通要友善、明确,原谅伴侣的过错 ●与大家庭保持联系 ●结交几个好朋友 ●与熟人合作 ●信教、灵修
环境	●确保自己和家人的人身财产安全和舒适,但不要一味追求消费 ●定期享受好天气 ●住在风景优美的地方 ●住在有悦耳的音乐和养眼的美术作品的地方

① [爱尔兰]Alan Carr:《积极心理学:有关幸福和人类优势的科学(第二版)》,丁丹等译,中国轻工业出版社 2013 年版,第 43 页。

续表

领域	策略
身体状况	● 戒除有损健康的习惯 ● 有规律地锻炼身体
教育和工作	● 运用本身就令人愉快的技能,完成具有挑战性的任务 ● 从事有趣且有挑战性的工作,获得成功和认可 ● 为一组相互协调的目标而奋斗
休闲	● 适度品尝美食 ● 适度休息、放松、度假 ● 与朋友一起参加群体性休闲活动,比如唱歌、跳舞、打球、划船、冲浪
习惯	● 了解并接受"享乐主义踏板车"现象,不过度追求物质,要有精神追求
比较	● 认识到媒体典范形象有夸大成分和虚假成分,不要与媒体典范做比较 ● 与所在圈子中的人做比较,与不如自己的人做比较 ● 根据自己的能力和资源设置恰当的目标和标准
对同等得失的不对等反应	● 认识到"很大的收益才能让幸福多一点点,很小的损失就会让幸福少得多",避免失望
令人痛苦的情绪	● 对于抑郁,要回避让你痛苦的情境,把注意力集中到情中不令你痛苦的方面,严正请求那些让你痛苦的人改变行为方式,挑战那些悲观主义和完美主义的想法,让自己变得活跃一些,寻求社会支持 ● 对于焦虑,挑战那些杞人忧天的想法,进入令你害怕的情境以锻炼勇气,运用应对技巧减轻焦虑 ● 对于愤怒,回避让你生气的情境,把注意力集中到情境中不令人讨厌的方面,严正请求那些惹你生气的人改变行为方式,自己退一步,尝试换位思考

(三)Seligman 的幸福之法

塞利格曼发明了一个幸福计算公式:$H=S+C+V$。其中 H 是幸福的持久度,S 是幸福的范围,C 是生活环境,V 是可控制的因素。幸福的范围受到先天因素的影响,我们较难改变。但是我们可以通过调节生活环境和其他可控因素来提升我们的幸福持久度。

关于如何通过改变境况因素增进幸福,Alan Carr 的清单已足够详细。且事实上,生活环境只能解释整体幸福感中很少一部分的变异,而可控制因素 V 才是影响幸福持久度的核心因素。塞利格曼提出了"赛式幸福法则"。他认为幸福与人们对过去、现在和将来的态度以及所体验到的情绪有关。因此,如果我们不幸福,我们可以通过改变对以往的看法、对未来不恰当的希望和现在的体验,使自己变得幸福起来。如果我们幸福,也可以了解该法则,它有助于我们维持幸福感。关于该法则的具体内容,如图 2.2 所示:

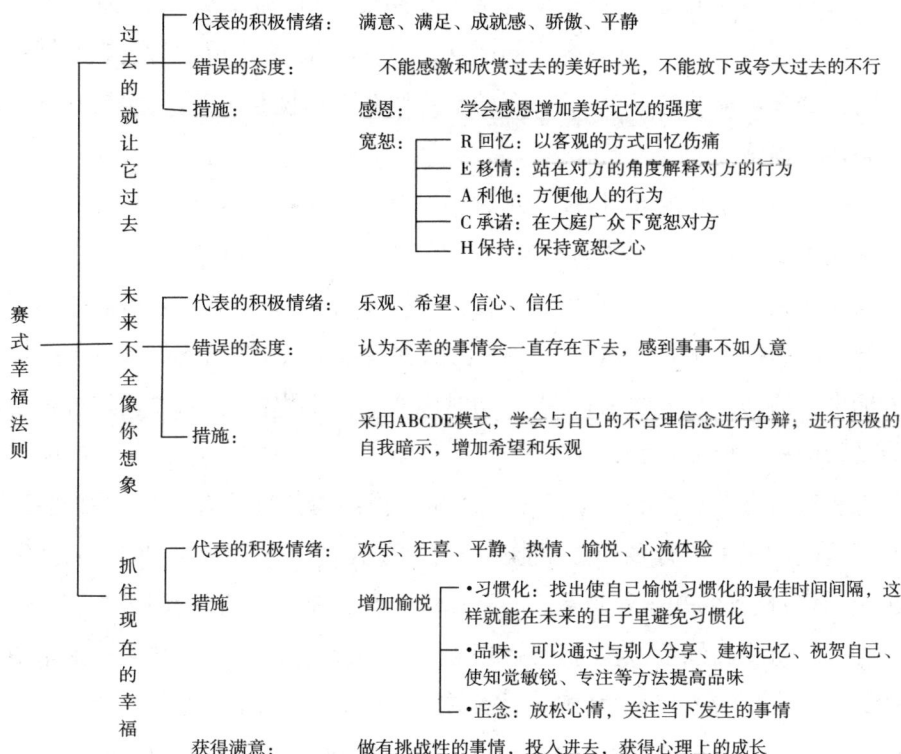

赛式幸福法则

过去的就让它过去
- 代表的积极情绪: 满意、满足、成就感、骄傲、平静
- 错误的态度: 不能感激和欣赏过去的美好时光,不能放下或夸大过去的不行
- 措施:
  - 感恩: 学会感恩增加美好记忆的强度
  - 宽恕:
    - R 回忆: 以客观的方式回忆伤痛
    - E 移情: 站在对方的角度解释对方的行为
    - A 利他: 方便他人的行为
    - C 承诺: 在大庭广众下宽恕对方
    - H 保持: 保持宽恕之心

未来不全像你想象
- 代表的积极情绪: 乐观、希望、信心、信任
- 错误的态度: 认为不幸的事情会一直存在下去,感到事事不如人意
- 措施: 采用ABCDE模式,学会与自己的不合理信念进行争辩;进行积极的自我暗示,增加希望和乐观

抓住现在的幸福
- 代表的积极情绪: 欢乐、狂喜、平静、热情、愉悦、心流体验
- 措施:
  - 增加愉悦:
    - •习惯化: 找出使自己愉悦习惯化的最佳时间间隔,这样就能在未来的日子里避免习惯化
    - •品味: 可以通过与别人分享、建构记忆、祝贺自己、使知觉敏锐、专注等方法提高品味
    - •正念: 放松心情,关注当下发生的事情
  - 获得满意: 做有挑战性的事情,投入进去,获得心理上的成长

图 2.2

"赛式幸福法则"本质上体现了幸福的三个不同元素:积极情绪、投入和意义。积极情绪是幸福的基本含义。我们通过看电视、吃甜食等很容易体验到积极情绪。塞利格曼认为在此元素上成功的人生是"愉悦的人生"。投入需要我们完全沉浸在一件事情或一项活动中,在此期间我们心无杂念,时间为我们而停止。投入与心流有关,相比体验到积极情绪可以通过捷径获得,体验到心流则需要发挥我们的突出优势。以此为目标的人生是"投

入的人生"。投入与积极情绪不同,积极情绪的主观感受注重于当下,而对投入的主观感受只能靠回顾。意义是幸福的第三个元素。当我们从事某件超越自我的事情时,我们就能体验到意义。意义与投入由不同,对投入的追求是孤独的,是以自我为中心的,而"有意义的人生"包含着一种归属感,归属于这些你要超越的东西并为之奋斗。意义有主观成分,但与积极情绪这种主观感受不同的是,它不是单纯的主观感受,它还需要从历史、逻辑和一致性的角度出发,进行冷静客观的评判,而这种判断又很可能与主观的判断不同。增强幸福的这三个元素,有助于我们获得愉悦和满意,真实提升自己的整体幸福感。

　　塞利格曼逐渐发现,积极情绪、投入和意义,或者说这种愉悦的人生、有意义地生活只是一些暂时的状态,它们不能包括人们所有的终极追求。人们往往还会为了赢而赢,将成就作为一项终极追求,尽管有时它可能并不能带来任何积极情绪、意义和关系[1]。比如有些富豪会积累财富,然后举办惊人的慈善活动将它们散去;或者成功时确实能产生积极情绪,然而这种情绪会转瞬即逝。他将这种追求成就的长期形式称之为"成就人生"。成就与技能和努力有关。技能包括了三个认知过程:心智速度、缓慢和学习速度。心智速度表明了你有多少任务能进行自动化处理,自动化的东西越多,速度越快,对该任务的知识就越多。心智速度过高也是有代价的,因为你有可能忽略一些重要的细节,走了捷径。因此,还需要缓慢。缓慢意味着在追求成就的过程中你需要规划、精细化、检查错误和创造等。学习速度是指新的信息能以多快的速度变为自动知识,以留给缓慢执行过程更多的时间。想要获得更多的成就,还需要我们付出极大的努力,锻造坚强的意志和品格。其中自律和毅力相当重要。自律能够促成有意识练习,相比智商,它更能预测学业成绩。毅力也是预测学业成绩的一个重要指标,毅力强的人淘汰率低,能胜出。努力等于你花在任务上的时间,它能弥补技能的不足,且成倍放大你的技能。花在任务上的时间越多,你的知识和技能就越能逐渐增加。对

① [美]马丁·塞利格曼:《持续的幸福》,赵昱鲲译,浙江人民出版社2012年版,第94—118页。

于那些高技能的人来说,额外的努力会带来更大的回报。

取得良好的人际关系也是促进幸福的有效途径。如果让你回忆你最开心的时刻,或者问你上一次你感到意义或成就是什么时候,尽管不知道这些时刻或事件究竟具体是指什么,但是它们仍有一个共同的特点,那就是它们都与人有关。我们是社会中的人,生活在各种社会关系之中。社会性是人类所独有的且最成功的高等适应形式。所以,人际关系对我们人类来说太重要了,我们会为了积极关系而追求关系。良好的人际关系能有效地帮我们度过人生的低潮,帮助他人是提升幸福感最可靠的方法。

此外,塞利格曼还开发出了一系列有效的积极心理学练习①,比如(1)感恩拜访练习,通过表达感激之情加强我们对美好事物的回忆或与他人之间的联系;(2)三件好事练习,通过更多地关注与品味生活中的好事降低焦虑和抑郁,从而提升幸福感;(3)突出优势练习,发现并创造性地使用突出优势;(4)积极主动回应练习,有助于形成良好的人际互动。通过不断地实施这些积极心理学的练习,我们会发现幸福原来可以这么简单,而且可以持续改善并且不反弹。

五、幸福的研究进展

(一)幸福水平越高越好吗?

我们渴望幸福,现今很多心理学家、励志书籍、激励大师等都在教我们如何变得更幸福。确实,感受到幸福能够对身心健康、亲密关系的建立、工作上的成功等方面产生一定帮助。但真的是越幸福越好吗? 还是存在一个幸福拐点,过了这个点,更高的幸福水平会带来"过犹不及"的效应? Oishi、Diener 和 Lucas(2007)对此作了一个探讨②。

---

① [美]马丁·塞利格曼:《持续的幸福》,赵昱鲲译,浙江人民出版社 2012 年版,第27—41 页。

② Oishi S.,Diener E.,Lucas R.E.,"The optimum level of well-being:Can people be too happy?",*Perspective on Psychological Science*,Vol.2,2007,pp.346-360.

他们发现,过高的幸福水平并不尽然都是好的,也有可能因为产生的积极情绪给个体的想法与行为提供不合适的信号,而产生一些有害的影响。那么什么样的幸福水平是较好的呢? 他们通过分析一些数据集(包括世界观调查的数据、伊利诺伊州数据、美国大学生及以上数据、澳大利亚青年数据、德国和英国固定样本数据)得到了一些答案。首先,幸福的最佳水平会根据生活领域的不同而不同。在志愿工作和关系领域中,最高的幸福水平即为最佳水平。与此相反,在包括收入和获得教育的成就领域中,幸福的最佳水平则是适中(但仍比较高)的幸福水平。其次,对于不同个人价值定位的人来说,幸福的最佳水平不同。对于成就优先的人来说,中等水平的幸福往往是最佳的;而对定位于志愿工作和关系优先的人来说,最高水平的幸福往往是最佳的。此外,幸福的功能水平也可能根据个人人格构成、环境等不同而不同。

(二)幸福的研究要往何处呢?

在有关幸福的研究中,有一些等待解决的议题,他们都可归属于幸福一个经验主义的天性,换句话来说,他们可以由沉默直接回答。因此,我们相信不论这些议题有多复杂,得到最终结果只是时间的问题。类似的,幸福各种组成要素(例如,积极影响、消极影响和生活满意度)的根据和相互联系,构成了一个重要却仍未被研究的主题。学习更多幸福不同概念之间的相互联系也能够极大地使这个领域获利,例如瑞夫和辛格的心理幸福感的概念以及瑞安和德西的自主决定模型。

另一个我们认为十分重要和适时的主题是宗教信仰与幸福之间的联系。最近的公开争论围绕着几本书展开,这些书将宗教信仰视为“对虚幻事物一种不合理的信奉”(哈里斯,2005;道金斯,2006),同时人们也争论,即使是适度的宗教信仰对人类也是很有害的。因此,人们应更加强调对严密研究的需要,主要是针对宗教的代价和收益。

在另一方面,和我们领域密切相关的其他问题,需要更多有价值的评价,这些评价在本质上应该更偏向哲学而不是经验主义。这些问题的其中之一就是,幸福是否应该成为正规教育的目标? 我们作为研究幸福的学者明确相信,启发人们在哪里确实可以找到幸福,这是很有价值的。

教育最终目标是否应该是使人们开心?这并不是一个能直接回答的问题,但通过有关数据的累积,以及对这些数据含义的深度哲学讨论,我们可以慢慢接近这个问题的答案。另一个具有相似价值的问题,国家政策的目标是否应该是公民的幸福?从亚里士多德到杰瑞米·边沁,大量的哲学家们相信答案应该为"是",一些社会改革派也同意这些哲学家们的看法。威廉·贝弗里奇建立了第二次世界大战后英国的福利国家模式,他发现,政府的目标并不是和平年代统治者的荣耀,也不是战争年代竞争的胜利,而是公民的幸福。最近,一些心理学家建议,除了时下普遍的经济和社会指引外,政府应该建立一种幸福索引,去指导人们决策(迪纳、塞利格曼,2004)。

(三)站在巨人的肩膀上

心理学家尼古拉斯·怀特相信:"心理学家们给出如何变得幸福的具体建议,并没有比普通人的建议好,事实上,或许更差。他们通常并没有了解足够的相关事实,也没有抓住正确的人物性格。"(怀特,2006)

我们的讨论表明,虽然一些思想家眼中幸福的本性是敏锐且深奥的,但许多其他心理学家对此抱有争论,这些争论却无法被合适的资料所证实。这个伟大的想法引出了有关幸福最重要的问题,然而他们的回答大部分时间却是相互驳斥的。通过研究心理学家们提出的问题以及运用科学的方法,我们才能够给出关键性问题以简单的答案,然而这关键性问题已经烦恼思想家们数千年了。

当下,对幸福的重视已上升到国家层面。以往国家政策的制定和繁荣的程度仅以经济发展状况作为依据。而现在,经济发展已经满足了人们的基本心理需要,人们日益关注物质之外的心理需求,部分国家开始将幸福指标纳入到国民生活质量预测中①(Diener,2015)。相对于经济这个硬指标来说,幸福指标算是一种软指标,政策制定者通常会怀疑它的科学性。因

---

① Diener E., Oishi S., Lucas R.E.," National accounts of well-being ", *American Psychological Association*, Vol.70, No.3, 2015, pp.234-242.

此,心理学家们需要为与主观幸福感相关的政策提议的因果作用提供更强有力的证据。对此,心理学家们可以充分发挥心理测量的优势,定量分析幸福与其他变量之间的因果联系,以及利用相关研究,提出相关措施并验证其可行性,开发系统的提升幸福感的项目等。

主观幸福感取决于一个人如何对他自己的经验进行选择、组织和建构。它会受到先天的固定的幸福范围的影响,还会受到其他一些享乐相关的认知和动机变量的影响,比如品味、乐观、内部动机、社会比较、压力应对策略和社会关系等。然而,学者们对决策制定领域内这样的一些变量所给予的关注较少。最近有一项研究聚焦于决策制定领域内的一个享乐相关变量——享乐编辑与主观幸福感之间的联系[1](Sunhae Sul,Jennifer Kim & Incheol Choi,2014),未来研究还可以从此研究的不足出发,或从新思路着手,延伸此研究,比如探讨享乐编辑与主观幸福感之间的因果联系、享乐编辑的神经机制等。探讨幸福与决策制定领域内其他的享乐相关变量之间的联系也是未来的研究方向之一。

主观幸福感和心理幸福感是基于两种不同的哲学观点,前者以快乐论为基础,后者以实现论为基础。在研究幸福感的问题上,到底是采取享乐论取向还是实现论取向,一直是该领域内最富争议的话题之一。虽然目前关于主观幸福感和心理幸福感的研究取向逐渐呈现出一种整合的态势[2],但是仍有必要继续研究和探讨两种取向之间的联系与差别,毕竟对两种取向幸福感测量的因素分析表明,主观幸福感和心理幸福感是两个既有关联又有区别的概念(Linley et al.,2009;Galagher et al.,2009)。

如果我们可以比长辈们看得更远,那便是通过站在伟大心理学家们的肩膀上和站在科学的平台上。我们希望哲学领域和心理学领域能够持续相互的激励和丰富,那么未来的哲学家和心理学家才能够看得更远。

---

[1] Sul S.,Kim J.,Choi I.," Subjective well-being and hedonic editing:How happy people maximize joint outcomes of loss and gain ",*Journal of Happiness Studies*,Vol.14,No4,2013,pp.1409-1430.
[2] 王燕、李悦、金一波:《幸福感研究综述》,《心理研究》2010年第2期。

第 三 章

强化情绪调适,推动幸福进程

理论上,幸福感有复杂的结构,包括几个部分,如评价判断、积极回忆、意义和积极消极情绪(Kim-Prieto, Diener, Tamir, Scollon & Diener, 2005)。然而,实证研究发现,它由三个部分组成:(1)认知部分(包括生活满意度判断)以及情感部分的(2)高水平积极情绪和(3)低水平消极情绪(Arthaud-Day, Rode, Mooney & Near, 2005)。人口研究显示这三个部分是不同但相关的因素(Arthaud-Day et al., 2005)。生活满意度与高积极情绪和低消极情绪中等相关,但仍然是有别于情绪的判断过程。生活满意度在成年人中稳定性更高(Diener, Lucas & Scollon, 2006; Eid & Diener, 2004),更难直接起作用(Fujita & Diener, 2005),虽然不是不可能(Lucas, Clark, Georgellis & Diener, 2004)。另外,积极和消极情感对情境反应性更高,负责处理和调整情绪状态(Chow, Ram, Fujita, Boker & Clore, 2005)。

一、情　绪

情绪是人类心理现象中最丰富多彩的一个组成部分,喜、怒、哀、乐等像调色剂一样为我们的生活赋予了各种色彩。我们在日常生活中体验着各种情绪和情感,在文学艺术作品中抒发或领会着各种情绪和情感,同时,也从未停止过探索如何调整并改善情绪,促进人们的幸福体验。情绪是对特定状况的一种功能性反应,是由生理、行为以及心理变化构成的一种复合的序列。

"幸福",就生活中的满足或者总体满意度的意义来说,并不符合情绪的标准定义。情绪是对事件的暂时性反应，而幸福体验是一种长时间持续的倾向，并不依赖于任何单一的事件。鉴于这种区别，幸福应该被视为是一种心境或者情感。比如，当我们谈到"愤怒的人"时，暗示着提到的对象处于暂时性的愤怒状态；不过当我们谈到"幸福的人"时，暗示的是这些人惯常就很幸福，具有这种个性特征。具有幸福人格的人被形容为是情绪稳定的、耿直的、值得信赖的人，他们擅长控制状况或者试图适应状况。也有人形容说，幸福或者满足的人是具有自主性的，他们能够熟练掌控个人处境、个人成长、与他人的积极关系、生活目标，并能够自我接纳（Ryff & Singer，2003）。幸福的人不会一直都处于心花怒放的状态。他们也有心境不好的时候，但是他们重新振作的速度相对较快，或者说这些个体的心理韧性比较高。

其实任何个体在日常生活中都会体验到各种各样的情绪与情感，有些是我们乐于体验的，有些是我们有意回避的。前者我们姑且称之为"积极情绪"，相应的，我们称后者为"消极情绪"。我们的"幸福体验"就是由这些情绪体验所构成的。在现实的条件下，任何人都不会一直体验到消极情绪或者是积极情绪，我们的情绪体验总是由二者相互混合成一定的比例构成的。积极情绪与消极情绪的比例，决定了我们幸福体验的差异。

我们情绪的目标是为了促进我们的生活，让我们生活得更好，同时也帮助我们从生活中获得自己想要的东西。用进化的术语来说就是，适应和生存有着最低的标准。但我们想从生活中获取的，并不仅是生存下去并延续我们的基因。所有的情绪都有一个目标，那就是维系并强化我们的自尊。我们并不仅仅拥有情绪，情绪也是一种策略。它是帮助我们获得我们想要的东西的工具，有时候，它本身就是我们最终想要获得的，比如真爱和幸福。

（一）情绪状态

情绪状态可以看做变化多端的积极情绪（PA）和消极情绪（NA）的综合，瞬时地反映了一个人在任何给定时间的情绪状态。这些瞬时状态随时间累积，反映出情绪波动的核心倾向或特点。因此，情绪特质测量的是一段时间的（如过去几年感觉如何？）而非某些时刻（如，你现在感觉如何？；

Larsen & Prizmic,2006)。

有关人们是如何将瞬时情绪状态整合到他们长期主观幸福感判断的,有很多有趣的现象(Kahneman,Krueger,Schkade,Schwarz & Stone,2004)。例如在这种整合中最近情绪状态比较远情绪状态的负荷更重(Redelmeier & Kahneman,1996)。然而,当被问及跨时间的问题时,人们的确进行了整合,他们的答案符合心理度量标准。而且,他们的答案有结构效度,与同时进行的主观幸福感测量一致(Larsen & Diener,1985)。

几乎所有主观幸福感测量都与情绪状态高度相关,情绪状态使用个体在一段有代表性的时间跨度内的积极情绪与消极情绪之比。例如 Larsen 和 Diener(1985)让被试记录下 30—90 天内他们每天的感受。然后计算整个时期内每个被试总积极情绪与总消极情绪之比。这一测量与许多调查和实验研究中经常使用的主观幸福感的问卷测量成中度到高度相关。虽然不同研究者对主观幸福感的定义不同,但大多数主观幸福感测量都与积极情绪和消极情绪的比值高度相关,说明总体幸福存在情感化的核心。最后,甚至生活满意度判断都与积极情绪和消极情绪的比值高度相关(Diener,Emmons,Larsen & Griffin,1985)。以下为描述幸福的情绪核心的公式:情绪状态=积极情绪/消极情绪

情绪状态公式暗示了几点:第一个是为了让比值可以传达最大信息,分子(积极情绪)和分母(消极情绪)必须相互独立。到目前为止,许多证据说明,跨时间的测评(即特质或平均趋向)中,积极情绪与消极情绪的量没有关系(如 Diener & Emmons,1985;Schmukle,Egloff & Burns,2002)。积极情绪和消极情绪的相互独立非常重要,因为高度相关的数值的比值会提供关于组成部分的冗余信息,使得情绪状态比值的用处减少。而且,积极情绪和消极情绪无关的这一基本发现已经导致研究者开始研究各自增长的具体机制。为了我们的目标,它让我们考虑将对积极情绪和消极情绪的调节作为不同过程区分开来。

为了了解积极情绪和消极情绪特异的贡献因素,有必要考虑整体幸福的相关因素。提到幸福的人格预测因子,我们就会想到两个总是与之相关的变量:外向性和神经质(Diener,Oishi & Lucas,2003)。外向性和神经质这

两个人格变量相互独立。现在我们知道外向性和神经质有关是因为他们分别预测积极情绪和消极情绪。外向性与长期积极情绪特质高度相关,而神经质与长期消极情绪特质高度相关。而且,Larsen 及其同事(Rusting & Larsen,1997,1998;Zelenski & Larsen,1999)发现,在情绪感应实证研究中,外向性预测了对积极情绪感应的反应,神经质预测了对消极情绪感应的反应。研究外向性和神经质的行为认知成分可能有助于发现负责积极情绪和消极情绪增长的过程。更确切地说,我们也许能通过研究有关外向性和神经质人格的行为来洞察积极情绪和消极情绪的特异调节。

根据这一思路,Fleeson、Malanos 和 Achille(2002)进行了研究,控制参与者外向性水平,让被试表现得外向(大胆,健谈,精力充沛,独断)或者内向(沉默寡言,安静,被动,顺从),然后参与者讨论几个大学生感兴趣的主题。讨论过程和之后收集积极情绪的自我报告和观察者报告。外向表现组被试表现出更多的积极情绪,认为自己比内向表现组的被试更快乐。结论是行为外向可以像特质外向一样导致积极情绪。

以上比率公式的另一个重要结论是,它说明了两种提高情绪状态的途径:增加分子(积极情绪),或者减小分母(消极情绪)。这与 William James 将幸福定义为我们的成功与愿望的比值相类似,他认为我们可以通过减少愿望或增加成功来增加幸福。而且,这个公式显示了分子和分母的平等,即增加分子与减少分母对主观幸福感的作用是一样的。

(二)情绪体验

英文中描述不同情绪体验的词汇有 550—600 个之多(Averill,1997)。据考证,多数情绪体验上的变化都是可以度量的(Larsen & Deiner,1992)。有人对来自不同文化背景的上千名被试所做的情绪等级自评的数据进行了因素分析,结果也证明了这一点。对情绪概念和面部表情的等级评定的分析结果也同样证明了上述结论。我们可以用一个二维圆形坐标空间来表示千变万化的情绪体验。当然,不同的研究者对怎样定义这两个维度存在一定的分歧。在有些研究中,如 Larsen 和 Deiner(1992)以及 Averill(1997)的研究中,这两个维度一个被称之为激活或唤醒水平,另一个被称之为愉快度或评价水平。激活或唤醒水平从高度激活或唤醒到低度激活或唤醒水平变化；愉快度或评价水平则从愉快或积极情绪到不愉快或消极情绪变化。这两个维度构成了下图中的横坐标和纵坐标。值得提出的是还有一些研究者，特别是 Watson 和 Tellegen(1985)建议在这两条坐标轴的基础上再加两个与它们各成 45 度角的轴线，用以标记积极情绪和消极情绪。

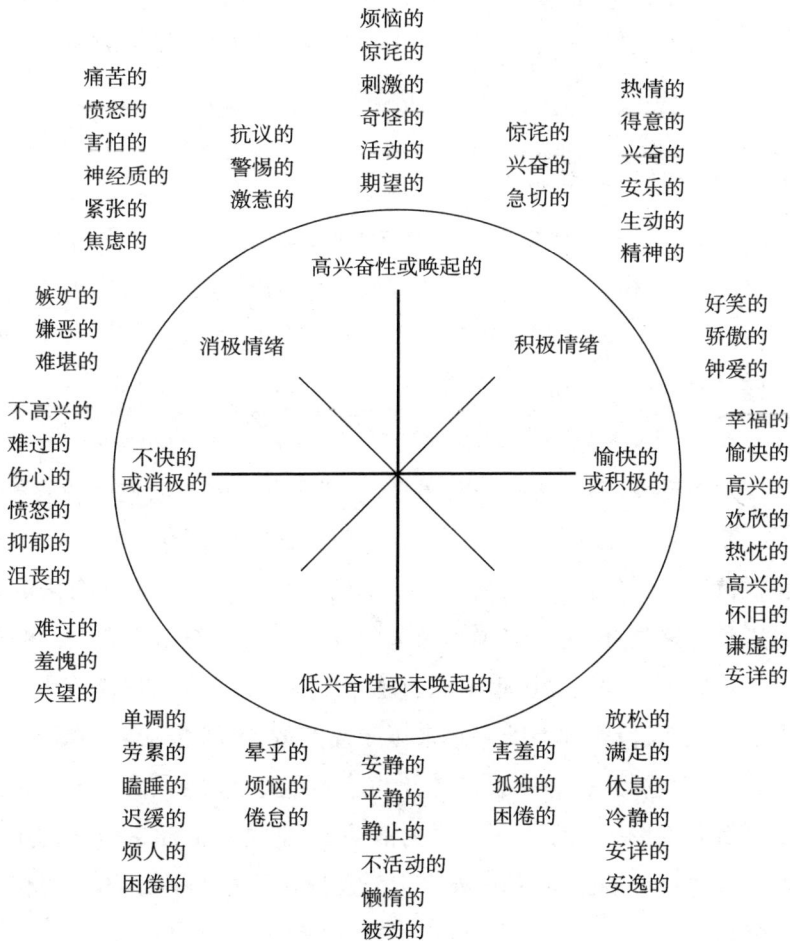

图 3.1　情绪的圆形模型

注：水平线代表评价(愉快的或积极的对不愉快的或消极的)，竖直线代表兴奋性(高兴奋性或唤起的对低兴奋性或未唤起的)。细线代表 Watson 和 Tellegen(1985)所建议关于情绪结构的一致性(Towards a consensual structure of mood)的旋转 45°的轴线。

二、积极情绪和消极情绪

积极心理学的研究中,积极情绪的探究一直是研究的热点之一,Fredrickson 提出的积极情绪的扩展—建构理论(broaden-building theory of positive emotion)认为,积极情绪能够扩展个体瞬间的思维与行动,帮助个体建立起持久的个人发展资源,包括建设个人的心理弹性、压力应对、幸福感、信任感、心理健康和身体健康等方面的资源。

(一)积极情绪的分类

Barrett 与 Russell(1998)按照效价和唤醒度将积极情绪分为从兴奋到平静的不同程度,包括轻松、宁静、满足、安心、愉悦、欣喜、高兴、快乐、兴奋、惊奇等;Fredrickson 列出了十种最常见的积极情绪:喜悦、感激、宁静、兴趣、希望、自豪、逗趣、激励、敬佩和爱①。

Seligman(2002)在他的《真实的幸福》(Authentic Happiness)一书中将积极情绪划分为三类:与过去有关的幸福、与现在有关的幸福和与将来有关的幸福②。与将来有关的幸福包括乐观、希望、自信、信仰和信任。与过去有关的积极情绪主要包括满意、满足、尽职、骄傲和安详。与现在有关的积极情绪可以分为两类:即时的快感和长久的欣慰。快感包括生理上的快感和精神上的快感。生理上的快感来源于感官、性、沁人心脾的香味、味道可口的美食。相比而言,精神上的快感来源于复杂的活动,包括诸如飘飘欲仙、欢欣鼓舞、心满意足、心醉神迷、热情洋溢等情绪。欣慰和快感的区别是欣慰必须要沉湎或贯注于个人所从事的活动中去,这些活动常常要动用个体独有的个人力量(signature strength)。个人力量是指与特定的美德相联系的个人特质。

---

① [美]芭芭拉·弗雷德里克森:《积极情绪的力量》,王珺译,中国人民大学出版社 2010 年版。
② [美]马丁·塞利格曼:《真实的幸福》,洪兰译,北方联合出版传媒(集团)股份有限公司 2010 年版。

（二）积极情绪的效能

积极情绪可通过作用于生理系统以改善个体的健康状况。积极情绪通过影响大脑对丘脑、胸腺的调节，影响机体内部神经和内分泌系统的功能，增加细胞、体液免疫的功能，从而增强个体抵御疾病的能力。这种方式有利于个体的身体康复，提高生存质量。Seale（2010）研究发现中风的病人以及髋骨骨折病人的身体功能恢复与积极情绪存在显著正相关，积极情绪可能影响病人应对疾病的态度和行为，从而影响其病情的改变；Moskowitz（2008）等人采用纵向研究设计，证明具有较多积极情绪的糖尿病患者会作出更少的引发死亡率的危险行为。此外，研究发现，积极情绪与哮喘、原发性高血压、风湿性关节炎等疾病也存在着相关。

不仅对积极情绪与生理健康关系的研究较多，关于积极情绪与心理健康的研究成果也很丰富：Fredrickson（2005）和 Hwang（2006）的研究表明，积极情绪能有效保护处于压力事件中的个体并减少压力事件引起的主观压力感[1]；Ong（2006）的研究告诉我们，积极情绪能够减轻压力反应的同时增加个体韧性。Steptoe（2009）的研究表明积极情绪和社会交往存在相互促进的关系，积极情绪有助于个体建立更多的社会联结，获得较多的社会支持，这些社会联结与支持反过来也能够增加个体的积极情绪，高度的社会支持会有利于个体维持良好的情绪状态，进而增强个体维护机体健康的动机，促进产生更多的健康行为。

由此可见，积极情绪体验对个体来说非常必要。积极情绪和消极情绪是不同进化任务中的神经生理系统不同成分的反映（Watson 等，1995）。消极情绪是行为禁止系统中驱动回避的一种成分。行为禁止系统的功能在于发动回避行为，禁止接近行为，以便保护有机体避开可能遭遇危险、疼痛或惩罚的处境。相反，积极情绪是行为接近系统的一部分，这个系统是促使有机体接近带来愉悦的情境。行为接近系统的功能在于帮助有机体获得生存

---

[1] Fredrickson B.L., Losada Marcial F., "Positive affect and the complex dynamics of human flourishing", *The American psychologist*, Vol.60, No.7, Oct2005, pp.678-686.

所必需的资源,如食物、住所和配偶。

(三)积极情绪和消极情绪的不对称

多数研究者认为积极情绪和消极情绪对情绪状态的贡献是一样的。然而,许多研究者已经指出了积极情绪和消极情绪的不对称,消极情绪系统的反应性更强。Baumeister、Bratslavsky、Finkenauer 和 Vohs(2001)研究了不同来源的大量数据,得出结论:坏的情绪比好的强烈。一般来说,消极事件比积极事件产生更强烈的情绪反应。换句话说,似乎消极情绪系统有一种获取功能,消极情绪系统对每单元的输入刺激产生比积极情绪系统更大的反应。Cacioppo 及其同事(Cacioppo & Gardner,1999;Ito & Cacioppo,2005)还有其他人(如 Rozin & Royzman,2001)将这种获得功能命名为消极偏见。

1. 积极情绪和消极情绪的不对称性研究

Larsen(2002)报告了几项直接比较消极情绪和积极情绪反应性、持续时间和认知参与的研究。反应性方面,他让被试(n=62)记录连续 56 天内每天的情绪和生活事件。每天晚上,被试评价每种不同情绪(例如,悲伤、快乐、热情、痛苦、敌意、镇静、满足)的等级。这些情绪用作积极情绪和消极情绪得分,然后将所有得分标准化(M=0,SD=1)。被试还要回答开放性问题:"今天哪件事最影响你的积极情绪?"和"今天那件事最影响你的消极情绪?"描述的时间会被转录并交给一个等级评定小组。总共有 3064 个好事件被评定,2907 个坏事件被评定。要求评定者评价"该事件对一般大学生是好还是坏?"评价者进行 1—9 的等级评定,5 为中点表示中性,6—9 表示轻微,中等,非常和极好,4—1 表示轻微,中等,非常和极度糟糕。

挑选出好事和坏事等级大于一个标准差的日子。然后 Larsen(2002)检验了好日子里的自评积极情绪和坏日子里的自评消极情绪,以了解是否日子的差异与强度是等价的。积极事件得分平均为 490,消极事件得分平均为 465。结果见图 3.2。积极日子里平均积极情绪标准分为 0.78,而消极日子里平均消极情绪标准分为 1.33,差异显著,结果与消极情绪反应有获得功能的观点相一致,相同客观强度的好事和坏事引发更高水平的消极情绪。

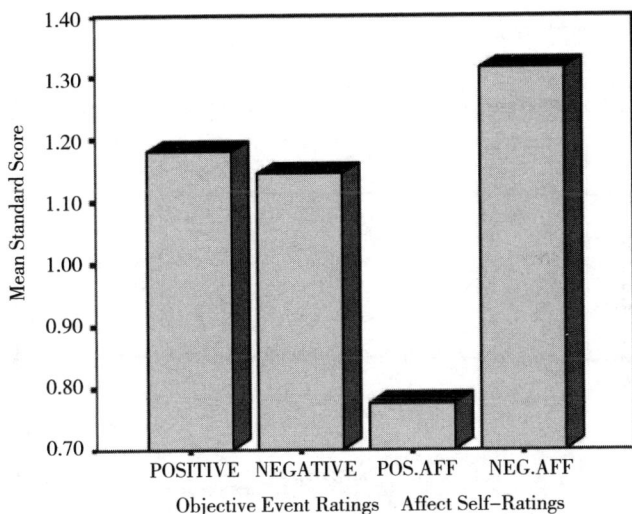

图 3.2　好事和坏事强度相同的日子里的平均自评积极和消极情绪

持续时间方面,一直以来人们认为,对好事的适应快于对坏事的适应(Brickman,Coates & Janoff Bulman,1978),积极情绪习惯或者回到基线水平的速度要快于消极情绪。Larsen(2002)使用与之前类似的经历样本数据进行研究,其中被试在连续 28 天内一天三次(早中晚)报告他们的情绪。每个被试的积极情绪和消极情绪得分是(1)标准化的;(2)积极情绪高于平均值(平均时间为 T)一个标准差的数据被删除;(3)检验了时间为 T + 1,T + 2,T + 3 三种情况下的积极情绪,被试消极情绪也做相同处理。这个过程让我们可以看到极端(+1 SD)积极和消极情绪回归到基线水平的过程。结果如图 3.3 和图 3.4 所示,极端积极情绪之后积极情绪迅速回落到基线水平,在 T+1 时刻与预期值没有显著差异;另一方面,极端消极情绪之后消极情绪在两种情况下(T+1 和 T+2 时刻)仍然比预期要高。这一结果与积极情绪适应即回归基线的速度比消极情绪更迅速的假说一致。

认知活动方面,消极事件与积极事件相比,获得更多的注意资源,且以更易于获得的方式储存在记忆中(Musch & Klauer,2003)。由于长度限制,我们只能给几个简单的注意资源更多地涉及消极事件而非积极事件的例子。第一个就是情绪 Stroop 任务。Stroop 的最初任务版本中,呈现给被试

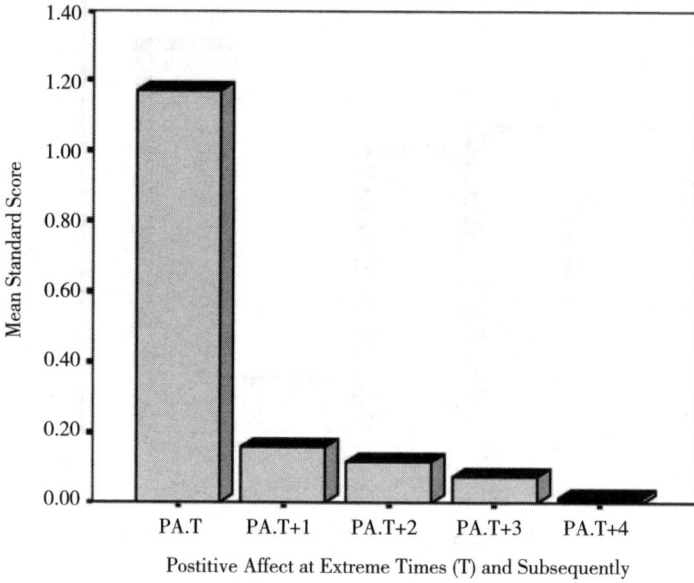

图 3.3　极端积极情绪后的积极情绪衰退曲线

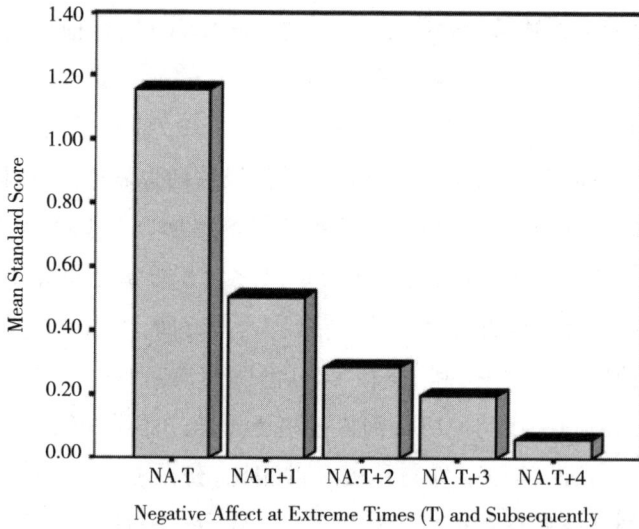

图 3.4　极端消极情绪后的消极情绪衰退曲线

带有颜色的颜色词汇(如,绿色的"蓝色")。他们的任务就是忽视词汇,快速命名词汇颜色。在 Stroop 任务的情绪版本中,刺激是有颜色的情绪词汇(如绿色的"疾病")。指导语相似:忽视词汇,快速命名词汇颜色。因变量是说出情绪词汇(如谋杀、癌症、痛苦)和控制词汇(如更高、信号、无论如何)字体颜色的反应时。多数研究者使用情绪 Stroop 任务来研究消极词汇,典型的结果是人们对消极词汇的反应慢于中性词汇。研究积极词汇的仅有的几个研究(如 Pratto & John,1991;Dalgleish,1995;White,1996)没有发现任何注意捕获影响。

另一个用于认知和情绪研究的认知任务是 De Houwer 及其同事发展的情绪西蒙任务(DeHouwer & Eelen,1998;DeHouwer,Crombez,Baeyens & Hermans,2001)。最初的西蒙任务是一个位置干扰任务,用左右箭头作为相关特性,被试作出"左"或"右"的反应。然而,电脑显示屏上弹出的左侧或右侧的箭头干扰了判断。在 De Houwer 的一个情绪西蒙任务中,显示屏上呈现出一个或大写(如 MURDER)或小写(如 murder)的词汇。如果词汇大写那么被试要反应为"积极的",如果小写要反应为"消极的"(根据任务情况,反之亦然)。然而,词汇本身是有情绪效价的,因此词的积极性或消极性可以与正确反应一致或不一致。如果词的情绪效价与反应不一致(例如,被试对 MURDER 反应应该为"积极的"),干扰就产生了,相比于一致的(如 murder 和"消极的"),反应更慢,反应时更长。然而,积极和消极刺激的干扰影响不对称。不得不将一个消极词汇反应为"积极的"所造成的干扰影响大于不得不将一个积极词汇反应为"消极的"(Larsen & Yarkoni,2006)。

研究情绪和认知的另一个有效的认知范式是情绪启动。先短暂呈现(如 200ms)情绪启动词汇(例如,情绪词汇"失败"),然后呈现目标词汇,它既可能与启动词汇情绪性一致(如憎恨)或不一致(如花朵)。被试的任务就是快速将目标词汇归类为积极的或者消极的。任务要求被试忽视启动词,仅对目标词反应。然而,当启动和目标词情绪性一致时,对目标的反应得到促进(即更快了),产生启动效应。但是,积极和消极情绪启动作用是不对称的,消极启动效应更加强烈(Hietanen & Korpela,2004;Smith et al.,

2006)。

回到主观幸福感,上面所提到的积极情绪和消极情绪的不对称(即反应性,持续时间,认知参与)很重要。为了维持情绪状态(积极情绪和消极情绪的比值),我们需要比积极情绪更少或更弱的消极情绪。我们转向一个有关快乐和不快乐刺激生理反应性的实验(Larsen,Cruz,Ketelaar,Welsh & Billings,1990)。其中作者记录了被试看到积极或消极图片时的皮肤电,心率和面部肌肉收缩。他们预测主观幸福感的一个问卷测量结果会与减少消极情绪的生理反应和增加积极情绪的生理反应相关。然而,他们仅发现了前者,快乐的人们没有表现出对积极图片自主反应的增长,但表现出了对消极图片自主反应的减少。可以比喻为,快乐的人并不多笑,他们主要是皱眉少,也就是说,对消极刺激反应更少。

2. 消极情绪比积极情绪强烈多少?

虽然许多研究者证明消极情绪比积极情绪更加强烈,但几乎没有研究关注究竟强烈多少。量化这一结果存在困难,例如控制的精确性和反应测量的可靠性。表面上,这似乎是个定量反映问题:要引起与给定消极反应一样大的积极反应需要的积极刺激的量要大多少? 或者,对等量刺激的积极情绪和消极情绪反应程度差异是多少? 我们可能用心理物理学方法研究该问题。毕竟,情绪是外部世界的内部表征,正如感觉是物理世界的内部表征一样。心理物理学方法让我们对感觉过程的理解有了巨大发展。然而,感觉的心理物理学中,有效结论是通过精确操纵客观物理刺激(如光强,重量,声波)获得的。然而我们不能够同样精确地操纵情绪刺激。在这一点上,足够精确地操纵或者控制等同情感输入来准确比较情感输出是不可能的。

尽管存在这些困难,一些研究者仍发表了自己关于消极情绪比积极情绪强烈多少的看法。一般这些陈述都以维持某一状态所需的临界的积极情绪对消极情绪的比值的形式出现。第一个冒险进行这方面研究的人可能是婚姻研究员 John Gottman。Gottman(1994)研究了婚姻持久满意的夫妻和婚姻破裂不满的夫妻(他们曾离婚)的不同。Gottman(1994)让两个人就他们的婚姻进行交谈并录像。然后按交谈内容和所观察到的情绪表情将录像编码为积极的和消极的。婚姻满意夫妻中,语言内容上积极情绪对消极情绪的比值为 5.1:1,面部表情上为 4.7:1。离婚夫妻中,语言内容上积极情绪对消极情绪的比例为 0.9:1,面部表情上为 0.7:1。

Larsen(2002)用两个不同经历样本收集了连续 30—90 天内每天情绪等级,计算了所有被试积极情绪多于消极情绪的日子的百分比,一个样本为 73%,另一个为 76%。也就是说,平均每一个糟糕的日子伴随 3 个好日子。如果一个人要保持主观幸福感平均水平,积极情绪必须以 3:1 的力量战胜消极情绪。从这一点来看,一个消极的日子与三个积极的日子力量相抗衡。Larsen(2002)还将每天平均的积极情绪和消极情绪放入回归方程研究预测主观幸福感测量结果的 ß 值。许多主观幸福感中,消极情绪的标准化 ß 值是积极情绪 ß 值的三倍。所以,虽然每天的积极情绪和消极情绪相互独立,但它们与主观幸福感显著相关,主观幸福感和消极情绪的重叠部分超过主观幸福感和积极情绪的重叠部分大约 3.0。

Schwartz 及其同事(Schwartz,1997;Schwartz et al.,2002)在一项抑郁心理治疗研究中检查了积极情绪对消极情绪的比值问题。他们测量了 66 个抑郁男性治疗前后的积极情绪和消极情绪。治疗前,积极情绪对消极情绪的比值平均为 0.5。治疗后,抑郁症状明显缓解的被试(n=23)的积极对消极情绪的比值为 2.3,而有最佳症状缓解的参与者(通过自评和临床评定判断,n=15)的积极对消极情绪的比值为 4.3。抑郁症状没有缓解的被试的积极对消极情绪比值为 0.7,与治疗前没有显著差异。

Fredrickson 和 Losada(2005)在几个不同的数据集中研究了蓬勃向上所需的积极对消极比值的临界值。在一个数据集中,他们研究了进行年度战略计划的商业团队中的人际行为。每个团队成员的语言和行为都被编码为积极情绪(如支持、鼓励或感谢)和消极情绪(如表达不满、挖苦、讽刺)。客观表现指数(如盈利、顾客满意度、上级评价)作为整个团队的质量指数。没有诉诸复杂动力学分析,Fredrickson 和 Losada 认为积极对消极情绪比值为 2.9 是划分蓬勃向上的团队和衰败团队的临界值。

Fredrickson 和 Losada(2005)用另一个数据集进行了一个关于连续 28

天情绪报告的经历样本研究。他们计算了每个参与者一个月内的积极对消极情绪比值。他们通过测试将样本划分为社会和心理机能强的被试和弱的被试。作者报告,在这两个样本中,较强参与者的积极对消极情绪比值为3.2和3.4,而机能弱的参与者的积极对消极情绪比值为2.3和2.1。

关于消极情绪究竟比积极情绪强烈多少,我们从上述研究中可以得到什么结论呢？一个结论是积极情绪比消极情绪的比值取值范围很宽,适应良好的人的值从2.3到5.1不等。该函数的精确值可能受到积极情绪和消极情绪测量方法,以及测量的特定领域(如婚姻行为、团队工作中情感表现)的影响。此外,任何一个估计值总是落在组成部分(如积极情绪和消极情绪)测量方法可靠性的一定范围内。没有精确值时,我们会考虑哪个值提供最良好的初步估计。因为我们的估计平均略大于3.0,我们认为一个好的初步估计是 pi 值(π 或 3.14)。

因此消极偏见,或者说坏的事件引起的情绪强烈于好的事件引起的情绪的程度,可以精确定义为(PA 为积极情绪,NA 为消极情绪):$|PA| * \pi = |NA|$,因此,获得情绪状态最低水平所需情绪平衡的公式可以重新表达为:

$$情绪状态 = \Sigma(PA)/(\Sigma(NA/\pi)$$

三、情绪调适与幸福促进

(一)消极偏见和快乐跑步机理论

快乐跑步机理论有两个方面含义:一个关注积极情绪及我们如何反应和适应好事;另一个关注消极情绪及我们如何反应和适应坏事。主要问题是我们倾向于更快地从好事中恢复过来。第一种解决方案是构造一个大多数事件是好的,几乎没有或很少坏事出现的生活。因为生活不能完全人工设计,第二种更现实的解决方法是,找到加快消极事件适应和减慢积极事件适应的方法。

一个消极偏见概念的相关幸福理论是 Brickman 和 Campbell(1971)提出的快乐跑步机理论。该理论认为人们适应好和坏的事件,且随着时间的推移,回到原点。例如,一个极好的事件如与梦中情人结婚过去后,一个人开始会有强烈的积极情绪,但最终会适应并回到积极情绪初始水平。消极情绪也存在类似的适应过程;一个坏事件之后,个体开始表现出强烈的消极情绪,但最终适应并回到消极情绪初始水平。快乐跑步机理论得到了Brickman 等(1978)关于彩票中奖者和瘫痪者的经典实验的支持。Brickman 等研究了彩票中奖者和失去行走能力的人,总结发现两组人在好(中彩票)或坏(下肢瘫痪)事件一年后与控制组没有根本差异。

Diener 等(2006)重新分析了 Brickman 等(1978)的数据发现,瘫痪被试实际上一年后比控制组被试标准差小 0.75,说明他们还没有完全适应这一负性事件。这一结论与消极偏见概念一致:消极事件比积极事件产生更强烈和持久的情感反应。这一结论暗示对好和坏事件的适应速度不是完全相同的;相比于同等强度的坏事件,我们更快地适应好事件。这一点在 Brickman 等(1978)的结论中有所暗示,那就是,我们不仅适应好事情,而且比对坏事情的适应更快。如果我们认为生活中好和坏事件都是随机发生,几率相等的,那么人类生活注定是痛苦的,消极情绪占多数。

在一个很少引用的关于 Brickman 和 Campbell(1971)的快乐跑步机理论的评论中,McClelland(1971)认为该理论的本质是强迫人们成为享乐主义的受害者。McClelland 催促其他关于快乐跑步机普遍存在和力量的观点的出现:"一定有其他可能。一个人可以学会相对论,学会如何从生活中获得更大的满足。他可以选择目标和比较群体,运用所有我们知道的最小化不满或最大化满足感的方法来为自己和他人创造更好的生活(McClelland,1971)。在一个更近的快乐跑步机理论综述中,Diener 等得到了类似结论。虽然同意适应的基本事实,Diener 等(2006)对快乐跑步机理论进行了一些修改,以解释人们并非注定不快乐的事实。一个重要修正与 McClelland 的观察一致,就是个体适应速度差异广泛。Diener 等展示了数据,其中适应并没有和初始理论中一样是必然的。个体间对各种事件的适应速度和程度存在广泛的变化性。

Diener 等(2006)总结了研究个体适应差异的两种传统方法。一方面是人格研究,依据对生活事件的反应性研究各种特质。如神经质和悲观主义的特质与对压力生活事件更少的有效适应相关。至少一个研究显示,神经质与更长时间的消极情绪相关(Bolger & Schilling,1991)。另一方面是乐观主义与对消极情绪事件更快地适应相关(Scheier et al,2003)。第二个关于适应的个体差异的研究是对事件的应对研究。我们再增加一个情绪调整研究(Gross,1999,2001;Larsen,2000a,2000b;Larsen & Prizmic,2004)。近年来已经知道了很多关于促进应对或情绪调节的具体策略(Parkinson,Totterdel,Briner & Reynolds,1996)。

积极心理学研究,尤其是强调通过干扰来增加积极情绪的研究,为减慢对积极事件的适应的方法提供了线索。许多关于情绪调节的研究(Catanzaro,2000;Larsen & Prizmic,2004)关注于加快对消极事件的适应。由于消极偏见,加快对消极事件的适应对整体幸福的作用比提高对好事的反应时长的作用更好,虽然二者对情绪状态都非常重要。因此,我们首先探讨加快负面事件适应的行为和策略。

(二)加快适应负面事件,有助于促进幸福

哈佛大学莫杜配·阿基诺拉(Modupe Akinola)等人的一项研究,首先测量了参与者唾液样本中的脱氢表雄酮(DHEA)含量。这种由肾上腺分泌的甾体激素,在人体内含量越低,人就越容易受到消极情绪的影响。接着,参与者随机分为三组,做一个模拟面试的自我介绍,施测人员分别给予赞许、否定或不做评价,引发参与者的积极、消极或中性情绪。最后,参与者创作一幅艺术拼贴画,由当地的一些艺术家来评判其创造性。研究发现,被否定而引发消极情绪的参与者的作品,比积极情绪的更富有创造性。而且,他们之中体内 DHEA 含量越低,引发的负面情绪就更加强烈,表现的创造性也更高。

阿姆斯特丹大学的卡斯滕·德勒(Carsten K.W.De Dreu)等人提出的"双通道模型"认为,消极情绪和积极情绪对创造力的影响方式不尽相同。当情绪激活到一定强度后,正面的情绪能让人活跃思维,开阔思路,提高信息的加工速度,从而引发更高的创造力;负面的情绪尽管会让思维的范围和灵活性受限,但可以提高思考的持久性,在任务上坚持更长时间。

纽约州立大学奥尔巴尼分校的雷纳德·弗里德曼(Ronald S.Friedman)等人则认为,不同情绪下,不同的任务设置引发的动机也不同。在娱乐而搞笑的任务中,积极情绪会使人感觉安全,促使人们寻找新奇的刺激,比消极情绪更能提升创造力;在严肃而重要的任务中,人们更关注问题的解决,消极情绪反而在增加创造性上更胜一筹。(在实验中,他们甚至用 Comic Sans MS 和 Arial 的字体来强调任务情景的搞笑或严肃。)

但在日常生活中我们不可能时时刻刻体验到的都是积极情绪,要体验百分之百的积极情绪是违背和否认人性的,即便最快乐的人,也会为失去他们所珍惜的某个人或某件东西而伤心,也会因不公而愤怒,因危险而恐惧。对于人类来说,消极情绪在许多时候是一种必然的且必要的情绪,如果只关注生活中的积极情绪也是不现实的。尤其在人类进化的过程中,如果不能迅速地对坏事件作出反应,生命就会受到威胁。因此,负面偏好这个心理其实是进化赋予我们祖先的一件利器,有效地帮助了我们的生存和繁衍,现实生活中并不是所有的消极情绪都是不利的,适度消极情绪的存在是必要且合理的。比如内疚是源于我们将自己做过的某件事情看作是错误的或者不道德的,有可能有办法来弥补或解决,内疚情绪会促使我们来找到一个更好的、更适合的方式来处理这个问题。因此,对积极情绪研究的同时应该辅以消极情绪,这样的研究也会更加生态化。积极情绪是赋予生命的,并不意味着要把消极情绪永远排除在生活之外,因为生活给了我们太多的理由去感到害怕、愤怒、悲伤等,如果没有消极情绪,我们就会变成盲目乐观者[1]。消极情绪是生活中不可或缺的一部分,但它绝不是让你幸福的良药。我们既不能消除它,也不能任由其弥漫,我们的目标是降低个体的消极情绪,而不是消除它。那么接下来我们就探讨一下如何才能有效地减少消极情绪。

1. 认知再估计:寻找负面事件的意义

该策略涉及在不确定情境中寻找意义或者进行积极理解。它通过将坏

---

[1] Eddie Harmon-Jones,Tom F.Price,Philip A.Gable., "The Influence of Affective States on Cognitive Broadening/Narrowing:Considering the Importance of Motivational Intensity", *Social and Personality Psychology Compass* ,Vol.6,No.4,2012,pp.314-327.

事变成中性事件或好事来加快适应。许多词汇可以表述该策略,包括积极再估计,认知重建和认知重构(Tamres,Janicki & Helgeson,2002)。Tennen和Affleck(2002)用"有益发现"代表在逆境中搜寻收益,即所谓的每片乌云中的一线希望。他们回顾了许多研究发现,在消极经验过程中感受到的益处与更适应的长期结果有关。例如,Davis、Nolen-Hoeksema 和 Larson(1998)询问失去一位珍爱的人的人最近是否有任何正面经验。75%被试报告有,例如发现了他人的支持,增强的家庭联系,或提供了看生活的新视角。六个月后,从损失中发现益处的人比没有发现益处的人痛苦更少。

Pennebaker 及其同事的自我揭露研究(Niederhoffer & Pennebaker,2002)与这一策略有关。Pennebaker 和其他人(Lyubomirsky,Sousa & Dickerhoof,2006)发现,相比于那些花同样时间关注于一般或积极经验的人,在一段时间内被诱导写、说或想坏事件的人倾向于过得更好,其中好是用心理和物理健康定义的。Pennebaker 对此影响的初始解释是抑制了创伤经验,类似于保持秘密。然而,他对该影响的最近诠释类似于认知再估计。他认为,通过写下消极经验,人们构建一个故事,对事件的重新理解有助于解决消极情绪。参加完他的书写实验后,参与者使用诸如"适应"、"理解"和"过去"等词汇叙述他们选择写下的经历(Niederhoffer & Pennebaker,2002)。

2. 向下社会比较

加快对消极事件的向下社会比较的策略涉及将自己与更糟糕的人进行比较;如果相比之下更喜欢自己,那么消极影响就会减小。消极事件之后,与其他经历更严重的消极事件的人进行比较可以把问题明朗化。所以,如果一位教授得到较差的教师评定,可能是件坏事。但如果能够发现其他评级更差的教授,他或她自己的评级看起来似乎就没有那么差了。

社会比较研究涉及社会心理学中许多领域(Suls,Martin & Wheeler,2002),所以概括是冒险的。然而,研究发现人们积极地运用比较信息,一部分是为了情绪(Suls & Wheeler,2000)。相关研究发现倾向快乐的人更少地受到不利社会比较信息的影响(Lyubomirsky & Ross,1997;Lyubomirsky,Tucker & Kasri,2001)。研究者正积极描绘该现象,寻找限制社会比较信息对情绪影响的临界条件。例如 Lockwood(2002)已经证明自我评估的向下比较依赖于与比较对象的相似性,以及他人命运可能变成自己的命运(知觉危险)的可能性。虽然社会比较过程还有很多需要研究。但很明显的是,人们经常寻找更差的人来进行比较,并因此提高情绪状态。

3. 问题指向行为或计划避免未来问题

行为指向策略涉及对坏事件进行思考或通过行动来改变情境,从而加快适应。改变可能涉及情境选择,主动选择进入或者退出特定活动、关系或者地方,以避免产生消极情绪的情境的影响。例如,为避免一个讨厌的同事而要求调到其他部门工作是一种问题指向行为。如果不能够选择退出某情境,可以通过改变不确定部分来修改情境。例如,如果一个人不能够调到其他部门工作,那么可以改变与麻烦同事交往的方式。第三种控制局势的途径是控制注意力,选择注意情境的那一部分。这个策略的建议是不要注意那个讨厌的同事。

问题聚焦应对和情绪聚焦应对在几十年的应对研究中一直被认为是不同的(Lazarus & Folkman,1984)。而情绪聚焦应对涉及任何减少消极情绪的尝试,问题聚焦应对涉及引起不快乐的问题的解决行为。不同点在于问题聚焦应对中的行为不存在于情绪聚焦应对中。Larsen(1993)发现计划如何避免未来类似问题是常用的策略。而且该策略与同时发生和随后发生的情绪改善有关。因为一些问题像"桥下的水"一样,不能够被召回和固定,看起来似乎计划避免未来类似问题的努力是有用的。因此,不愉快事件后,计划避免未来类似事件的发生会使情绪改善。

4. 自我奖励:考虑或做令人愉快的活动

自我管理行为的一个特点是运用自我奖励。这个技巧基于以下传统看法,即认为情绪失调尤其是抑郁症是由缺乏适当强化经验尤其是自我给予的正强化引起的。沿着该思路,研究者发现抑郁个体表现出低自我强化活动频率(Heiby,1983)。实验研究鼓励一些被试增加提供给自己的积极经验并注意这些经验令人愉快之处,结果发现这样做与抑郁降低有关(Dobson & Joffe,1986)。

日常经验的研究已经显示了相似的模式;愉悦活动频率与积极情绪增加相关(Parkinson et al.,1996),尽管因果关系方向(情绪造成更多快乐活动的选择还是相反)仍未可知。然而,在另一个日常经验研究中,Fichman 及其同事(Fichman,Koestner,Zuroff & Gordon,1999)发现,参与愉快的有回报的活动是减少消极情绪最成功的策略。要改变消极状态,自我奖励似乎是明显的答案。自我奖励可以是实际的活动(如逛街,阅读有趣小说),或者更多的认知快乐(例如,花几分钟去回忆愉快经历或思考一些令人愉快的未来活动计划)。一种策略是想象问题消失时的未来,愉快的期望和记忆可以有同样的目的。Josephson、Singer 和 Salovey(1996)证实诱导产生伤心情绪后,要求列出两个回忆,许多参与者列出的是积极回忆。当问及为什么选择该回忆时,大多数提到目的是情绪修复。Rusting 和 DeHart 也报告了使用积极回忆调节消极情绪的类似结果(2000)。

Fredrickson(1998,2000)的积极情绪理论认为积极情绪的作用一部分是加快从消极事件中恢复过来。她的实验研究显示,压力过后,诱导产生积极情绪的人比控制组表现出更快的心血管方面的恢复(Fredrickson & Levenson,1998)。该结果说明通过自我奖励引发的积极情绪对于加快从消极事件中的恢复可能特别有用(Tugade & Fredrickson,2004)。

5. 运动、休闲、饮食及其他物理控制

Thayer(2001)对运动和饮食的情绪结果信息进行了重要的评价和整理。实证研究有很多,分布于不同学科中,充满了表面上矛盾的结论。例如,中等运动似乎与一些样本中的愉快情绪相关,但在其他样本中没有。然而,Thayer(1987)的研究表明,中等运动,例如漫步 20 分钟是一般人改变坏心情,增加能量的可靠途径。

讽刺的是,能量的使用(运动)实际上增加能量,运动对情绪和能量的影响在许多研究中都被证实(Ekkekakis,Hall,VanLanduyt & Petruzzello,2000)。其他研究(Stevens & Lane,2001)也表明,运动被运动员们看作是最有效的调节愤怒、抑郁、疲倦和紧张的方法。运动可以有效地调节消极情绪的一种可能解释是它不仅可以使个体从消极情绪上分心,而且是一种强化的积极行为,独立于它的情绪调节影响。

饮食方面,情绪的影响受到多种因素的复杂作用,包括性别、文化、肥胖和心理病理学。有许多关于先前情绪对随后饮食影响的研究(Thayer,2001)。因果关系方向相反的研究可靠地支持糖分摄取会导致疲倦增加和消极情绪(Thayer,1987)。同样,人们会使用兴奋剂,如咖啡、茶或尼古丁,自我调节能量水平(Adan,1994)。直接研究消化不同食物对情绪的影响相对较少。然而,那些影响血糖、激素或神经递质(尤其是多巴胺和5-羟色胺)的物质可能引起情绪状态的改变。相似地,诸如运动,冥想(Davidson,2002),小睡或比平时早睡觉(Parkinson et al.,1996)等活动可以影响这些重要的生物化学物质,因而与随后情绪状态的变化相关。

6.社会交往:寻求他人的安慰、帮助或建议

研究(Diener & Seligman,2002)发现总是与主观幸福感相关的一个特征是社会关系的数量、质量和频率。快乐的人花时间和他人在一起;他们加入组织,有许多朋友,谈恋爱,建立社会支持网络,认为他人的存在既是一种满足感也是未来社会活动的动力(Lyubomirsky,Sheldon & Schkade,2005)。虽然相关研究证据不能够证明花时间与他人在一起使人快乐,其结果至少与该观点一致。

在一个对销售人员(经常失望的人)情绪调节的日常研究中,Larsen 和Gschwandtner(1995)发现社会活动是女性销售人员最频繁使用的调节策略。正如 Tice 和 Baumeister(1993)指出的,社会交往对情绪调节的重要方面是不和有相同情绪的交流。意思是,如果一个人想要摆脱愤怒,那么一群愤怒的人可能不是好的交流对象,这样做的结果很可能是保持情绪消极。

社会交往可能通过各种过程缓解消极情绪。例如,给某人讲故事提供重新认知建构该情境的机会,允许重估计和重新理解。它还提供了分心的事情,改变情境。还可能通过他人努力改变个体感觉而引发积极情绪。

7.发泄:表达消极情绪和宣泄

弗洛伊德的宣泄理论认为消极情绪如果不发泄就会形成紧张并最终导

致症状出现。因此,通过表达排解消极情绪被认为可以消除紧张。精神分析有时被看作是一种释放治疗,因为病人被鼓励重新体验情绪有关的过去不愉快事件。

Catharsis 理论常与愤怒管理相关。然而,相关研究(Geen & Quanty,1977)总结发现,发泄或者表达愤怒不会减少攻击行为。在最近的研究中,Bushman(2002)提供有力的实验证据显示(Bushman,Baumeister & Phillips,2001),如果鼓励通过击打一个袋子发泄出愤怒,愤怒的参与者有更多而非更少的攻击性。对其他消极情绪来说,发泄作为一种调节策略怎么样? 在一个日常经历研究中,被试一天三次报告他们的情绪和情绪调节行为,Larsen(1993)发现发泄不是有效调节悲伤的策略。实际上,当一个人表达或发泄悲伤时(如哭),往往之后更加悲伤。

情感反馈理论(例如面部反馈)认为,一种情绪的外部表达会放大该情绪的主观感受。Larsen、Kasimatis 和 Frey(1992)证实看到不愉快图片后诱发皱眉产生比看到相同图片但眉部肌肉放松更强烈的消极情绪。作者认为面部表情放大了情绪。从这个角度来看,至少短期内发泄会放大主观感受。因此,发泄可能对积极情绪的调节更有用。意思是,根据这一思路,微笑,大笑甚至姿态调整例如坐直身体可以用来增加积极感受。

8. 压抑:抑制消极情绪表达

与发泄相反,压抑是抑制消极情绪的表达,Gross 开展了一系列情绪压抑的研究(Gross & Levenson,1993,1995;Gross,1998;John & Gross,2004)。在典型实验中,参与者观看一段诱发情绪的电影(如截肢),一些人被要求压抑任何他们体验到的情绪的外部表现。压抑组的被试的确报告出比控制组更少的厌恶;然而,与控制组相比,压抑组也表现出了生理激活的增加。使用类似的范式(观看情感负荷幻灯片),Buck(1977;Buck,Miller & Caul,1974)发现了相似结果。Buck 及其同事发现当观看情绪图片时,表达少的被试表现出最自律的唤醒。Buck 认为压抑行为需要有意努力,因此与生理唤醒增强有关,这与 Gross 现在认为的一样。Gross 和 Levenson(1993,1997)发现压抑悲伤和乐趣与生理激活的增加有关。

虽然压抑似乎减少了情感刺激的主观影响,它是以生理唤醒增加为代价的。这种唤醒可能是由于表达情绪的冲动和抑制表达二者冲突产生的,抑制表达是一种可能干扰适应功能的能量支出。Gross(2001)的几项研究证实了抑制消极情绪的认知和社会结果。例如,看到不愉快图片压抑情绪表达的指导与较差的观看期间呈现信息的记忆相关。一般来说,Gross 将压抑视为一种情绪调节策略,花费精力,且产生适应不良副作用。

9. 转 移

转移策略是不参与或回避不确定情境。回避是指将注意力从威胁事件、信息(Robinson,Meier & Vargas,2005)或行为上自动转移到低意识努力活动(如看电视,听音乐)或更难的专注活动(如进行业余爱好,阅读相关书籍)上。该策略的一个稍微不同的方法是关注于问题被解决的未来。简而言之,个体可以再分配认知资源给其他活动。

在他对日常生活情绪调节的研究中,Larsen(1993)要求大学生在一个月内每天三次报告他们的情绪和情绪调节行为,结果发现转移是最频繁提及的情绪调节策略。情绪调节策略使用的所有情况中,转移被提及次数占14%。然而,转移的效果是短暂的;转移情况下的情绪比预期的要稍微好一点,尽管在接下来的报告期(6—12 小时)内,心情与一般没什么不同。

转移对消极情绪减少有效,它最有可能通过打断或妨碍沉思起作用(Davidson,2002)。而大多数人对一个消极事件的反应是负面情绪,易于抑郁或其他情绪失调的人很难克服消极情绪或从消极事件中恢复过来(Larsen & Cowan,1988)。沉思涉及把事件在头脑中反复思考,再现它引起的感觉,想象不同的结果,后悔个人的行为等等。它被视为消极情绪调节故障,由关注于感觉和增强消极认知引起,它预测抑郁发作、抑郁症和焦虑症状(Nolen-Hoeksema & Morrow,1993;Nolen-Hoeksema,Morrow & Fredrickson,1993)。通过意志努力或个体差异的自动过程(Robinson et al.,2005)控制自己的注意力和想法,是避免沉思的途径。

10. 回避：孤立和独处

社会交往和孤立都是有效的情绪调节策略似乎是自相矛盾的。然而，孤立被几个研究者视为策略之一（Larsen & Prizmic，2004；Morris & Reilly，1987；Parkinson et al.，1996；Tamres et al.，2002）。该策略指在有消极情绪时脱离社会活动。我们都听别人说过，"不要打扰我，我心情不好"或者"我只想自己一个人"。Larsen（1993）在他的日常情绪调节模式研究中发现该策略并不罕见，但对消极情绪的调整也不是很成功。Fichman 等（1999）在他们日常情绪研究中也得出了这个基本结论，他们发现独处与倾向性的自我批评（抑郁风格的成分），与情绪改善无关。因此，独处经常作为一种情绪调节策略，然而它对所有消极情绪的改善是否都有效仍不能确定。

也许回避或者自我孤立起作用的消极情绪是愤怒。当一个人生气，尤其是在爆发或失控的边缘时，回避是正确的策略。例如，如果父母太过生气孩子，他或她已经处于体罚孩子的边缘，那么离开是一种适应性反应。然而，对于大多数其他消极情绪，包括悲伤、焦虑或者羞耻，结论是独处没有适应性。

11. 反驳消极思维

在 20 世纪，心理科学最大的进步也许就是破解了一种可预测的模式，即消极思维如何滋生消极情绪，以至于恶性的发展成诸如临床抑郁症、恐惧症和强迫症的病理性状态。消极情绪——如恐惧和愤怒——也可以孕育消极的想法。这种交互动态过程，实际上就是恶性循环如此棘手的原因。消极的思维与消极的情绪相辅相成，当它们运行时，你就被拉入了黑暗的深渊。

要阻止这种消磨生命的循环，一个方法就是与消极思维反驳。通过审查事实，像一名好的律师那样来进行反驳。回到自身的恶性循环，你可能要思考或者反驳，是什么启动了它？是哪些消极思维和信念被触发了？那些思维和信念使我感受到了什么？那些思维和信念与现实情况相比又如何？我的情况事实上是什么样的？当我纳入事实的时候，我的感觉如何？

如果你挖掘得足够深,那么你可以发现启动你消极情绪的事件是什么。然后,你可以审视事件中的事实情况,并根据过往的经验去检验你对事件作出的结论是不是合适。当你经过这些思考和反驳的时候,或许你的呼吸就会变得轻松一些,生活又再次充满了希望和活力。

质疑消极思维,将消极情绪扼杀在萌芽之中。当你反驳消极思维时,你就会只剩下一点轻微的失望,这是混合着希望的健康药剂。当你无法与之反驳时,你就沉溺在失望中,伴随着焦虑、绝望、羞愧、恐惧以及其他很多消极情绪。在这个消极情绪的土堆中,没有容纳希望或者是其他良好感觉的空间。

学习与扭曲的消极思维反驳,是认知行为治疗的核心。你并不需要被确诊为心理疾病患者,才能从这个技术中受益。你可以用它来让不可避免的消极情绪无法迫近——以尊重事实的方式。重要的是你要认识到,反驳并不是痴心妄想的愿望,也并不意味着你只需用乐观的想法来掩盖消极的思维。事实上,尽管反驳具有积极的结果,但它完全不是积极思维。赛里格曼称其为"非消极思维"(non-negative thinking)。与消极思维反驳,并不是制止它们,把它们推出脑海或是粉饰它们。相反,当你对照现实来考虑他们时,你就实实在在地在化解它们。你并不需要利用愿望来拔去无端的消极情绪的尖牙。在几乎所有的情况下,现实都是站在你这一边的。

(三)减慢适应正面事件,有助于促进幸福

在你的日常生活情境中更加频繁地找到积极的意义,是提升你的积极情绪从而提升你的幸福的一个关键途径。你的思维反映了你是如何解释目前的情况的,你从它们当中找到怎样的意义。找到积极的意义是有可能的,发现好的方面的机会以及在你当前的情境中诚实地强调积极意义的机会,是始终存在的。当你将不愉快甚至是悲惨的情况以积极的方式重新定义时,你就提高了积极情绪。

在一项日常情绪调节策略研究中,91%被试报告为了引发或者维持积极情绪使用了策略(Prizmic,1997)。其中一些上述调节消极情绪的策略也被提到用来维持和延长积极情绪状态。其他策略对于积极情绪的维持更独

特。大多数策略被认为是用来延长积极情绪状态和推迟造成快乐跑步机的适应过程。我们讨论的许多策略是积极心理学的中心主题（如 Snyder & Lopez,2002）。

1. 感激：计算得到的祝福或关注顺利的那部分生活

该策略的形式是对积极事件进行沉思。它涉及对个体强项或感激的生活事件保持注意。Emmons 和 McCullough（2003）进行了两个实验，参与者被随机分为三组，要求他们分别列出他们的困扰，列出他们感激的事情，或者列出一般日常活动。他们在 10 个星期内每星期的清单（实验 1），或是在 21 天内每天的清单（实验 2）。参与者也会记录他们的情绪，应对行为，健康行为和身体症状。研究中，相对于控制组，感恩组在大多数后续结果测量上表现出幸福的增加。计算得到的祝福对积极情绪测量结果的影响尤其强烈，但也对人际关系和自我报告的健康有益。

Emmons 和 Shelton（2002）提供了一个看待感激的有趣的哲学和精神视角，还提供了对该主题进行的虽小但是不断发展的科学研究。"自我检查的生活"是一种定期清理自己感激的事情的生活。研究者也把感恩视为一种稳定的人格特质（McCullough,Tsang & Emmons,2004）。其他人测量了感激倾向的个体差异，发现它和整体幸福状态相关（Watkins,Woodward,Stone & Russel,2003）。

感激可以通过提醒自己或唤醒好事经验来减缓对好事的适应。感恩起作用的另一种可能机制是通过提醒个体他或她的生活都很顺利。该解释与 Linville（1985）的自我复杂概念一致。意思是，通过提醒自己要感谢的事情，个体可以发展出更复杂的自我概念，Linville 发现它可以缓冲压力或失败对自我概念的影响。

感激的一个相关概念是分享积极事件，称为"资本化"，告诉别人自己的好消息（Gable,Impett,Reis & Asher,2004）。Gable 等（2004）通过两项研究发现，和他人交流积极事件与日常积极情绪的增长相关，这种关系超过积极事件本身的作用。和他人分享好运气是减慢对好事适应的一种非常有效的方法，可以延长积极情绪，增强社会联系。

2. 帮助别人:做出善意行为

利他和情感已经被社会心理学家广泛研究,但大多数实验感兴趣的是情感对后续帮助的影响。一些研究直接研究了帮忙对施助者情绪状态的影响。例如,Wegener 和 Petty(1994)研究了帮助的预期结果,发现快乐的人(相比于悲伤的人)根据预期的帮助会达到的积极情绪结果决定是否帮忙。另一个例子是 Rosenhan,Salovey 和 Hargis(1981)的研究,研究发现快乐的人更可能帮助别人,预期更积极的帮助结果。然而,帮助行为发生后的实际情绪没有进行测量。然而,许多心理学家认为帮助他人可以引起或维持积极情绪是一个定论(如 Millar,Millar & Tesser,1988;Salovey,Mayer & Rosenhan,1991)。

许多间接证据表明,帮助他人可以影响积极情绪。例如,Simmons,Hickey 和 Kjellstrand(1971)发现,给亲戚捐赠肾脏的人比其他没有捐助的亲戚更快乐。在一个日常经历样本研究中,Lucas(2000)发现,参与者用于帮助他人的时间百分比与他们幸福测量结果存在相关。一些研究者证实了倾向性幸福和慷慨、利他以及慈善等品质的关联(Feingold,1983;Williams & Shiaw,1999)。

一个与帮助相关的概念是"随机做出善意行为"(Sheldon & Lyubomirsky,2004),已被证实对个体情绪有积极作用(Lyubomirsky,Sheldon & Schkade,2005)。忽略这种行为是如何有效提高善良的人的情绪的,随机的善意行为的确与获得意外帮助的人的怀疑相符合(Baskerville et al.,2000)。

帮助和善意行为是如何促进积极情绪的? 自利主义解释为善意行为可能促进互惠预期,得到别人的喜爱、感激和赞赏。另一种解释涉及帮助行为如何促进个体从更大的角度看待社会关系和社区中的自己。作为相互依存的社会组织中的一部分,对一个人好的事情会被认为对许多人都好。同样,善意行为可能促进自我感觉的变化,善良的人将自己视为更主动,更慷慨,对自己的能力更乐观,尤其是自己的能力是有帮助的。最后,帮助他人可能存在社会比较影响,一般需要帮助的人向施助者提供一个向下社会比较对象。

3. 幽默感:笑和积极情绪表达

大多数研究者同意有几种不同形式的幽默,包括嘲弄/蔑视,自我贬低和自主或成熟的幽默,即嘲笑自己的失败或者人性的失败。从心理调试(Vaillant,1977)和社会关系促进(Lefcourt,2002)的角度来看,后一种形式的幽默被认为是更加积极和有益的。

大多数幽默研究集中于压力期间它如何缓冲。例如,Bonanno 和Keltner(1997)发现可以笑着谈论他们去世配偶的丧偶者被访谈者认为更有吸引力。研究者将这一发现解释为创伤事件后的笑是说明个体已经准备好重新进行正常社会交往的信号。相关研究表明与低幽默个体相比,有幽默感的人可以更好地处理压力和疾病,更快地从疾病中恢复过来,免疫系统反应更强(Lefcourt,2002)。有研究关注于该主题,在一组中诱导笑,而在另一组中没有(控制组),结果也表明笑使得某些生理压力反应减弱(Newman & Stone,1996)。其他人也关注幽默的自觉努力是如何超越压力的有害影响的(Taylor,Kemeny,Reed,Bower & Gruenewald,2000)。

笑起作用关键在于它是愉快状态的外部表达,而表达可能是关键。Kuiper 和 Martin(1998)证实通过笑表达出愉快情绪减轻了紧张和痛苦。表达(笑)可能扩大了积极情绪的影响。Duclos 和 Laird(2001)认为情绪体验可以通过故意的情绪表达控制(如笑)来影响。面部反馈假说认为,面部表达涉及的肌肉向大脑内情感中心作出反馈从而扩大情绪,该假说认为积极情绪的表达可以引起更长时间和更强烈的积极情绪体验(Strack,Martin & Stepper,1988)。

4. 品味生活中的美好

提高积极情绪的另一种策略是品味美好,即从好事情中寻找好的方面,将积极的事物变得更加积极。一个最简单的、加倍的从好运中获得积极情绪的方法,是养成与配偶、亲人或者亲密的朋友分享你的好消息的习惯。人们是否会自然而然地品味美好,往往是一个关于自尊心的问题,关于他们是否觉得自己"应当得到"好事情在自己身上发生的运气。尽管如此,品味是一种你可以开发的心智习惯,品味的能力是一种可以建构的资源。除了简单地接受美好,你还可以学会去品尝它、深深地欣赏它的每一个方面。如果品味对你来说还很新奇,学习去做好它,随着你在愉快事件的前中后期提取出更多由衷的美好,这可以加倍你的积极情绪。品味只是意味着以这样一种方式来考虑好事情,也就是你有意识的创造、强化并延长你对它们的由衷的享受。品味需要你放慢脚步并有意识的去关注,这就好像花时间去欣赏准备一顿美餐所包含的各个好的方面,从感受新鲜蔬菜和调料的香气到沉醉于调配作料所带来的成就感。然后,当你完全沉浸在与朋友或家人一起分享你的杰作时,你能品味更多。但是请记住,品味不是分析。提高积极情绪要求轻微的心理碰触,把经验作为一个整体来接受,欣赏它带给你的感觉。

你要放慢你的脚步,细细品味生活中的美好,无论是一个微笑、一次触摸或者一个拥抱。要真正地从内心中感受到积极情绪,你需要先慢下来。现代生活的步伐毫不停歇,让你不断地关注外界,远离了你的内心。随着时间的推移,这种情况麻痹了你的心。为了增加积极情绪,你需要让你的心"反麻痹",让它感受,让它敞开。让你自己足够地慢下来,使你可以用心去看、去听、去感受,而不仅仅是用你的眼睛、耳朵和思维。吸气,并充分吸收围绕在你身边的美好,与那份美好建立联系,陶醉在其中,同时带着一种真诚的态度。这种减慢的速度解开了你由衷的积极情绪。真诚是重要的,不真诚的积极情绪完全不是积极情绪,它是消极情绪的伪装。为了从真正的积极情绪中受益——无论是一个微笑、一次触摸或者是一个拥抱——你都需要慢下来,并汲取那个姿势所代表的的意味,让它成为由衷的。

5. 追随你的激情、梦想你的未来

带着激情生活,给自己玩乐的权利,找到能够让你获得心流体验的独一无二的活动。心流的状态是指,在那些高峰时刻,你完全投入到活动里,因为这些活动所提出的高挑战与你不断增长的技能匹配良好。你的每一个行为、活动和想法,都自然地随着上一个流动,你充分的参与着。

为你自己构想最好的将来,并非常详细地将之形象化。相对于进行自省的人,被随机分配来进行这项练习的人在积极情绪上表现得更稳定。虽然目前还不清楚形象化的运转机制是怎样的,但是可以确定的是,它能够让你对于每天的目标和动机如何与你关于未来的梦想相匹配,有一个深入的了解,帮助你在日常生活中发现更多的好处。需要注意的是,形象化已经被发现能激活与真正的活动一样的脑区。

6. 利用你的优势

每天都有机会做自己最擅长事情的人,凭借他们的优势行事,更容易欣欣向荣。优势是高度个性化的,因人而异的。一些优势确定了你在工作中最能做出贡献的地方,如果整合起来的话,则确定了你可以对整个生活做出的独特的影响和贡献。研究表明,了解自己的优势可以带给你一个高峰。但是一项研究实验对比了单单了解个人优势与了解并努力应用这些优势的效果差异,从这项工作中,科学家们发现,来自了解自己优势的积极率提升是显著的,但却是暂时的。相比之下,来自寻找应用优势的新方法所产生的积极情绪的提升,是既明显又持久的。

7. 建立温暖和可信赖的关系

没有人能孤立地实现他的全部潜力,这一点在科学上是正确的。每个欣欣向荣的人都与其他人有温暖和可信赖的关系,无论是与爱人、亲密的朋友、家人;并且与枯萎凋零的人相比,欣欣向荣的人每天花更多的时间与他们亲近的人待在一起,而很少独自待着。事实上,欣欣向荣和享受良好社会关系之间的纽带是如此的强大和稳定,以至于科学家将它称做是欣欣向荣的必要条件。科学家已经充分证明了:人们通过与他人在一起,能够获得更多的积极情绪。因此,无论怎样,请每天都与他人建立联系。即使你不是一个天生就非常外向的人,也可以这样去做。科学实验表明,当你和别人在一起的时候,即使你只是假装外向——也就是说,你表现的大胆、健谈、充满活力、积极主动和自信——无论你的自然天性如何,你也可以从那些社会交流中吸取更多的积极情绪,并且能建立更深入和更令人满意的联系,你的生活更丰富,你能够欣欣向荣。

8. 回归自然

自然环境可能和社会环境一样重要。因此,提高你的积极情绪的一个非常简单的方法,就是到外面去,享受自然的美好:户外活动可以让你看得更远,并扩展你的思维,让你对更多的事物感觉良好。当你沉浸在大自然中的时候,大自然的魅力不由自主地吸引你的注意,大自然的广阔让你的注意力不断的扩展和丰富。这两点关于体验大自然的性质,很可能带来积极情绪和开放性,并让你在大自然中有愈合和恢复能力。

9. 记录愉快的生活事件

以往的研究表明,写作对幸福感、健康和情绪调节有非常大的好处。细数每天的愉快事件可以提高个体愉悦情绪的敏感性,形成积极信息偏好,消除一些不必要的担忧,提高个体的应激能力,增强心理弹性。而且,个体会将这种愉快情绪传染给身边的人,进而形成一个向上的良性循环,建立起良好的社会支持网络,提高对当前生活现状的满意度。因此,记录愉快生活事件可能会增强积极情绪体验和主观幸福感[1]。

对善意和感激睁开眼睛;品味你看到它们时的美好;将你美好的未来形象化;变得更具有社会性;出去走走。这些小的变化,可以在任何时候提升你的积极情绪。这些方法结合在一起,可以更多地释放你身上常见的积极情绪——爱、喜悦、感激、宁静、兴趣和希望。当它们被释放时,它们将打开你的思维,并把你放在坚韧和成长的轨道上。其他的一些方法需要更多的努力。重新设计你的工作或者你的生活,以便更好地利用自己的优势;学习带着觉知力、仁爱、或两者一起来进行冥想;把寻找积极的意义变成你默认的心智习惯。虽然这些自我改变的任务更艰巨,但它们的积极情绪报偿已经被证明是巨大的,把你的努力投入在这些方法上是值得的。

---

① 王艳梅:《积极情绪的干预:记录愉快事件和感激的作用》,《心理科学》2009 年第 3 期。

第 四 章

积极人格特质开启幸福真谛

《阿甘正传》这部电影当年风靡一时,无数人被阿甘的魅力所折服。阿甘之所以是个幸福的人,积极特质之于他可谓淋漓尽致。

阿甘生在阿拉巴马州的一个小镇上,他的智商不高,甚至在小镇人的眼里是一个傻孩子。在学校里为了躲避别的孩子的欺辱,阿甘听从朋友珍妮的话而开始"跑"。在中学时,他"跑"进了学校的橄榄球队,并为球队的比赛赢得了胜利。就这样跑进了大学,阿甘被破格录取,并成了橄榄球巨星,受到了肯尼迪总统的接见。后来,阿甘参军,遇到了黑人战友。他们一起参加越战,这个战友希望能在越战后,阿甘和他一起回到他的家乡捕虾。阿甘答应了这个黑人兄弟,但不幸的是,黑人兄弟在越战中牺牲了。而阿甘在越战中表现勇敢,曾冒着生命危险救了战友,因而在越战结束后,阿甘因英勇表现获得了奖章。

但阿甘不忘与黑人战友的约定,用政府发给他的军人抚恤金买了条捕虾船到黑人战友的家乡捕虾,由于他的坚持不懈,在一次风暴过后,阿甘靠捕虾生意发了财,并成为了一名企业家。为了纪念死去的黑人战友布巴,阿甘成立了布巴·甘公司,并把公司的一半股份给了布巴的母亲,自己去做一名园丁。此外,在"说到就要做到"这一信条的指引下,阿甘最终闯出了一片属于自己的天空。他跑步横越了美国,又一次成了名人。阿甘经历了世界风云变幻的各个历史时期,但无论何时,无论何处,无论和谁在一起,他都依然如故,纯朴而善良。

阿甘身上体现了诸多积极特质,也正是因为这些特质铸就了阿甘,铸就了阿甘的成就。正如"积极心理学之父"塞利格曼说过的,要使一个人有所成就,不是通过矫正他的缺点来实现,因为他自己可以改变自己,只要他肯下决心,所以要去引导他的优势,从而促使他建立自己的生活。当优势发展得很好时,就可以成为对抗缺点和抵挡人生诸多不幸的缓冲器。所以,人的发展不仅仅是要改正缺点,更为重要的是挖掘美德和优势,因为发展美德和优势才能获得积极体验,带给我们希望、满足和幸福。

一、幸福感的稳定性

一般认为,人格反映了一种在任何时间任何情境下都有相似表现的持久倾向。因此人格特征的标志就是其一致性和稳定性。例如,在一个对稳定性假设的元分析中,Roberts(2000)表示人格特质在很长的时间段内保持稳定。平均来说,在大学期间,人格特质6—7年稳定性系数为0.54,30岁时为0.64,50—70岁之间为0.74。其他研究者也表示人格特质具有情境稳定性(Epstein,1979),但这个话题在此领域的研究历史上一直有争论。不过,如果人格在主观幸福感中扮演重要角色,那么我们同样可以期待幸福感以及其他相关变量也是不随时间和情境变化的。

许多研究表明人们对生活的认知和情感评价中有持久的连续的模式。当要求人们评价生活的不同领域(如关系、收入、健康和环境)时,这些不同等级评价之间具有中度至高度的相关,甚至连看起来关系不大的领域之间也是这样。Diener(1984)将此标记为"自上而下"效应,并且许多研究者将此解释为人格因素对人们生活的价值评定起强烈且普遍的影响(Heller,Watson & Ilies,2004)。

最近,一项长期的专门小组研究中通过领域满意度等级评价法研究了自上而下效应的强度(Lucas,2004)。许多年来,每年都要求被试对一些领域的满意度进行评价,通过使用层次潜在状态—特质模型,将领域满意度等级评价中的稳定特质变异从暂时状态变异中分离出来。这样一来就可以判断稳定变异中有多少是所有领域共享的。如果领域满意度等级评价主要由自上而下效应决定,那么移除测量误差后,稳定变异中的大部分都应该是所有领域共享。结果显示,任何潜在领域满意度特质的稳定变异中最多有

53%是所有领域共享的,剩余差异(最多占总变异的72%)是独特而稳定的差异,并非所有领域共享。此外,对客观变量(如看医生的次数、个人的实际收入)的测量同时与独特成分和共享成分相关。这个结果表明即使是共享的自上而下变异也可能对外部环境敏感。综上,这些结果显示确实有可信且强度中等的自上而下效应作用于领域满意度等级评价,但大多数情况下,这些效应没有压倒特定领域的变异。另外,至少某些看起来是自上而下的效应事实上取决于人们生活状态的实际协方差。

对自上而下和自下而上过程的研究显示人们对不同领域进行价值评定的方式相似,但他们在不同情境下所报告的幸福感水平实际上相似吗?为了阐明这个问题,Diener和Larsen(1984)在一系列情境下评定许多次瞬时情感。结果显示,跨情境一致性系数整体较高。工作时的积极情感与休闲体验时报告的积极情感的相关为0.70;工作时的消极情感与休闲时报告的消极情感之间的相关系数为0.74。另外在比较社交情境与独处时报告的情感体验、比较新奇情境与典型情境下的情感体验时,也发现了类似的相关。生活满意度之间的相关更高。因此,在人们体验的积极和消极情感水平中存在稳定的个体差异,这些个体差异在相对不同的情境中也很明显。

另外,人们也许能意识到并报告这些稳定的情感与认知反应,即使他们的情绪每天波动。Eid和Diener(2004)使用多状态—多特质—多概念模型来预测幸福感综合报告中稳定的特质变异究竟有多少。他们要求被试在两个月的时间内3次报告心境和整体幸福感。通过结构方程模型技术,Eid和Diener得出主观幸福感测量结果中大部分变异都是稳定特质变异。例如,生活满意度量表中74%—84%的变异都是稳定的,不随时间变化。只有一小部分百分比是特定场合状态变异,且这种状态变异与心境状态变异相关很弱。重要的是,虽然心境水平确实会不断波动(即与整体测量结果相比,每次评定时的特质变异较少、场合变异较多),但特质成分与整体幸福感高度相关。因此,人们可以意识到并报告稳定的幸福感水平,并且测量不太受暂时情感状态的影响。

当然,证明幸福感在数星期甚至数月保持稳定只是证实幸福感中存在稳定个体差异的第一步,很有可能这些概念在短时期内稳定但多年后或经历重大事件后会显著变化。许多研究证实主观幸福感测量的长期稳定性，但其中大多显示这种稳定性是中等程度的。Magnus 和 Diener(1991)报告生活满意度4年稳定性是0.58，但使用自陈报告来预测4年后的知情报告时，相关系数降到0.52。Lucas、Diener 和 Suh(1996)报告积极情感、消极情感和生活满意度3年期间的稳定性系数为0.56—0.61。Costa 和 McCrae(1988)发现6年时间内自我等级评定和配偶等级评定之间也具有类似的高度相关。Watson 和 Walker(1996)考察了情感等级评定的3年稳定性并发现相关在0.36到0.46之间。

最近，心理学家可利用现存的数据集来考察更长时间段内幸福感测量的稳定性。Fujita 和 Diener(2005)使用从德国社会经济面板数据集(GSOEP)研究中得来的数据测定了一个只有一个项目的生活满意度测量在17年中的稳定性。正如从上述结果中可以预测的，逐年的稳定性较高，在0.50到0.60之间。不过这些稳定性的大小随时间流逝而下降。但即使是17年后，此测量的稳定性系数也大约为0.30。

Lucas 和 Donnellan(2006)使用潜在状态—特质模型来确定稳定特质变异究竟多大程度上作用于生活满意度测量。通过取得英国家庭盘区调查(BHPS，英国一项长期的、全国代表性的家庭盘区研究)9年的数据，我们可以根据(1)一项稳定的特质(2)一项自回归的特质(3)特定场合变异和测量误差来分离变异。与 Fujita 和 Diener(2005)的分析一致，每一年生活满意度的变异中大约37%是稳定特质变异。这个发现表明长期的稳定性应该至少在0.30到0.40之间，另外30%取决于一项自回归的特质，这解释了较短时期内稳定性相对较高的原因，也许一年内的剩余差异中至少有一些是只属于这一年的可靠差异。对心理痛苦多项目测量的分离分析支持这个假设。使用多项目可以将测量误差从可信的特定情境变异中分离，获得对稳定特质、自回归特质和特定场合状态特质的相似猜测。

这些研究证实主观幸福感在长时期内具有中等程度的稳定性。但问题随之而出：主观幸福感本身应被看作一个特质吗？它是否没有其他特质的测量结果稳定？Fujita 和 Diener(2005)比较了 GSOEP 中生活满意度的稳定性与 Roberts 和 Del Vecchio(2000)估计的人格的稳定性。虽然一年时间内二者稳定性大小相似(至少在年轻人样本中是这样),但生活满意度的稳定性下降速度要快得多(假设更大程度上是自回归结构)。Vaidya、Gray、Haig和Watson(2002)运用同样的样本比较了人格与情感两年半时间内的稳定性。他们表示,人格特质的稳定性显著高于情感的稳定性。例如,大五人格特质的稳定性系数为 0.59—0.72,消极情感的稳定性为 0.49,积极情感的稳定性为 0.51。取决于这些效应的自回归本质,短期内较小的差异在经过长时间可以转化为很大的差异。

尽管主观幸福感的稳定性表面上是那个内部因素确实起作用,但稳定性也可能来自不变的外部环境。为了澄清这个问题,必须研究经历重大生活事件的个体的稳定性,以此来判断这些生活事件是否对幸福感起作用。早期研究表明生活事件不影响稳定性,人们必然会回到其以气质为基础的幸福感锚定点。例如,Costa、McCrae 和 Zonderman(1987)考察了经历生活环境重大变化(如离婚、守寡、失业)的个体的幸福感的稳定性,与生活环境很少变化的个体进行对比。对高变化组的稳定性估计仅比低变化组稍微低了一点。同样的,研究生活事件影响的研究者常常强调人们强大的适应能力(如 Brickman,Coates & Janoff-Bulman,1978)。这些结果支持那个有影响的观点:在经历重大生活事件后,人们必然会回到其以气质为基础的幸福感锚定点(见 Diener 等人的综述,2006)。

但是,最近的证据挑战了这个观点。正如 Watson(2004)指出的,稳定性中的小差异经过长时间后变得很重要,并且新的证据证实生活事件确实会影响幸福感测量的稳定性。事实上,所造成的影响比对其他人格特质造成的影响要强烈。例如,Vaidya 等(2002)表示两年时间内的生活事件对情感变量平均水平和稳定性系数的影响比对人格变量的影响大。

更重要的是,近来对重大生活事件影响的追踪研究表明它们确实会强烈而持久地影响人们的幸福感。例如,Lucas、Clark、Georgellis 和 Diener(2003)表示,尽管对婚姻的适应相对较快(没几年就可实现),但对守寡的适应却慢得多(大约需要 8 年)。也许更重要的是,适应效果随个体变化而变化。一些人报告满意度大幅下降,且没有随时间恢复;其他人却报告改变较小,或者很快能回到基线水平。因此对一些个体而言,守寡(甚至婚姻)

都与幸福感的持久相关。

此外,对其他生活事件的研究表明,即使考察平均轨迹,适应性通常也不是绝对的。Lucas、Clark、Georgellis 和 Diener(2004)表示失业对幸福感有持久影响,并且 Lucas(2005)表示离婚也许会产生永久影响。最近,Lucas(2007)通过对两个全国代表性的专门小组研究发现成为长期残疾对生活满意度测量有巨大而持久的影响。例如,经历了严重残疾的人生活满意度会比原来的极限水平下降一个标准差,并且即使在残疾发生 8 年后也没有任何回升到基线水平的趋势。这些结果与对比残疾个体和普通人的横断研究(如 Dijkers,1997)结果一致。实际上,Lucas(2007)和 Diener 等(2006)表示关于残疾的影响的研究大部分都被曲解了,残疾通常会对主观幸福感产生持久影响。

总的来说,这些结果可为主观幸福感研究得出许多重要推测。首先,主观幸福感在长时期内具有一定程度的稳定性。似乎这种稳定性并不完全取决于稳定的生活环境,即使经历重大生活事件的个体所报告的结果具有中等程度的稳定性。因此,这样的研究就为人格对幸福感测量的影响提供证据。但是稳定性估计还不至于高到可以证明幸福感不会改变。即使不按重大生活事件经历与否来选取样本,稳定性也会随时间下降——低到 0.30—0.40。这些结果表明幸福感测量中大约 1/3 的变异是稳定变异,只会略微改变。此外,这些稳定性估计比其他人格特质,如外倾性、神经质和尽责性等要低(时间长的话会低得多)。最后,对生活事件的研究表明生活事件同时影响生活满意度的平均水平和稳定性。尽管没发现能切实提升幸福感的积极事件,但许多消极事件,如守寡、离婚、失业和发生残疾都会对人们的幸福感造成持久甚至永久影响。这些发现与下面的观点一致:人格对幸福感长期水平有影响但并非起决定性作用。

二、积极特质

做好事会产生幸福感,这不同于一般的感官愉悦,当你用能力和优势去应对一项挑战并圆满完成时,你会有幸福感。要了解这种幸福感,我们必须了解美德及优势,美德和优势是积极的人格特质,它会带来积极的感受和满足感。积极心理学如何从无数的人格特质中,基于以下标准进行筛选①:(1)普遍存在:被不同文化所普遍承认;(2)能够履行和实现:有助于实现个体的成就、满足感和幸福感;(3)具有道德价值:自身就能体现出价值,而并非通过产生的实质性结果来衡量其价值;(4)不能贬低他人:能够使见证这种积极特质的人精神振奋,产生赞美和尊敬之情,而不是心生嫉妒;(5)特指性:除表现出普遍性和稳定性外,还具有个体差异性;(6)能被测量:能够被研究者成功地进行测量;(7)显著的:比起被选中的其他积极特质来说,不是多余的;(8)存在一种典型或模范:能够非常明显地体现在某些人身上;(9)能够选择性的缺失:在某些个体身上可能完全体现不出来;(10)存在天才或神童的例子:能够在某些儿童或少年身上得以成熟的表现;(11)能够授权某种公共组织:成为某些致力于培养这些积极特质的社会实践的对象。最终从不同文化所推崇的美德中,挑选出了基本的六项:智慧与知识、勇气、仁爱、正义、节制、精神卓越。

(一)美德与优势

赛利格曼和彼得森等人基于主要宗教和哲学派别的基本论著,找出各个宗教、哲学传统都称赞的美德。此外,从精神病学、性格教育、组织学研究和青年发展中,选出备选的积极特质;还从文化产品中取出明显表现积极特质的词汇,这些文化产品主要有流行歌曲、座右铭、贺卡祝福语、广告等。他们的目的就是总结有关积极特质的词汇,力争不遗漏任何有价值的信息,同时,避免被人指责所选出的积极特质是狭隘的、区域性的。他们希望选择出的积极特质是广泛的,具有跨区域的一致性和普适性。经过搜集,他们总共找出了200多种美德,再经研究整个世界跨3000年历史的各种文化后,他们归纳出了以下6个放之四海皆适用的美德②:

---

① [爱尔兰]Alan Carr:《积极心理学:有关幸福和人类优势的科学(第二版)》,丁丹译,中国轻工业出版社2013年版,第90—93页。

② [美]马丁·赛里格曼:《真实的幸福》,洪兰译,沈阳万卷出版公司2010年版,第137—152页。

（1）智慧和知识：获取和适应信息，来致力于追求美好生活。在心理学中，这种美德属于认知的范畴，这也是许多哲学家认为智慧是所有美德得以实现的最重要的美德的原因。

（2）勇气：是个体在面临来自外部或内部的困难时，在意志力量的驱使下最终达到目标。这种美德是矫正性的，因为它能够处理来自人类自身内部的阻碍。

（3）仁爱：处理与他人关系的积极特质。这种美德如泰勒做描述的，待人友好与细致周到是一种性情，所以使得这种美德与公正有些类似，不同点在于仁爱是在一对一的关系中体现出来的，而公正的力量则往往在一对多的关系中体现出来。

（4）正义：社会层面的，与个体和集体或社会之间的理想互动有关。当集体规模变小，变得更加个体化的时候，正义就相当于仁爱。

（5）节制：防止过度的积极特质。节制能够调节我们的行为活动，如，尽管我们非常包容，但当受到攻击时也会保护自己。节制在佛教文化或其他崇尚平衡和和谐的文化里，具有非常大的影响，常常被尊敬和倡导。节制能够为美好的生活带来一系列深远和重大的影响。

（6）精神卓越：超越了个体，与更宏大更久远的东西相连接，将个体与他人、与未来、与进化、与宇宙相连接。

虽然每种文化在美德的细节上各有不同，但它们都有一些共同点，这些共同的美德使我们更相信积极特质是实现全人类幸福的强大力量。

这六种美德作为人的基本积极特质，是世界上所有宗教和哲学学派都支持的。但是智慧和知识、勇气、仁爱、正义、节制和精神卓越都太抽象了，无法进行测量。但实际上，我们可以想出多种方法来达到这些美德，为了建构和测量这六种美德，只能关注这些方法。

仁慈、勇敢、正直等优势与天赋不同。两者虽然都是积极心理学研究的课题，但前者是道德上的特性，而后者则没有道德的意味。天赋一般是天生的，而优势即使没有良好的基础也可以构建出来，只要有良好的教导、全心的投入、充足的练习，就可以使之生根发芽、茁壮成长。

积极心理学与其他心理学在干预上有很大差别。其他心理学的干预是修补损坏,将-6改进到-2,但仍然是消极的,有时会借助药物,因而偏向操纵外界环境,而积极心理学的干预是想将生活从+3上移到+8,这就比操纵外界环境更重要了。建构美德与优势,并且把它运用到每天的生活中其实就是一个很好的选择。

建构美德通过24个优势来实现,因为这些优势是可以测量的,也是可以通过学习、训练而得的。24个优势的具体内容如表4.1所示①:

表4.1　24种美德

·创造性:能够思考出新奇和有效的方法去做事情,包括艺术成就,但不局限于此。
·好奇心:能够对正在发生的所有事情感兴趣。好奇心使人们对不符合预想的事物产生尝试的兴趣;在面对模棱两可的情境时,会去追求真相。好奇心可以是特定具体的,也可以是很广泛的。
·热爱学习:掌握新的技术、主题和知识。
·思维开放:全面透彻地思考问题,不急于下结论,能根据事实调整自己的思想,全面公平地衡量各种证据。
·洞察力:能够为别人提供明智的参考意见;能够以多种方式看世界,认识自己、认识他人。
·本真:以更加诚恳的方式说出事实;真诚地对待自己与他人,不虚伪不做作。
·勇敢:在威胁、挑战和困难面前不畏缩,即使有反对的意见存在,也能够直言不讳地说出自己的观点和看法;不仅包括身体上的勇敢,还包括道德上的勇敢和心理上的勇敢。
·毅力:坚持不懈,善始善终,即使存在艰难险阻,也坚持完成目标,而且没有抱怨。同时,毅力并不是不顾一切地追求不切实际的目标;有毅力的人是弹性的、务实的,而不是完美主义者。
·热情:充满激情和力量地去追求生活;做事不会半途而废或心不在焉,而是充满生机和活力。
·善良:对别人慷慨、仁慈,竭尽全力帮助别人;关心照顾别人。
·爱:珍惜与他人之间的亲密关系,能够与别人分享并相互关爱;愿意亲近他人。
·社会智慧:能够感知别人和自己的意图与感受;知道在不同的社会场合应该怎么做;知道如何使他人愉悦。
·公平:不让个人感情影响自己的决策,能够公正地对待每一人,同等地给予每个人机会。

---

① [美]克里斯托弗·彼得森:《积极心理学》,徐红译,群言出版社2010年版,第94—96页。

续表

·领导力:很好的组织才能,并能有效地监督任务的执行;能与组织成员保持良好的关系,对所有的人有爱心,坚持所有正确的事。
·团队合作:作为团队中的一员,做好自己的工作;忠实于团队,跟其他团队成员有良好的关系,努力使团队达到目标。
·宽容:原谅曾经做错事的人,并给予新的机会;不打击报复有过于自己的人,并给予原谅。
·谦虚:不过分表现自己,不认为比别人强,让成绩来说话。
·谨慎:不做不适当的冒险,不说可能后悔的话,不做以后会后悔的事;谨慎做出决定。
·自我调节:调节自己的感受和行为;遵纪守法,控制自己的欲望和需求。
·对美和卓越的欣赏:无论是自然的还是人为的,是数学的还是科学的,能够欣赏生活各领域中美好和卓越的东西。
·感恩:敏锐地观察和感激生活中发生的每一件好事;花时间去感谢有恩于我们的人,同时,也要对大自然、他人、动物等表示感恩之情。
·希望:期待未来会更好,为了实现这一愿望而做好计划并努力执行;相信未来的美好是能够实现的。
·幽默:喜欢畅快地笑,同时能给别人带来欢乐;心中充满阳光,积极看待事情。
·虔诚:对高级目标和宇宙的意义有内在的信念;拥有对人生价值的信念,并以此来规划自己的行为,感受生命的意义。

(二)积极特质的测评

积极特质,即 6 种美德和 24 个优势,要想在实际生活中发挥作用,使人们了解自身所拥有的优势和美德,并培养和发展优势和美德,则必须要有相应的测量工具。为此,彼得森和相关学者研究开发了测量优势和美德的调查问卷——VIA 问卷,该问卷分为成年组和青年组(10—17 岁)两个版本,包括了对 24 个优势的测量。

VIA-IS 是成年组的测量问卷。目前已经在 200 多个国家,五种不同的成年人,大约 350000 人完成了这份问卷。该问卷具有表面效度,每一个条目都能够反映分类中不同的性格优势,并采用五点计分(从 1 代表非常不像我,到 5 代表非常像我),每个优势有 10 个项目来测量,共有 240 个项目。比如,宽容这个优势的测量是通过这样的项目来实现的:"我常常能够原谅别人在以往所犯的错,并能够给他们新的机会。""我相信原谅和忘记才是最好的。""我不太愿意接受道歉"(反向计分)等。

由帕克编制的 VIA 青年组问卷适用于 10—17 岁的青年人。这套问卷和 VIA-IS 相同,测量了分类中的 24 个优势,也采用五点计分(从 1 代表非常不像我,到 5 代表非常像我)。VIA-Youth 中所包含的项目反映了每一种与年龄特征相符合的优势。目前该问卷中用来测量每个优势的项目数量在 5 到 9 个不等,比成年组问卷的项目要少一些,更适合年轻的被试群体。VIA-Youth 在美国的数千名年轻人中进行了测验,包括纸笔测量和在线测量两种方式。

此外,索尔和彼得森等还制定了 VIA 结构化访谈体系,用于寻找"标志性的优势"。VIA 结构化访谈大概需要 30 分钟来完成。访谈者会围绕某种优势,来询问被试在某一特定的场景中通常会怎么做。而结构化访谈的缺陷在于不能对个体的优势提供量化的结果。

VIA-IS 发布之后,受到许多学者对其内部结构的检验。大量学者的研究发现,4 个或 5 个因素是适合该问卷所测出的数据的。Peterson and Seligman(2004)通过探索性因素分析获得了 5 个因素,并将其分别命名为:(1)克制力量(strengths of restraint);(2)理智力量(intellectual strengths);(3)人际力量(interpersonal strengths);(4)情感力量(emotional strengths);(5)神学力量(theological strengths)。这 5 个因素并不违背 VIA 的分类(即 6 种美德和 24 个优势),因为他们是等同的。克制力量与节制是一致的;理智力量对应智慧与知识;人际力量等同于正义和仁爱;情感力量包括勇气;神学力量和精神卓越等价。此外,学者也在日本(Shimai et al.,2006)、英国(Linley et al.,2007)、瑞士(Peterson et al.,2007;Ruch et al.,2010)、澳大利亚(Macdonald et al.,2008)、印度(Singh & Choubisa,2010)、以色列(Littman-Ovadia & Lavy,2012)等国,检验了该问卷的测量特性、因素结构及适用性,证明该问卷具有良好的信效度。

彼得森及其同事使用问卷对各国人进行测量发现,24 个优势的相对认可度在美国和全世界都高度的一致。国家与国家之间的等级相关性非常强,往往都在 0.8 以上,不存在文化、种族、宗教和经济上的差异。也进一步说明了 24 个优势是普适性的,对全人类幸福感的提升至关重要。VIA-IS 和 VIA-Youth 这两套问卷可以在以下网站找到:http://www. viacharacter. org/VIASurvey/ tabid/55/Default.aspx.读者可通过在网上做这个问卷,来了解自己的优势状况,进而有针对性地进行训练,从而提升幸福。

<h2 style="text-align:center">三、积极特质与幸福的实证研究</h2>

自从,赛里格曼和彼得森提出积极特质的新分类(6 种美德和 24 个优势),大量学者开始研究积极特质与幸福的关系。幸福是个体根据自己的标准对其生活质量评价满意时的愉快感觉。因此,一个人幸福与否,完全取决于自己主观上如何评价自己的生活,取决于自己的主观感觉。所以,心理学上通常用主观幸福感来衡量人们的幸福状况。

主观幸福感(Subjective Well-Being,简称 SWB)主要是指人们对其生活质量所做的情感性和认知性的整体评价。在这种意义上,决定人们是否幸福的并不是实际发生了什么,关键是人们对所发生的事情在情绪上做出何种解释,在认知上进行怎样的加工。SWB 是一种主观的、整体的概念,同时也是一个相对稳定的值,它能评估相当长一段时期的情感反应和生活满意度。

主观幸福感由两个部分构成:情感平衡和生活满意度。情感平衡是指与不愉快的情感体验相比较,占相对优势的愉快体验,是个体对生活的一个总体、概括评价。情感平衡包含积极情感和消极情感两个维度,但这两个维度并不具有必然的相关性,是两个相对独立的变量。生活满意度是个体对生活的综合判断,作为认知因素,它独立于积极情感和消极情感,是衡量 SWB 更有效的指标。

(一)积极特质与生活满意度

生活满意度是个体对生活的整体评价,是衡量主观幸福感的核心指标。积极特质与生活满意度的研究结果,因使用不同的样本有所差异。

Park et al.(2004)研究发现,希望、热情、感恩、爱和好奇心这 5 个优势与生活满意度的关系是最强的,能很好地预测生活满意度,而对美的欣赏、创造性、公正和热爱学习这4个优势与生活满意度的关系较弱,但仍对生活满意度的提升有作用。相似地,Peterson et al.(2007)使用美国和瑞士的成人作为样本,发现与生活满意度有密切关系的优势是希望、热情、爱和好奇心;在美国成人中,感恩是所有优势中最能预测生活满意度的优势,而在瑞士成人中,毅力是预测生活满意度的最好优势。Ruch et al.(2007)使用瑞士人作为样本,发现在与生活满意度的由强到弱关系排序中,希望、热情、爱、好奇心和毅力是排在前五位的,而谦虚、公正、谨慎和虔诚与生活满意度的关系很微弱。Martinez-Marti 和 Ruch(2014)使用居住在瑞士的德国人作为样本,发现希望、热情、爱、社会智慧和毅力与生活满意度具有显著的强相关,对生活满意度的影响极大;而在与生活满意度的强相关排序中,感恩和好奇心分别排在第七、第八位,可见,与上面的研究基本上是一致的。Buschor et al.(2013)也是用瑞士样本发现,希望、热情、爱、好奇心和感恩这五个优势对生活满意度的贡献是显著的。此外,经学者研究发现,与生活满意度关系最为密切的优势——希望、热情、感恩、爱和好奇心,与其他三个幸福指向的变量的关系也很紧密,这三个变量分别是:快乐(pleasure)、沉浸(engagement)和意义(meaning)。

使用来自日本(Shimai et al.,2006)、以色列(Littman-Ovadia 和 Lavy,2012)和斯洛文尼亚(Gradisek,2012)的样本来研究优势与生活满意度的关系,也发现了相似的结果。有的学者认为,所有的优势对于生活满意度来说,都是有作用的,只不过是有些优势的作用比其他优势的作用会更强。

尽管以上研究结果有所差异,但无不说明,积极特质(美德和优势)与生活满意度是密切相关的,对获得高满意度的生活是有极大作用的,对获得幸福是至关重要的。

(二)积极特质与情感平衡

情感平衡是指与不愉快的情感体验相比较,占相对优势的愉快体验,是个体对生活的一个总体、概括评价。情感平衡包含积极情感和消极情感两个维度。而积极情感和消极情感也是积极心理学热衷研究的一个领域。积极情感让人更容易从工作和婚姻中获得乐趣,因而更能使人获得幸福体验。积极情感得分高的人,往往更有健康的生活方式,更有效的应对策略。而消极情感则与多种心理障碍有关,特别是抑郁。

性格优势,与作为幸福感预测指标的积极情感的关系是怎样的呢? 性格优势能否促进积极情感呢? 对此,学者的研究结果也略有差异。Littman-Ovadia 和 Lavy(2012)研究发现,除了谦虚、宽容和虔诚之外,其他的优势与积极情感显著相关,具有直接的预测作用;希望、好奇心、热情、热爱学习和毅力与积极情感的强相关关系是排在前五位的;希望、好奇心、热情、爱和自我调节与消极情感是显著负相关的。Barraca et al.(2014)研究发现,在所有优势中,希望和热情与积极情感的正相关最强,同时与消极情感的负相关也最强;谦虚、毅力、公正、宽容和虔诚与积极情感的关系不显著;希望、热情、自我调节、毅力、感恩和宽容与消极情感显著负相关。Ruch et al.(2014)研究发现,希望、热情、幽默、感恩和爱是与积极情感关系最为密切的五个优势;与消极情感显著负相关的优势有希望、幽默、热情、真诚和思维开放性。

这些研究结果虽有差异,但仍有部分是一致的,如,希望和热情与积极情感显著正相关。同样地,研究结果证实了,优势有助于积极情感的产生,消极情感的减少,利于获得幸福感。

此外,学者还研究了人生发展各阶段,哪些优势更能促使人获得幸福。基于埃里克森的心理发展理论,人在发展的每个阶段都有相应的危机,学者认为优势有助于人们成功地度过危机,获得成长。但在每个发展阶段中,起主要作用的优势是不同的,因而在不同的发展阶段,与幸福关系最密切的优势也是不同的。按照埃里克森的发展观,其中有三个发展阶段属于成人的生活阶段,即成年早期(18—25 岁)、成年中期(25—65 岁)和成年后期(65 岁以上)。Isaacowitz et al.(2003)认为,能够帮助个体探索世界,并能保护个体免受危险的优势与成年早期个体的幸福关系最为密切,即这些优势更能使处于成年早期发展阶段的人获得幸福,因为这一阶段的发展危机是获得亲密感,避免孤独感;对成年中期的个体来说,面临繁殖和停滞的危机,因而与事业发展和家庭建立有关的优势对成年中期的人获取幸福更为重要;人到成年后期会遭遇完整感和绝望感的冲突危机,但情绪调节能力比青年人要好,因而克制这一美德所包含的优势对老年人的幸福来说,更为重要,此外,因为老年人不需要发展事业、建立家庭,所以他们更可能使用优势,从而使优势与幸福的关系更强。基于以上假设,Ruch et al.(2014)开展了实证研究,结果与Isaacowitz et al.的设想一致,而且随着年龄的增长,优势与幸福的关系逐渐增强。

<h2>四、积极特质的提升</h2>

积极特质与幸福密切相关,能使人获得更多的幸福体验,那怎样才能实现自身的积极特质,开启幸福呢?

(一)心理动力

自我决定理论提出:特质的发展需要某种动力,这种动力主要是来自于个体的动机。动机是激发和维持个体做出某种活动并促使该活动朝向某一特定目标的心理倾向,基础是需要。

自我决定理论采用了有机体元理论的观点:假设人类拥有一种天生的积极倾向,能够将自我的生活和实践经验整合为一个整体并促进心理的成长和发展。因此,自我决定理论强调人固有的发展倾向和先天的心理需要,假定每个人都有争取自由和不受压制并在自己的行为中体现力量和能力的愿望,主张通过研究人心理需要的满足来说明内部动机和外部动机在特质发展中的推动作用。

内部动机是指个体参与某项活动是因为活动本身能满足个体需要,例如,艺术、运动或探险等。迪西和赖安(Deci & Ryan,1990)曾概括了内部动机的四个特征:没有任何明显的外在奖励;由个体自身的兴趣引起;满足个体内在心理需要;具有一定的挑战性。由于个体的内部动机与其先天的需要和积极的倾向紧密联系,因而,由内部动机支配的行为不仅容易成为个体人格发展的一部分,而且能增进个体的幸福感。外部动机是指由活动的外在因素或追求活动之外的某种目标引起的动机。这种动机在成年人身上表现得最为明显,因为当个体成年后,许多行为都是迫于外在的社会压力和社会责任而产生的。

与外在动机驱使下做事情的人相比,在内在动机驱使下做事情的人对所做的事表现出更多的兴趣、兴奋和信心,同时,还表现出更有的绩效、毅力和创造力,一般还报告了更高的自尊和主观幸福感。即使两者具有同等水平的胜任感和自我效能感,内在动机的这些好处仍然存在。

当人们可以选择做事的方式,能够进行自我指导,并得到正面的反馈时,内部动机会增强。而惩罚、威胁、让人有压力的评价会削弱内在动机,强加目标、时限和指令也会削弱内部动机。即使给予奖励也会削弱内部动机,因为奖励降低了人们的自主感,让人们更加觉得自己的成绩是外在因素而非内在因素引起的。

为了更好地说明内部动机和外部动机的特点,迪西和赖安(Deci & Ryan,2000)在自我决定理论的框架下,提出了自我决定连续体理论。该理论根据自我在行为中所起作用的不同,将外部动机行为分为四种:外在调节行为、内摄调节行为、认同调节行为、整合调节行为。具体见图 4.1[①]。

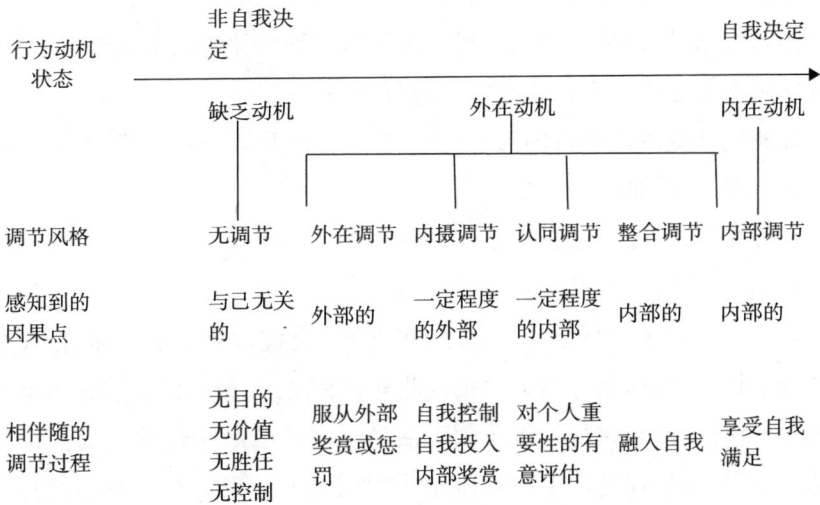

行为动机状态	非自我决定 → 自我决定					
	缺乏动机	外在动机				内在动机
调节风格	无调节	外在调节	内摄调节	认同调节	整合调节	内部调节
感知到的因果点	与己无关的	外部的	一定程度的外部	一定程度的内部	内部的	内部的
相伴随的调节过程	无目的无价值无胜任无控制	服从外部奖赏或惩罚	自我控制自我投入内部奖赏	对个人重要性的有意评估	融入自我	享受自我满足

图 4.1 自我决定连续体中的动机

---

① 任俊:《积极心理学》,上海教育出版社 2006 年版,第 137—138 页。

外在调节行为是一种明显的缺乏自主性的行为,完全是为了满足外在需要或奖赏而产生的行为,如斯金纳的操作条件反射行为。内摄调节行为是个体接受了活动的外在要求,但没有全部融入个体的思想。参与这些活动只是服从和遵从了这些外在要求,避免产生焦虑、内疚或压力,仍然在很大程度上属于外部动机行为。认同调节行为是个体有意地评价活动并认为活动对自己是重要的,即使产生厌恶感时,也能够坚持做下去,是具有一定内部调节的行为。整合调节行为是一种高度自主性的外在动机行为,是个体认为活动符合自己的价值观和需要,即活动的意义和价值已经完全融入个体的思想。但这种行为并不属于真正的内部动机行为,因为个体从事这类活动是为了获得某个外在结果或目标,而不是出于活动本身。

沿着自我决定连续体向右,人们在调节过程中体验到的自主水平越来越高;自主水平越高,在活动上就坚持得越久,表现得越好,主观幸福感就越高。

那参与什么样的活动可以增强内部动机呢? 如何使行为沿着自我决定连续体向右移动,从而使外部动机行为尽可能地转化为内部动机行为,进而增强主观幸福感呢? 下面我们一一进行解答。

让我们产生内部动机的活动具有这些特点(Bandura,1997):

- 具有挑战性;
- 我们觉得自己能够做好;
- 带给我们满足感。

对于难度过大的任务,可以把任务分解,设置一个个子目标,自我鼓励去实现子目标,从而培养内部动机。此外,要充分相信自己能够在活动中取得成功,这样才能在内部动机驱使下活动。内在的激励性的活动会带来满足感,而满足感往往会产生积极体验,增加幸福感。利用内部动机或外部动机向内部动机的转化来增进幸福感的策略:

表4.2　利用动机增进幸福感的策略

	策略
(1)挑选内在激励性的活动	① 选择具有以下特点的活动去参与：让你发自内心地想去做，可以发挥你的优势，虽有难度，但你觉得自己可以做好，能给你带来满足感。 ② 对于难度过大的复杂任务，可以先设置一个中等水平的子目标，实现之后再设定一个稍高的目标，这样循序渐进从而完成任务。
(2)沿着自我连续体向右移动	① 要认识得到，很多需要技能的活动可以渐渐地从外在激励性转为内在激励性。 ② 对于不熟悉的活动，利用外在奖励提供的信息，锻炼自己的技能，改进自己的表现，体验越来越多的乐趣，渐渐地把外在动机转化为内部动机。 ③ 一旦技能变得娴熟，就不要为了外部奖励从事活动，而要为了活动本身从事活动(但要认识到，即使是在内部动机驱使下活动，有时也会得到奖励)。
(3)制造满足体验	① 挑选具有挑战性但让你有控制感、需要大量技能但你觉得自己能够做好、能让你投入其中的内在激励性活动。 ② 挑选你有充裕时间完成的活动去做。 ③ 挑选有明确目标、及时反馈的活动去做。 ④ 把焦点放在活动上，不要关注你自己、你的感受，也不要关注活动可能带来什么奖励。

(二)幸福感有积极效应的干预形式

彼得森等人研究发现，每个人身上几乎都能体现出两种到五种的特征优势(通过测量，那些得分较高的优势)。这些特征优势的鲜明特征是：(1)存在关于这种优势的拥有感和真实感；(2)当表现出这种优势时，首先会出现一种兴奋的感觉；(3)能够很快地学习跟这种优势有关的主题并进行实践；(4)不断地学习新的方法来发挥这种优势；(5)渴望按照这种优势行动；(6)有种不可避免地要去使用这种优势的感觉；(7)当使用这种优势时，精力十足；(8)围绕这个计划安排生活、规划人生；(9)运用这种优势时，心中充满快乐和热情。

彼得森等人通过系统的研究发现，对幸福感有长远积极效应的干预便是对这些特征优势进行实践，即采用新的方式去使用这些特征优势。就如何实践这些优势，可以参考海德、莱斯德和安姆的建议：

表4.3 利用性格优势增进幸福感的建议

智慧与美德	创造性	(1)报名参加一个摄影、绘画、雕塑或陶器制作学习班。
		(2)选择家里的某件物品,在它的典型用处之外寻找可能存在的其他用途。
		(3)给你的朋友寄张贺卡,上面写下你自己创作的诗词。
	好奇心	(1)参加某个主题讲座,这个主题你以前从来没有听说过。
		(2)去一家餐厅吃饭,它的特色菜是你从来不熟悉的口味。
		(3)探索你城镇的一个对你来说是全新的地方,试着学习有关它的历史。
	热爱学习	(1)阅读一本非小说类的文学作品。
		(2)每天学习并使用一个新的英语词汇。
		(3)学习你感兴趣但一直没学的一门知识。
	思维开放	(1)在谈话中,扮演唱反调的角色,从而质疑你自己的观点。
		(2)每天想一些脑子中根深蒂固的观念,并试着想这种观点或许是错误的。
		(3)听收音机或阅读报纸上关于"其他"政治战线的观点。
	洞察力	(1)想一个你认为最有智慧的人,把自己想象成这个人去生活一天。
		(2)只在被询问时提供观点,尽量考虑周全。
		(3)解决两个朋友、家庭或同事之间的争端。
勇气	本真	(1)避免跟朋友说谎,无恶意的也不行(包括虚假的赞扬)。
		(2)考虑一下什么是你的价值所在,并据此每天做些事情。
		(3)当你向某人解释你的某种动机时,试着用真诚的方式。
	勇敢	(1)在团队里大胆地说出你的想法。
		(2)做一件你平常因为害怕而不敢去做的事情(必须是于人于己无害的事)。
		(3)下次遇到害怕的事情,首先承认自己的害怕,然后尝试去做。
	毅力	(1)每天列出一张目录,写上你要做的事情,并按目录坚持做完。
		(2)在安排的时间点之前,提前完成一项重要的任务。
		(3)连续不断的工作几小时而不被打断,比如不去看电视、不接电话等。
	热情	(1)至少一周的时间,每天早睡早起而不用闹钟催你起床,早上醒来后吃一顿营养的早餐。
		(2)问"为什么"的时候,至少要多问三遍"为什么不"。
		(3)每天做点事情,因为你想做而不是你必须去做。

118

续表

仁爱	善良	(1)拜访一位正在住院或疗养院的人。
		(2)当驾驶时,主动避让行人;当步行时,主动避让车辆。
		(3)匿名帮助一位你的朋友或家人。
	爱	(1)接受别人对你的赞扬,不要推诿,简单地说声"谢谢"。
		(2)给你所爱的人写一张便条,把它放在每天都能看到的位置。
		(3)跟你最好的朋友一起做她/他最喜欢做的事情。
	社会智慧	(1)试着让别人感到舒服。
		(2)当朋友或家人做事情出现麻烦时,及时发现并帮他们完成所做的事情。
		(3)当有人惹怒你,试着去理解他/她这么做的动机,而不是发脾气或报复。
正义	公平	(1)至少每天一次,承认犯下的错误并承担相应的责任。
		(2)至少每天一次,给予某个你不喜欢的人信任和关心。
		(3)听完他人的讲话,而不要打断。
	领导力	(1)为你的朋友举行一次聚会。
		(2)承担工作中发生的不愉快,并确保不愉快能够消除。
		(3)用自己的方式让新来的人感到舒服和亲切。
	团队合作	(1)尽力成为最好的组员。
		(2)每天花五分钟时间捡起走廊里的垃圾,将它们放入垃圾桶。
		(3)花时间去参加慈善组织的活动。
节制	宽容	(1)每天驱除怨恨。
		(2)当你感觉要发火的时候,要努力控制,不要告诉别人你的愤怒。
		(3)写一封宽慰信,在这一周的每天都读一遍。
	谦虚	(1)一整天,都不要谈论起自己。
		(2)穿着打扮尽量不要引起他人的注意。
		(3)想一件你的朋友比你做得好的事情,并就此向他/她表示赞扬。
	谨慎	(1)除了说"请"或"谢谢"之外,说任何一句话之前先思考两遍。
		(2)驾驶时,保持车速低于最大限制车速五公里每小时。
		(3)吃甜点之前,问一下自己"为这个东西而发胖,值得吗?"
	自我调节	(1)开始一项训练计划,并在这一周的每天都坚持进行。
		(2)避免背后议论或说别人的坏话。
		(3)即将失去耐性而发火时,请从 0 数到 10,必要的时候,多重复几次。

续表

精神卓越	对美的欣赏	(1)去参观一间你并不熟悉的艺术馆或博物馆。
		(2)开始记录美丽日记,每天写下你所看到的最美丽的事物。
		(3)至少每天一次,停下来发现美丽的瞬间,比如日落、一束花、小鸟等。
	感恩	(1)记录你说"谢谢"的次数,并试着在这一周内增加说"谢谢"的次数。
		(2)每天即将结束时,写下三件进行顺利的事情。
		(3)写一封感谢信并把它寄给一个人。
	希望	(1)想一下过去失落的地方,以及它可能带来的机遇。
		(2)写下你下周、下月及下年的目标,然后制订详细的计划去实现它们。
		(3)讨论你的消极想法。
	幽默	(1)每天至少让一个人微笑或大笑。
		(2)学习一种小魔术,表演给你的朋友看。
	虔诚	(1)每天,想一下你生活的目的。
		(2)在每天开始的时候,进行冥想。
		(3)参加一项你并不熟悉的宗教服务活动。

五、积极特质与幸福研究的进展

在人格的研究中,并未特别强调过人格特质的积极与消极的功能或价值,也未对其进行过此种分类。积极心理学家首次提出"积极特质"这一概念,以特质论的观点发展了一个建构在品质(character)和美德(virtues)层次上的分类体系,用于探究存在于个体内的品质优势(character strengths),尝试从个体优势(strengths)的角度去界定积极特质。特别指出,在积极心理学的研究领域,个体的积极特质与品质优势一词交互使用。

(一)品质优势与幸福

积极心理学家将品质界定为使我们能认识与了解美好生活特性的积极特质,它包括两种同等基本的形式——不好的品质与良好的品质(good character）。积极心理学关注个体良好的品质，通过讨论确认人类品质上的优势，发展测量工具使人们能够了解自身品质上的优势，鼓励人们培养并善用这些优势以实现美好而有意义的生活。而品质又是个体获得美德的途径，是界定美德的过程或机制的心理成分。美德作为道德哲学家及宗教思想家所重视的核心特性，被积极心理学家定义为：使人一致地思考与行为，以致对他自身及社会产生利益的心理历程。

积极心理学家还应考虑品质优势的复合性。Park、Peterson 和 Seligman 研究证实，积极特质可反应在认知、情感与行为上。这三者间彼此的关系不是单独运作，而是彼此交互影响。在 24 种积极特质中，一些积极特质是只包含了认知、情感或行为中任一的单一成分，而另一些积极特质却是包含了认知、情感或行为中两种或三种的复合成分。当然，不同研究者提出的品质优势均有所不同。Peterson 和 Seligman 也指出，除了上述提及的六种美德和 24 种品质优势的主要构成分析外，仍可能存在其他美德和品质优势有待进一步发现和扩充。

亚里士多德说，生活满意度是美好生活的一个指标，其与某些性格优势是相连的。因此，好的特质是否会产生高的生活满意度，这一问题的答案显然是肯定的。至少研究一致证实，希望和爱会使人产生高的生活满意度。当前的研究对于优势推动幸福来说，意义重大。培养性格优势，产生美好生活的尝试—性格优势教育、生活指导、青少年发展计划（Berkowitz，2002；Kilburg，1996；Roth & Brooks-Gunn，2003），应该从 24 种优势中，选择某些优势作为最基本的培育目标。我们可以从现有的文献中，找到培育感激和希望的方法，但爱、好奇心和热情的培养方法却寥寥无几。因此，今后我们需要研究培养其他优势行之有效的方法，进而发挥更可能多的优势对幸福的推动作用。

目前，如何使性格优势促使人更好地工作的研究才刚刚起步。在工作中，使员工的优势得以展现，不但会使员工更喜欢他的工作，还会使员工觉得例行公事的枯燥工作变得有生气了。此外，学者 Harzer 和 Ruch（2015）通过使用 214 名员工（包含多种职业）和 175 名护士这两个样本研究了积极特质与压力倾向性应对（指个体对压力所采取的习惯性应对方式）、工作满意感之间的关系。研究表明:整体上,积极特质与积极应对策略(能够有效减少或消除压力的策略,分为三类:防御、转移注意力和控制)正相关,与消极应对策略(如逃避、社会退缩、自怜、自责等)负相关;积极特质在压力与工作满意感之间起调节作用,即积极特质能够有效缓解压力对工作满意感的负作用,从而减缓员工因压力而导致工作满意感的下降。其中,智慧与三种积极应对策略高度正相关;与防御和转移注意力这两个积极应对策略相比,情感优势与控制这一积极应对策略的关系更强。因此,在当今社会,竞争压力与日俱增,如何培育特质优势促使个体有效应对生活压力、工作压力,提高个体的积极情感、工作效率及幸福体验,则显得至关重要。

积极特质的研究样本大都是成年人,而成年人基本上是一个完全社会化的人,而且性格特质已基本形成,虽然经过训练或学习,也可以发生一定的变化,但总体上较难,而积极特质对于终身幸福而言又是如此重要。所以,我们的学者更应该研究成年以前的个体,了解积极特质是如何变化的,与此相应的是如何进行积极特质的开发与培养。

减少疾病和创伤等不好的事件,其实就是在增进幸福,正如我们常说"健康是福""健康是最大的财富"。有研究表明,特质优势与创伤和疾病存在相关性。Peterson(2008)通过互联网调查了1739名成年人,发现创伤事件的数量与理智和人际的相关优势是相关的。Seligman(2006)通过网络调查了2087名成年人,发现身体疾病史与对美的欣赏、勇敢、好奇心、公正、宽容、感恩、幽默、善良、热爱学习和虔诚等优势相关,虽然相关较小,但是很牢固;心理障碍史与对美的欣赏、好奇心、创造性、感恩和热爱学习等优势相关;疾病史与生活满意度负相关,但仅限于那些没有恢复的个体;就身体疾病而言,那些具有勇敢、感恩、幽默等优势的个体受到的影响较小,生活满意度降低较少,而对心理障碍来说,具有对美的欣赏和热爱学习等优势的个体,其生活满意度受到的影响较小。从这些研究中可以发现,特质优势对于创伤与疾病恢复是有益的,因而,如何将优势的开发应用到临床治疗中,也是学者需要关注的重大课题。

在积极特质方面,积极心理学研究得较多的是乐观这一人格特质。乐观是个体期望社会或事物能给自己带来社会利益或愉悦感时所伴随的心境和态度。如果说主观幸福感是个体对于过去生活感到满意从而产生主观幸福体验的话,那么乐观就是个体对未来的积极看法与感受。具备乐观主义特征的个体倾向于对事物做出正向的推测,持有积极生活态度,这种推测和态度能够带给人们愉悦的心境,从而能使个体体验到更多的幸福感。乐观是一种人生态度,不管遇到什么样的困境,个体都能够采用积极的态度来解决目前的状况,把消极转变为积极,把悲观转变成乐观。从组织健康的角度看,如何选择和培养乐观的员工,对于建立健康的组织,具有重要意义。

(二)美德与幸福

大多数宗教也在主张发扬人类的很多美德,这些美德在 Peterson 和 Seligman(2004)的《性格的优点和美德》以及 Snyder 和 Lopez(2007)的《积极心理学手册》中得到了确认。同时,Peterson 和 Seligman 注意到,"从广义上来讲,宗教性也和人类的一系列美德,包括宽恕、仁慈、善意和同情,有经验上的联系"。

有神论者假设人类的能力是有限的,人类是容易犯错的动物,因而谦卑是人类内在固有的属性。Emmons(1999)说:"谦卑,这是要对自己有一个准确的认识,而不是贬低自己。这是保持自己的才能以及正确地取得成就的能力",同时也是了解自己的缺点,避免自大和自嘲的能力。Tangney(2002)研究表明,自恋的人对人际关系中的困境十分敏感,容易愤怒,难以宽恕。Tangney 补充道,从谦卑中,我们可以得到"对待新观点,具有争议性的信息、建议的开放心态"。

Peterson 和 Swligman(2004)的宽恕研究表明,宽恕不是否认,最小化,找借口,纵容或遗忘。相反,宽恕、培养、同情等积极的亲社会行为,这些行为能取缔带给人伤害的和痛苦的思想、动机、情绪和行为(McCullough & Witvliet,2002)。尽管并非总是可能的或明智的——如虐待或忽视——宽恕在一般情况下能导致和解——一段破碎关系的恢复。在实验室和临床干预研究中,宽恕也和提升的情绪和身体健康联系在一起(McCullough & Witvliet,2002)。

感恩是"一种惊奇之感,一种感激之情,一种对生命的赞赏",Emmons

和 Sheldon(2002)说道。他们补充说道,它是被人们高度赞扬的一种人类的性情。Peterson 和 Swligman(2004)发现"定期参加宗教服务和从事宗教活动,如祈祷或者阅读宗教材料的人更有可能拥有感恩之情"。和反复思考延长和加强抑郁一样,细数某人的幸事能提升幸福感。要求学生每周写一篇关于他们感激的事情的日志,结果 Emmons 和 Sheldon(2002)报告他们"对他们的整体生活感觉更好"。和上面一样,在他们的跟踪研究中,也是让参与者每天写感谢日志。

同情和与之相关的"仁慈,慷慨,养育,关心……以及无私的爱"是"自我朝向他人"的积极性格特质(Peterson & Sheldon, 2004)。Schwartz 和 Huismans(1995)发现,具有高度宗教性的人往往不那么享乐主义和自我导向:"宗教鼓励人们超越日常存在去寻求意义……劝导人追求比个人欲望更宽泛的行为原因。而与之相反的方向,即自我放纵的物质主义,则是在物质实物的追求和消耗中寻找幸福。"

美国全国民意研究中心(2006)调研发现,每星期都参加公益服务或者次数更多的人认为"志愿花一些时间服务社会"是一种"重要的义务"的人(39%)比那些不那么认为的人(27%)更有可能报告说他们"非常快乐"。Mother Teresa 注意到"没有什么比你向那些受重伤的人伸出援手更加快乐"(Teresa,1968)。为了检测这一观点,Rimland(1982)要求 216 学生列出他们最了解的 10 个人的名字的首个字母,得到约 2000 人的大名单。然后 Rimland 让学生们指出名单中的每个人看起来是否快乐,以及每个人看起来是更自私(主要精力用于谋求他或她自己的福利)还是更无私(愿意为他人而放弃自己的利益)。引人注目的结果是:70%的被判断为无私的人看起来很高兴,95%的被判断自私的人看起来不幸福。自相矛盾的是,那些把寻求自己的幸福放在首位的人反而拥有更少的幸福感。

第 五 章

"工作投入"增进幸福力量

工作对大多数人的个人认同感非常重要。当被问道"你做的是什么？"这样一个宽泛的问题时，大部分人都会回答他们的职业。在世界上许多种语言里，都有很大一部分姓氏是基于职业的（如在英语中的一些例子：archer，baker，carpenter，cooper，farmer，goldsmith，hooper，mason，porter，roper，sawyer，taylor，weaver 等）。很多未退休的人把大部分清醒时间都花在了工作上。因此，对主观幸福感的研究如果不考虑工作中的幸福感将是不完整的。

除了对同一性的重要性，工作态度值得考虑还有以下原因。第一，被广泛调查的工作态度——工作满意感——可能是工业/组织心理学历史上研究得最多的主题（Judge & Church，2000）。第二，在组织学里，工作满意感在众多个人态度及行为的理论模型中都是重要内容。第三，工作满意感的研究对于提高个人生活和组织效率有实际应用价值。

一、工作满意感

对工作满意感的定义有很多。但是，在组织学研究中最常用的是Locke（1976）的定义，他将工作满意感定义为"个体源于工作或工作经历的愉悦感或积极的情绪状态"。在此基础上，Hulin 和 Judge（2003）指出工作满意感包含了对工作的多种心理反应，这些反应包括认知（评价性的）成分、情感（或情绪性的）成分以及行为成分。对工作满意感的这种三维定义很好地契合了社会态度的典型定义（Eagley & Chaiken，1993）。但是这种观点存在两个明显的不足之处。

首先,Hulin 和 Judge(2003)认为,尽管工作满意感与工作行为有中等强度的相关,但是社会态度通常很难预测具体行为(Eagley & Chaiken,1993;Fishbein,1980;Wicker,1969)。如果工作满意感是一种社会态度,那么我们怎么来解释这种明显的不一致? 在我们讨论工作满意感的结果时还将深入探讨这个问题,有一种可能的解释是:对工作者来说,工作满意感比研究中测量的那些典型社会态度更加重要和易测。比如说,对工作不满意的认知和情感结果有可能渗入和影响一个人从醒来那一刻到下班回家之间的所有想法(甚至可能蔓延到非工作领域)。平均来看,对一个政党或市场营销活动的态度就可能没有那么重要。

其次,虽然大多数研究者对工作满意感的定义包含了情感,但工作满意感的评估工具更多地反映了认知而非情感方面的状况。这种偏向性使得有人认为情感成分的缺失充分损害了已有测量的有效性,因而建议开发一些全新测量工具(Brief & Weiss,2002;Weiss,2002)。

(一)工作满意感的测量

大多数研究者认为工作满意感是一个整体概念,它由多个方面的内容组成或表示。最典型的分类方法(Smith,Kendall & Hulin,1969)把工作满意感划分为 5 个方面:薪酬、晋升、同事、管理和工作本身。Locke(1979)又增加了其他一些内容:认可度、工作环境以及公司和经营管理。研究者常把工作满意感分为内在因素和外在因素,薪酬和升职被认为是外在因素,同事、管理和工作本身则是内在因素。

在测量文献中,不同测量术语("组成"、"表示")的使用通常表示了一个概念的不同含义。具体地说,使用"组成"时通常把一个概念看作是清楚明确的、聚合性或构成性的,它的具体方面或项目产生了这个概念。相反,使用"表示"通常是指一个潜在的或反映性的概念,由下属级别和项目来表示一个更高级别的概念。尽管文献(Law,Wong & Mobley,1998)中经常提议要清楚地界定概念,但我们认为错误的选择也可能造成很大的困惑。比如说,概念可以是清楚明白的,也可以是潜在的不明晰的,这取决于研究者怎样看待它们。显然,当我们考虑到了工作满意感的各方面内容,它就是一个清楚明确的概念,整体的工作满意感是由不同领域的具体满意度构成的。但是,工作满意感也是一个潜在的概念,有可能是人们对工作的整体态度使得具体满意度与之呈正相关。因此我们认为,将错误的两分法引入文献研究无益于工作满意感含义和测量的发展。

将这一点铭记于心的同时,我们有必要对另外两个问题进行讨论。首先,我们希望重复之前讨论过的一个内容,即情感在工作满意感测量中的角色以及它对工作满意感研究及测量的启示。其次,讨论实际研究中怎样对工作满意感进行测量。

情感对定义工作满意感或广义上的工作态度是非常重要的。但是,对情感的这种认识给研究者们带来了一些问题。Brief 和 Weiss(2002)、Hulin和 Judge(2003)在工作满意感文献中指出,情感反应可能是短暂而偶然的状态变量而非持久的类似特质的变量。Diener 和 Larson(1984)也在主观幸福感文献中提出了类似观点。对情感的测量应该反映它的状态性、偶然性。否则,我们会陷入一个方法上的困境(Larson & Csikszentmihalyi,1983),即研究新理论的命题所采用的方法和分析仅仅满足过去理论模型的需要。

在某种程度上,我们是在讨论研究设计的问题。这个问题已经被探讨,并且通过事件信号方法(ESM)或生态瞬时评估(EMA),以及结合被试内和被试间效应的多层次统计分析得到了部分的解决(Bryk & Raudenbush,1992)。ESM 设计表明,当工作满意感的测量以经验样本为基础,那么约有1/3 至 1/2 的变异可归为个体差异。可见,典型的"一次性"被试间设计没有考虑个体差异对工作满意感的极大影响,而是把它当作瞬时误差。

然而另一个可能更具争议性的问题是,现有的测量方法是否不太适合评估工作满意感的情感方面。这是一个复杂的问题,由于篇幅限制这里仅作一些粗略思考。第一,区分认知和情感的测量是很困难的,甚至可能是无法解决的。Isen 及同事(如 Ashby,Isen & Turken,1999;Isen,2002,2003)在论及积极情感时反复提到这一点。的确,即使是神经成像技术如磁共振成像(MRI)、功能性磁共振成像(fMRI)和正电子放射断层扫描(PET)等对认知和情感过程的区分也不够敏感。神经成像技术尚且不能达到这一点,无法想象调查测量方法可以更敏感地进行区分。第二,研究者对于开发"工作情感"的测量工具以将它与"工作认知"区分开来的态度是半信半疑的。如 Brief 和 Roberson(1998)认为,工作情感应该从工作满意感中分离出来进行评估,因为后者过于关注认知因素。但是,Brief 和 Roberson 的测量结果表明工作认知和情感的相关与工作满意感的一样强。另外一个研究(Weiss,Nicholas,Daus,1999)表明了认知和情感对工作满意感的贡献(大致相等)。可能这里能给出的最好建议是,对各个心境和情绪的研究应该与工作满意感一起继续下去。分别测量与工作满意感有关的心境(积极和消极情感)或具体情绪而不把任何错误的二元关系强加于认知和情感才是明智的。

必须清楚,我们并不反对在工作满意感背景下研究情感和认知,我们反对的是:(1)将工作满意感界定为要么是认知的要么是情感的;(2)需要开发新的包含情感因素的工作满意感测量工具或用"工作情感"的测量代替对工作满意感的测量。认知和情感概念可以帮助我们更好地理解工作满意感的本质,但是它们不能替代工作满意感,正如一具尸体的各个部位不能替代一个活人。

在测量工作满意感的实践中,文献表明被广为认可的两种员工态度调查工具是工作描述指数量表(JDI;Smith 等,1969)和明尼苏达满意度问卷(MSQ;Weiss,Dawis,England & Loftquist,1967)。JDI 从工作的五个方面来评估满意度:薪酬、升职、同事、管理和工作本身。这个指数的信效度都较高。MSQ 的优势在于它的多样性——形式上有长有短,内容上既有某一方面测量的又有整体的测量。

对工作满意感的整体测量通常使用的是 Brayfield 和 Rothe(1951)的工作满意感量表。在我们的一些研究中(如 Judge,Bono & Locke,2000)我们使用了该量表的五个项目,它们的信度较好(如内部一致性系数 $\alpha \geqslant 0.80$)。这五个项目是:A.我对目前的工作相当满意;B.大部分时间我对自己的工作有热情;C.工作的每一天都特别漫长(似乎永远不会结束);D.我在自己的工作中找到了真正的乐趣;E.我觉得自己的工作相当不愉快。

另外两个涉及工作满意感的问题也值得考虑。第一,某些测量工具如

JDI 是从几个具体方面来进行评估而另外一些测的是整体的满意度。如果是基于几个具体方面的测量,那么整体的工作满意感一般被认为是这几个方面的总和。Scarpello 和 Campbell(1983)发现,有关工作各方面的每个问题的与整体工作满意感的测量相关不大。基于此,他们认为这两种测量测的并不是同一个概念。换句话说,即整体不等于各个部分的相加。Scarpello 和 Campbell 总结道:"在实践中通常用各方面满意度的总和来评估整体的满意度,但当前的研究结果表明这种做法是不正确的"。通常说来,各个测量项目与对该概念的独立测量之间的相关性都不是很高。如果使用工作满意感的某一方面(而不是工作满意感的某一项目)来预测整体的工作满意感,那么相关性就会高很多。例如,使用 JDI 来预测整体满意度的测量,其复相关 r=0.87。经过校正后该系数与 1 非常接近。如其他论文所指出的(Judge 和 Hulin,1993),工作满意感各方面的相关足以表明它们测量的是同一个概念。因此,对工作满意感的整体测量和基于各方面得分的测量可能并没有什么差异。

第二,虽然大多数研究者都假设单一项目的测量并不可靠因而不应该使用,但是这种观点也受到了一定的挑战。Wanous、Reichers 和 Hudy(1997)发现,工作满意感单一项目的信度是 0.67。通用面评量表(G.M. Faces Scale)是另外一个针对工作满意感的单一项目测量工具,它要求个体从五个选项中选出最符合其整体满意度的一个(Kunin,1955),信度约为 0.66。虽然这些项目有一定的信度,但是它们的信度要低于大多数多项目测量工具。如,Judge、Boudreau 和 Bretz(1994)曾使用 3 个项目来测量工作满意感,项目间的一致性 α=0.85。这些项目分别是:A.综合考虑所有因素,你对目前的工作满意吗? B.整体上你对工作的满意度是(选择一个)?(1)非常不满意;(2)有些不满意;(3)一般;(4)有些满意;(5)非常满意。C.请你用百分比来评估对目前工作感到满意、不满意和一般的平均时间。这三个数据的总和应约等于 100%。平均来说,我对目前的工作感到满意的时间约占_____%(只记录该数据);我对目前的工作感到不满意的时间约占_____%;我对目前的工作感到一般的时间约占_____%;总计_____%。在实际应用中,在总和之前这些项目需要先标准化。虽然这个测量不能替代那些包括丰富内容的多维度测量工具,但是我们相信它能有效地测量工作满意感,并且比那些单一项目测量工具更为可靠。

(二)关于工作满意感的理论

在组织学文献中有一些理论讨论了工作满意感的原因。这些理论可以大致被分为三类:其一,情境论,该理论假设工作满意感取决于工作本身或是环境中的其他方面;其二,先天倾向性的观点,它们假设工作满意感取决于个体的人格构成;其三,交互论,该理论认为工作满意感是环境和人格因素交互作用的结果。

在心理学的各领域中,有些理论一直没有经过认真地实证研究,如Salancik 和 Preffer(1977,1978)的社会信息加工取向,有些理论曾经兴起而后被摒弃,如 Herzberg(1967)的两因素理论或是广为支持的工作满意感理论,也有一些理论在沉睡多年以后被重新研究,如 Landy(1978)的对抗加工理论最近被重新评价(Bowling, Beehr, Wagner & Libkuman, 2005)。接下来我们关注几个得到研究者较多注意和支持的理论。

1. 职务特征模型

职务特征模型(JCM)认为包含内在激励特征的工作可以产生更高的工作满意感(Hackman & Oldham, 1976)。一个激励性的工作有五种核心的职务特征:(1)任务同一性(task identity)——员工可以从头到尾看到自己工作的程度;(2)任务重要性(task significance)——工作被认为有重要意义的程度;(3)技能多样性(skill variety)——职务允许员工完成不同任务的程度;(4)自主性(autonomy)——员工可以掌控和自行决定怎样执行工作的程度;(5)反馈(feedback)——工作本身对员工绩效的反馈程度。根据这一理论,具有这些核心特征的工作更令人满意也更具激励性。这些核心职务特征产生三个重要的心理状态——体验到工作的意义、工作的责任以及对实际结果的了解,这些又反过来促成了一些结果(如工作满意感)。

该模型的基本假设,即核心职务特征使工作更令人满意得到了间接和直接的支持。从间接证据来看,对各组织不同类型工作的多年研究表明,当

员工被要求评估工作的不同方面如管理、薪酬、晋职机会、同事等,工作本身
几乎总是被当作最重要的方面(Judge & Church,2000;Jurgensen,1978)。在
薪酬、升职机会、同事、管理和工作本身这几个工作满意感的主要方面中,对
工作本身的满意度与整体的工作满意感及其他重要方面(如员工的维持)
总是有最高的相关(如 Frye,1996;Parisi & Weiner,1999;Rentsch & Steel,
1992;Weiner,2000)。关于职务特征和工作满意感的直接研究得到了一致
的积极结果。如,Frye(1996)报告职务特征和工作满意感分数之间的相关
为 0.50。

JCM 起初是一个纯粹的情境模型,后来 Hackman 和 Oldham(1976)对
其进行修改以解释两个有着相同工作、体验到相同工作特征的员工为什么
会有不同的工作满意感。成长需求的强度(GNS)———一种员工对个人发展
的渴望——作为职务特征和工作满意感之间中介因素被增加到了模型里。
根据这个模型的交互作用形式,职务特征使那些在 GNS 上得分较高的员工
感到满意。实证研究支持了这种观点:与那些 GNS 得分较低的员工相比,
工作特征与 GNS 得分较高的人的工作满意感有更强的相关(分别为 $r=$
0.38 和 $r=0.68$)(Frye,1996)。但是需要指出的是,对那些 GNS 得分较低
的人而言,职务特征与他们的工作满意感也是相关的。

2. 价值—知觉理论

Locke(1976)认为,个体的价值观决定了工作中满足他们的是什么。
只有那些没有得到满足并且对个体很重要的工作价值才使人感到不满意。
根据 Locke 的价值—知觉模型,工作满意感可以用下面的公式来表示:

$S=(Vc—P)×Vi$ 或 满意度=(想要的—已有的)×重要性

在这个公式中,S 表示满意度,Vc 是价值内容(想要的数量),P 是知觉
到的工作价值,Vi 则是指该价值对个体的重要性。这样一来,价值—知觉
理论的观点是,想要的和已得到的两者间的差异只有在对个体意义重大的
时候才会让人不满。当个体评估工作满意感时会考虑多个方面,工作每一
方面的认知积分被反复计算。根据各内容对个体的重要性分别赋予权重,
整体的满意度通过对所有工作内容的累加来评估。

价值—认知模型在表述工作满意感时考虑了员工的价值观和工作成果。该模型的独特优势就在于它强调了个体价值观和工作成果的个体差异。但是,价值—认知理论的一个潜在问题是一个人渴望的(Vc 或想得到的)和他认为重要的(Vi 或重要性)可能是高度相关的。此外,使用权重可能是不合适的,除非权重的测量有很高的信度。这个模型还忽视了外在因素的影响,如保持工作的花费以及现在和以前的社会、经济或组织环境等。

3. 先天倾向性的观点

在过去的 20 年里,先天倾向性的观点一直是研究工作满意感原因的主流。Judge 和 Larsen(2001)曾回顾,这些研究既有间接的——不经过人格测量来推断工作满意感的先天倾向性,也有直接的。我们对这两种类型的研究做一个简短的回顾。

(1)间接研究。

Staw 和 Ross(1985)通过全国纵向调查(NLS)数据库发现,对工作满意感的测量在经过一段时候后还相当稳定(2 年后, $r=0.42$;3 年后, $r=0.32$;5 年后, $r=0.29$)。他们还发现,即使在 5 年的时间里换了老板和工作,工作满意感还保持着一定的稳定性($r=0.19$, $p<0.01$)。最后,作者发现先前的工作满意感比薪酬变化($b=0.01$, $t=2.56$, $p<0.01$)或职位的变化($b=0.00$)更好地预测了当前的满意度($b=0.27$, $t=14.07$, $p<0.01$)。在一个分开研究中,Arvey、Bouchard、Segal 和 Abraham(1989)发现,工作满意感在 34 对从小就分开抚养的同卵双胞胎中有显著的一致性。双胞胎整体工作满意感的组内相关系数(ICC)是 0.31($p<0.05$)。Judge 和 Larsen(2001)以及其他人(Gerhart,2005)指出,间接研究的问题是可以对结果做出其他解释。正如跨时间和工作的满意度相关系数可能反映了稳定的个人倾向性,它可能同样反映了工作上的相对一致性;那些有个好工作的人可能在后来也有个差不多的工作,这样一来即使个体换了工作,也不能排除对工作满意感一致性的情境解释。

(2)直接研究。

更多的最新研究把对人格特质的直接测量与工作满意感联系起来。这个领域的大部分研究都关注了四种类型中的一种:①积极和消极情感;②人格的大五因素模型;③核心自我评估;④其他情感特点的测量。与积极情感和消极情感(PA 特质和 NA 特质)相关的研究可能继承了工作满意感的间接研究。有理论认为 PA 与积极结果的相关性高于 NA,但是与此相反,Thoresen 等的(Thoresen, Kaplan, Barsky, Warren & de Chermont, 2003)元分析表明,NA 特质与工作满意感的相关要高于 PA 特质(分别为 $\rho = -0.37$,$\rho = 0.33$)。至于大五模型,Judge、Heller 和 Mount(2002)发现其中的三个特质——神经质、外向性和自律性——每一个都与工作满意感呈中等强度的相关:神经质 $\rho = -0.29$;外向性 $\rho = 0.25$;自律性 $\rho = 0.26$。

Judge、Locke 和 Durham(1997)引入了核心自我评价的概念。他们的基本假设是,核心自我评价是个体关于自己及自己运作的看法。Judge 等人认为,核心自我评价是一个广泛的人格概念,它由更多的具体特质组成,包括:①自尊;②一般自我效能感;③控制点;④神经质或情绪稳定性。Judge 和 Bono(2001)对每个核心特质与工作满意感之间的 169 个独立相关系数(N=59871)进行了元分析,当四个元分析整合成一个复合测量,整体核心特质与工作满意感的相关是 0.37。Judge、Locke、Durham 和 Kluger(1998)发现,一个基本的因果机制通过对工作特征的认知起作用,这个发现也推广到了对工作复杂性的客观测量(Judge, Bono & Locke, 2000)。

最后,在情感特征的其他测量方面,为了更加准确地测量工作满意感,Weitz(1952)引入了"抱怨指数",从而考虑了个体对生活各方面消极或积极感受的倾向。Judge 和 Hulin(1993)发现,员工对中性事件的回答与工作满意感相关,Judge 和 Locke(1993)重复了这个研究。然而,Judge 等人(1998)以及 Piccolo、Judge、Takahashi、Watanabe 和 Locke(2005)发现,与核心自我评价相比,情感特征对工作满意感变异的解释力较小。

有趣的是,Locke 的价值—知觉理论、职务特征模型以及气质取向的观点,它们在本质上一个是情境论(职务特征模型),一个是人格论(先听倾向性的观点),还有一个是人和环境的交互理论(价值—知觉理论)。这种结果可能会让人认为这些理论对工作满意感的解释是相互竞争的或是互不相容的,但是并非如此。Judge 等人(1997)在寻求解释核心自我评价与工作

满意感相关关系的过程中,提出工作本身的特征是它们的中介变量。Judge
等人(1998)发现,有积极的核心自我评价的个体知觉到了更多的工作内在
价值,Judge、Bono 和 Locke(2000)发现核心自我评价与职务特征之间并不
仅仅是一个知觉的过程——核心自我评价与复杂工作的实际获得有关。由
于工作的复杂程度等同于工作特征,因此这个发现表明,拥有积极核心自我
评价的个体会知觉到更富挑战性的工作、报告更高工作满意感的部分原因
是他们实际上拥有更复杂(因而有挑战性且内容丰富)的工作。Judge 及同
事的工作表明先天倾向性的观点和工作特征模型是彼此相容的。

(三)工作满意感的结果

有证据表明工作满意感与主观幸福感紧密相关。我们回顾的这些研究
都发现了工作满意感和生活满意度的显著关系(报告的相关系数为0.19到
0.49 之间)。研究者推断这种相关可能存在 3 种形式:(1)波及型
(spillover),即工作体验会影响生活体验以及其他领域;(2)分割型(seg-
mentation),即工作和生活体验被分割且互不影响;(3)补偿型(compensa-
tion),即个体通过寻求非工作生活等领域的满足和幸福来补偿一个不满意
的工作。Judge 和 Watanabe(1994)认为,这些不同的模型可能适于不同的
人,据此可以将人们分为三类。在一个全国的分层随机样本中,他们发现
68%的员工可归为波及性,20%的人为分割型,12%的人属于补偿性。因
此,大部分美国员工可能都是波及型,工作满意感会波及生活满意度。与该
模型一致的是,对文献的回顾表明工作和生活满意度呈中等强度的相
关——元分析结果显示平均"得分"的相关系数为+0.44(Tait, Padgett, &
Baldwin, 1989)。

工作是一个人生活中的重要部分,这样看来工作和生活满意度的相关
是讲得通的——一个人的工作体验会波及工作以外的生活。但是,也有可
能是一个相反的因果关系——工作以外的幸福生活影响了工作体验和评
价。实际上,研究表明工作和生活满意度之间的作用是相互的——工作满
意感影响了生活满意度,生活满意度也影响工作满意感(Judge &
Watanabe, 1993)。

工作满意感还与在工作场所的一系列行为有关。它们包括(1)出勤率(Smith,1977;Scott & Taylor,1985);(2)工作变更的决定(Carsten & Spector,1987;Hom,Katerberg & Hulin,1979;Hom,2001;Hulin,1966,1968;Mobley,Horner & Hollingsworth,1978;Miller,Katerberg & Rosse,1979);(3)退休的决定(Hanisch & Hulin,1990,1991;Schmitt & McCune,1981);(4)心理退缩行为(Roznowski,Miller & Rosse,1992);(5)亲社会及组织化公民行为(Bateman & Organ,1983;Farrell,1983;Roznowski 等,1992);(6)支持工会代表的投票(Getman,Goldberg & Herman,1976;Schriesheim,1978;Zalesny,1985);(7)对工会活动的预投票(Hamner & Smith,1978);(8)工作绩效(Judge,Thoresen,Bono & Patton,2001);(9)工作场所的不文明现象(Mount,Ilies & Johnson,2006)。

虽然工作满意感与一系列行为有关,但是相关都不是很大,一般在0.15—0.35之间。Fishbein 和 Ajzen(1974)曾指出,在态度与行为文献中出现的许多问题都源于态度和行为没有达到一致。获得态度与行为一致性的一种方法是通过具体的态度来预测具体的行为,就像 Fishbein 和 Ajzen 在研究中追踪的行动过程。举个例子,在一定的时间界限内,我们可能通过一个具体的行为意图(如打算戒烟)来预测具体的行为(如戒烟)。另一种途径是通过一般态度来预测一般行为。因为工作态度是个一般概念,如果我们扩大相关行为的概念范围,那么工作满意感和行为之间的相关可能就会增加。例如,Harrison、Newman 和 Roth(2006)发现一般工作态度(由工作满意感和组织承诺组成)和个体效率(由一系列工作场所行为组成的概念,包括焦点绩效、关系绩效、迟到、旷工和人员变更等)的相关($r = 0.59$)要高于一般工作满意感文献里报告的结果。

(四)今后对工作满意感的研究

在回顾了工作满意感的文献后,现在我们指出一些未来的研究方向。第一,如本书和其他主观幸福感文献(Diener,1984)中指出的,在工作满意感研究里关于认知和情感的影响还没有达成共识。虽然我们在测量部分已经表明了态度,但我们不把它当作一条"既定规则"——需要更多研究来了解认知和情感是怎样纠缠在一起的。我们更希望未来的研究能探讨认知过程中的重要问题,关注心境和情绪而不是停留在性质的测量上。例如,尽管情感事件理论(Weiss & Cropanzano,1996)有重要意义,我们仍然不太清楚什么情感事件对人们最重要,个体是怎样加工信息的,以及这些事件可能对认知、情感和行为产生什么影响。

第二,未来的另一个研究领域是目标在工作满意感中的作用。Diener(1984)在他的文献综述中指出,关于目标的观点已成为主观幸福感含义中重要的一部分。但是目标在幸福感中的作用尚不清楚。有些人认为明确的幸福目标可能很难实现(Gilbert,2006)。Mento、Locke 和 Klein(1992)的研究表明,目标虽然能提高绩效,但是可能导致不满意感,因为它要求人们达到一个更高的标准。另外,自我协调模型认为这与目标的类型有关——内在动机比外在动机更可能带来幸福感;这个观点在主观幸福感(Sheldon & Elliot,1999)和工作满意感(Judge,Bono,Erez & Locke,2005)文献中都得到了支持。因此,需要更多的理论和实证研究来探讨目标和工作满意感。

第三,研究内容涉及稳定性和变化的问题。在人格文献中,我们知道稳定性和变化共存(Roberts,Walton & Viechebauer,2006)。尽管稳定性会随着时间而下降,但人格具有较大程度的稳定性(Srivastava,John & Gosling,2003)。然而,变化也起作用——人格确实随时间而改变,且时间对每一特质的影响并不相同。例如,有证据表明随着时间的变化,人们的自律性提高而开放性降低(Srivastava 等,2003)。在主观幸福感的文献中也有类似的观点。显然,生活满意度存在基因基础,它通过基因对人格特质、能力、生理特征等的影响来起作用,基因的作用是强有力的,以至于有些人认为生活满意度取决于一个我们很少偏离的"设定点(setpoint)"(Heady & Wearing,1989;Lykken & Tellegen,1996)。然而,另外一些研究者认为,尽管某些事件对生活满意度的特征水平影响很小,但是某些时间可能对幸福感产生重大影响。如,虽然人们对婚姻会有一些适应行为,但是随着时间的推移人们会回到求爱期之前的设定点(见 Lucas & Dyrenforth,2005),离婚的时候这个适应过程方向相反,是部分而非完全适应(Lucas,2005b)。我们在这里讨论设定点的决定作用和重要事件对生活满意度的改变似乎与工作满意感研究没什么关系。但是,我们有理由相信这里的许多概念、观点和方法可以引入工作满意感的研究。

第四,Brickman 和 Campbell(1971)提出了"快乐水车"(hedonic treadmill)概念,人们确实对好或坏的事件有强烈的反应,但是随着时间的推移他们会适应这些事件并回到最初的幸福水平。Diener(2000)认为对这种适应效应的一种解释是,人们会根据新的信息不断地调整他们的期望和目标。假如一个人涨薪水了,他或她会迅速调整期待并在心理上"花费"了这些奖励。尽管适应效应比较普遍,但是显然人们不能完全地适应所有环境。Diener、Lucas 和 Scollon(2006)报告,根据两个纵向研究的数据 Lucas(2005a)发现,突然致残的人在 7 年后测得的生活满意度与致残之前 7 年的数据相比显示出较多的下降,并没有随时间表现出什么适应(回到致残前的生活满意度水平)。Diener 等人(2006)在考察了适应积极和消极事件的证据后,总结道:"适应可能非常缓慢,在某些情况下这个过程永远也不会完成"。虽然有些主观幸福感研究考虑了一些工作事件如失业,但是组织心理学里很少从这个角度进行研究。显然,将它们联系起来并不困难。

第五,Judge 和 Church(2000)指出,各组织在多大程度上采纳了"工作满意感"这个术语,各干预措施在多大程度上是基于工作满意感的理论和研究都是不一致的。工作满意感很少作为一个组织的核心价值观、基本信念、核心竞争力或者指导原则,也很少在流行的商业书籍里被直接提及。Judge 和 Church(2000)对专业人士(大部分人属于人力资源行业)进行了一个调查,了解他们所在组织对工作满意感及其重要性的一般认知以及这个术语的使用情况。约一半的专业人士表示工作满意感作为一个术语和单独的概念很少被提及或考虑。当继续问到对当前理论和研究的应用时,情况更加不容乐观。大多数专业人士指出在他们的组织内很少参考或重视这些研究。研究者和组织对工作满意感的看法存在实际差异,考虑到工作对幸福感的重要意义,大多数研究者可能被"潘格罗斯式"的信念所束缚:我们相信组织需要重视工作满意感和员工的幸福感,它们就会这样做。但是经理们和主观幸福感研究者的看法不一定是相同的。

第六,我们看到心理学和经济学之间的鸿沟正在被逐渐联系起来。例如,有些经济学家正利用神经科学来研究哪些脑活动与经济决策相关(Camerer,Loewenstein & Prelec,2005)。Kahneman 和 Krueger(2006)将一些经济学概念引入到了幸福感的研究。但是,除了研究劳动力市场环境在多大程度上影响了个体辞去不满意的工作(Iverson & Currivan,2003),工作满意感研究很少使用了经济学概念。虽然 Cornell 模型结合了经济学和心理学概念,但是目前还没有对这个模型进行整体或局部的直接检验。这样的检验将会很有价值。

总而言之,工作满意感是一种重要的、长期形成的态度,它渗入到人们工作和工作以外生活的认知、情感和行为方面。这些特点突出了工作满意感的重要性,它是一个值得组织科学和幸福科学研究关注的概念。工作态度和主观幸福感的相互性突出了这样一个事实:如果对其中一个领域没有进行必要的考虑,那么对另一个领域的理解也不会完整。

二、工作幸福感

目前国内外关于幸福感的研究取得了丰硕的成果,尤其有大量研究都致力于探讨如何提升人类的幸福感,其中一项很重要的研究发现是:工作大大有利于提升人们的幸福感。比如,研究表明失业会导致人们的幸福感急剧下降,而当人们重新找到工作后,幸福感的水平才会得到恢复。同时,伴随着积极心理学的发展,积极组织行为学(POB)也致力于探讨工作场所中与员工幸福感以及绩效提升有关的积极心理和行为活动,比如,工作满意感、工作投入、工作中的积极情感等。

在这个背景下,研究者开始探索组织环境中员工的幸福感,即工作幸福感。过去 10 年间,关于工作幸福感的概念、理论模型、影响因素及干预措施等研究相继涌现,并取得了一定的发展。工作幸福感是主观幸福感在工作场所中的反映,以下主要对工作幸福感的研究现状进行梳理和总结,希望能对提升人们的工作幸福感提供一些指导和帮助。

（一）工作幸福感的概念

首先，关于工作幸福感的概念，不同学者提出了不同的看法。Bakker 和 Oerleman 将工作幸福感（work-related well-being）定义为，员工对自己的工作感到满意，以及能经常体验到一些积极情绪（如快乐、幸福），并较少的体验到消极情绪（如伤心、愤怒）。同时，根据情绪的环形模型（the circumplex model of affect），每种情感状态都包括快乐和唤醒两个维度。据此，Bakker 等提出工作幸福感的积极指标包括工作满意感（高水平的快乐体验，低唤醒水平）和工作投入（高水平的快乐体验，高唤醒水平），工作中的幸福感则意味着高水平的快乐体验和中等水平的唤醒（Bakker,2014）[1]。

Fisher（2010）[2]则认为工作幸福感是包括众多积极概念的宽泛结构，这些积极概念都与员工对工作的愉悦判断和工作中的愉悦体验有关，包括工作满意感、工作享受、工作卷入、工作投入、心流体验、工作积极情绪等。

国内学者邹琼,佐斌和代涛涛（2015）[3]在国外研究的基础上，将工作幸福感定义为：个体工作目标和潜能充分实现的心理感受及愉悦体验，是一个需要组织和个人持久努力和投资的动态过程，包括工作投入、工作满意感、心流体验、工作旺盛感、工作积极情绪等宽泛的结构。

尽管关于工作幸福感的定义不一，但广大学者普遍都认为工作幸福感包括工作满意感和工作投入，并且工作投入和工作满意感是工作幸福感的结构中最核心和使用最频繁的概念。

（二）工作幸福感的多水平测量

Fisher（2010）[4]认为，对工作幸福感的测量应该从 3 个水平上入手：暂

---

① Bakker, A. B., "Daily fluctuations in work engagement: An overview and current directions", *European Psychologist*, Vol.19, No.4, 2014, pp.227-236.
② Fisher, C.D., "Happiness at work", *International Journal of Management Reviews*, Vol.12, No.4, 2010, pp.384-412.
③ 邹琼、佐斌、代涛涛：《工作幸福感：概念、测量水平与因果模型》,《心理科学进展》2015 年第 4 期。
④ 同上。

时水平,个体水平和单元水平。暂时水平是当前情感工作事件对个体短暂时间内可能体验到的情绪的影响,与暂时水平的工作幸福感相关的结构包括状态工作投入、状态工作满意感、心流状态、工作中的离散情绪(如快乐、满足、愉悦等),这个水平的测量反映了"为什么员工某个时刻的心情比通常情况下更加愉悦,为什么员工有的时候有心流体验而有的时候没有?"等个体内部幸福感的实时波动;而组织环境中的大部分幸福感结构都是在个体水平进行研究,个体水平反映了工作幸福感在个体水平上的差异,这个水平的测量可以解释"为什么一些人在工作中比其他人更幸福",相关结构主要包括工作投入、特质情感、工作满意感、情感承诺等;单元水平的幸福感描述了集体如团队、工作单元或组织的幸福。这个水平的测量都基于集体成员的自我报告,包括集体工作满意感、团队情感氛围、单元水平的工作投入等。

不同水平的幸福感可能彼此相关,但不能说明幸福感与各个水平的变量有相同的关系,如 Xanthopoulou 和 Bakker 的研究发现,工作要求与特质工作投入呈负相关,而工作要求与状态工作投入正相关(邹琼等,2015)[1]。目前大量研究都着眼于员工幸福感的个体水平,并且研究较频繁地以工作投入、工作倦怠、工作满意感、作为员工工作幸福感的测量指标,其中工作投入和工作倦怠代表员工工作幸福感的情感体验的积极和消极方面,而工作满意感代表工作幸福感的认知评价层面。

最后,值得一提的是,近5年来,学者们开始将关注点从个体之间的差异转向个体内部的短期波动,如以日,周为单位,关注工作幸福感的动态测量。如许多学者采用日志研究的方法,对工作幸福感进行动态研究。Garrosa-Hernández、Carmona-Cobo、Ladstätter、Blanco 和 Cooper-Thomas (2013)[2] 以105名西班牙员工为被试,以日为单位,每天对研究变量测量三次(早上上

[1] 邹琼、佐斌、代涛涛:《工作幸福感:概念、测量水平与因果模型》,《心理科学进展》2015年第4期。

[2] Garrosa-Hernández, E., Carmona-Cobo, I., Ladstätter, F., Blanco, L.M., & Cooper-Thomas, H.D., "The relationships between family-work interaction, job-related exhaustion, detachment, and meaning in life: A day-level study of emotional well-being", *Revista De Psicologia Del Trabajo Y De Las Organizaciones*, Vol.29, No.3, 2013, pp.169–177.

班前,下午下班后和夜晚睡觉前)。研究发现员工每日的家庭—工作冲突、与工作相关的耗竭以及寻找生活的意义可以预测员工夜晚的消极情感;相反,员工每日的家庭—工作促进、心理脱离和存在的生活意义可以预测其夜晚的积极情感。同样是日志研究,Sanz-Vergel 和 Rodríguez-Muñoz(2013)[①]也发现了员工每日的工作享受可以影响其每日的幸福感。

(三)工作投入——幸福感的力量

1. 从工作倦怠到工作投入

首先,工作倦怠和工作投入在大量研究中都被用来作为工作幸福感的测量指标。而工作投入的提出源自工作倦怠研究的发展,作为工作投入的对立面,工作倦怠的研究已有相当长的历史,并且其相关研究已比较系统和完善。

1974 年,美国临床心理学家 Fredenbeger 首次提出工作倦怠(job burnout)一词,用来描述服务业中的工作人员因工作时间过长、工作量过大和工作满意感过低而导致的一种疲惫不堪的状态。Maslach 和 Jackson 将工作倦怠定义为"个体的一种情绪耗竭、人格解体和个人成就感降低的症状"。后来这一概念被修正为衰竭(exhaustion)、讥诮(cynicism)以及专业效能感低落(lack of professional efficacy)三个维度,其中衰竭被定义为心理资源的损耗,讥诮的定义是对自己的工作不关心并有距离感即工作懈怠(王晓春、甘怡群,2003)[②]。

大量研究表明,工作倦怠能够对个体的幸福感产生严重的负面影响。包括影响个体的工作态度,使其工作效率降低,导致工作绩效的下降,还会影响个体的身心健康,导致个体焦虑和抑郁程度的增高,甚至可能引发头痛

---

① Sanz-Vergel, A.I., & Rodríguez-Muñoz, A., "The spillover and crossover of daily work enjoyment and well-being: A diary study among working couples", *Revista De Psicologia Del Trabajo Y De Las Organizaciones*, Vol.29, No.3, 2013, pp.179–185.

② 王晓春、甘怡群:《国外关于工作倦怠研究的现状述评》,《心理科学进展》2003 年第 5 期。

和高血压等生理疾病,此外,工作倦怠还会对个体工作之外的家庭生活产生不良影响(陈晶、吴均林,2009)①。

随着工作倦怠研究的发展,研究者将目光转向工作倦怠这一消极心理的积极对立面——工作投入。作为工作幸福感的重要结构,工作投入在近十几年的研究中获得了众多的关注,其研究对于提升员工的工作幸福感具有重要的实践指导意义。

2. 工作投入的概念和测量

Kahn 是研究工作投入的先驱,受角色理论的启发,Kahn(1990)认为,工作投入(Job/Work engagement)是"组织成员控制自我以使自我与工作角色相结合"。当个体的工作投入较高时,便会将自己的精力投入到角色行为中(self-employment),并在角色中展现自我(self-expression)。

此后,不同学者提出了不同的看法,工作倦怠的主要研究者 Maslach 和 Leiter 将工作投入和工作倦怠视为一个三维连续体的两极,其中工作投入表现为高能量(high energy)、高卷入(high involvement)和高效能感(high efficacy),而相对的另一极则是工作倦怠的表现——衰竭(exhaustion)、讥诮(cynicism)和专业效能感低落(lack of professional efficacy)。工作投入高的个体具有高涨的热情和精力,能够全身心投入工作,也自信能够胜任工作,并能与工作中的其他人相处融洽;相反,倦怠高的个体则有一种和耗竭感和低效能感,并与工作及他人处于一种疏离的状态(李锐、凌文辁,2007)②。

Schaufeli、Salanova、Gonzalez-Roma 和 Bakker(2002)③不认同工作投入和工作倦怠处于一个三维连续体的两级的看法,他们认为工作倦怠水平低的个体不一定工作投入的水平就高,并将工作投入定义为个体的一种充满着持久的、积极的情绪与动机的完满状态,包括活力(vigor)、奉献

---

① 陈晶、吴均林:《工作倦怠理论与研究展望》,《中国健康心理学杂志》2009 年第 9 期。

② 李锐、凌文辁:《工作投入研究的现状》,《心理科学进展》2007 年第 2 期。

③ Schaufeli, W.B., Salanova, M., González-Romá, V., &Bakker, A.B., "The measurement of engagementand burnout: A two sample confirmatory factor analytic approach", *Journal of Happiness Studies*, Vol.3, No.1, 2002, pp.71–92.

(dedication)和专注(absorption)三个维度。活力是指具有出众的精力与韧性,愿意在自己的工作上付出努力,不容易疲倦,面对困难时具有坚忍力等;奉献是一种对工作的强烈卷入,伴随着对工作意义的肯定及高度的热情,以及自豪和受鼓舞的感觉;而专注则是一种全身心投入工作的愉悦状态,感觉时间过得很快,不愿意从工作中脱离出来。目前 Schaufeli 等的定义是学术界使用最广泛的定义(胡少楠、王詠,2014)[①]。

工作投入的测量广泛使用 Schaufeli 等(2002)开发的 UWES(Utrecht Work EngagementScale)。该量表共 17 个题项,活力维度有 6 个项目,例如"在工作中,我感觉迸发能量";奉献维度有 5 个项目,例如"我发现我的工作充满了意义和目标";专注维度有 6 个项目,例如"当我工作的时候,时间过得很快",该量表还有 9 道题的简版量表。量表计分按照 7 点评分进行。我国学者也证实了在我国文化背景下,该量表同样具有良好的信效度(胡少楠等,2014)[②]。

3. 工作投入的产生机制

工作—个人匹配理论和工作要求—资源模型在解释工作投入产生机制中应用较为广泛,但是这两个理论的解释比较宽泛。近几年,逐渐有研究尝试从自我决定理论的视角解释工作投入产生的详细动机过程,并取得了一些研究进展。

(1)工作—个人匹配理论。

Maslach 等人基于工作—个人匹配理论对工作投入过程中的个人与情境因素加以整合,用以解释工作投入和工作倦怠的形成机制,如图 5.1。当个体的情绪、动机或压力反应与工作环境持久匹配时,就会产生工作投入;反之,则会产生工作倦怠。个体与工作环境的匹配度可从工作负荷、控制感、报酬、团队、公平以及价值观等六个方面进行评定。个体与环境在这六

---

① 胡少楠、王詠:《工作投入的概念、测量、前因与后效》,《心理科学进展》2014 年第 12 期。

② 胡少楠、王詠:《工作投入的概念、测量、前因与后效》,《心理科学进展》2014 年第 12 期。

个方面匹配程度越高,工作投入的程度就越高;反之,工作倦怠的可能性就越高(林琳、时勘和萧爱铃,2008)①。

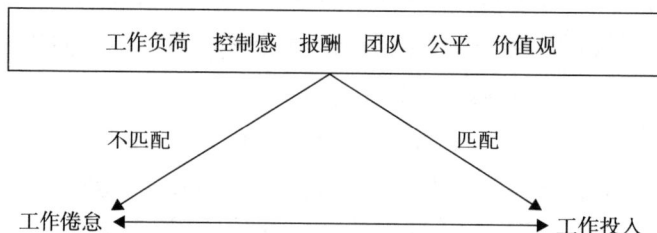

图 5.1　工作—个人匹配理论对工作投入的解释(Leiter & Maslach,2001)

资料来源:林琳、时勘、萧爱铃:《工作投入研究现状与展望》,《管理评论》2008 年第 3 期。

(2)工作要求—资源模型。

工作要求—资源模型(JobDemands-Resources model,JD-R model)也对工作投入的产生机制进行了阐述,该模型强调工作要求和工作资源,如图5.2。工作要求指的是工作的物理、社会和组织方面的要求,需要个体以生理和心理为代价,持续不断地在身心方面付出努力。工作资源指来自于工作的物理、社会和组织方面的资源,这些资源有益于实现工作目标,减轻工作要求,或者激励个人成长、学习和发展。该模型认为,工作要求和工作资源可以分别引发出两种心理过程,一种是健康损伤过程(health impairment process):持续的工作要求→耗尽员工精力→工作倦怠→损害健康;另一种是工作的动机过程(motivational process):可得的工作资源→激发员工工作动机→工作投入→积极的工作结果。

此外,研究者指出,工作资源通过工作投入产生的良好绩效所形成的资源还将影响未来的工作投入,最终形成资源、投入、和绩效的螺旋上升(邹琼等,2015)②。Xanthopoulou、Bakker、Demerouti 和 Schaufeli(2009)③的研

①　林琳、时勘、萧爱铃:《工作投入研究现状与展望》,《管理评论》2008 年第 3 期。
②　邹琼、佐斌、代涛涛:《工作幸福感:概念、测量水平与因果模型》,《心理科学进展》2015 年第 4 期。
③　Xanthopoulou, D., Bakker, A. B., Demerouti, E., & Schaufeli, W. B., " Reciprocal relationships between job resources, personal resources, and work engagement", *Journal of Vocational Behavior*, Vol.74, No.3, 2009, pp.235-244.

精力枯竭过程

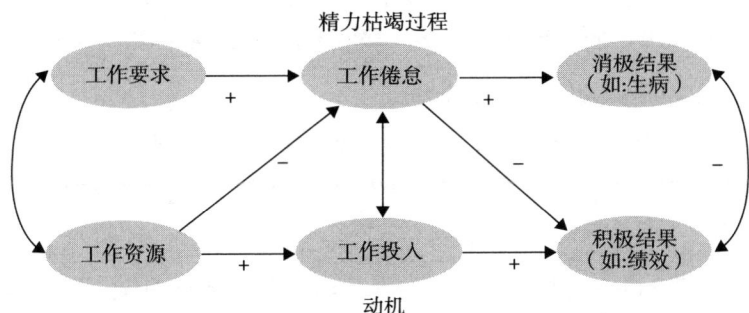

图 5.2　工作要求—资源模型对工作投入的解释(Schaufeli & Bakker,2001)
资料来源:林琳、时勘、萧爱铃:《工作投入研究现状与展望》,《管理评论》2008 年第 3 期。

究也表明,工作投入与个人资源(基于组织的自尊、信心和乐观)、工作资源(自主性、上级督导、社会支持、个人发展机会)三者之间具有互为因果的增益螺旋。

(3)自我决定理论。

近来有研究者在工作要求—资源模型的基础上,引入动机的自我决定理论(Self-Determination Theory,SDT),深入解释工作资源对工作投入产生影响的动机过程。实际上,自美国心理学家 Deci 和 Ryan(1985)提出了动机的自我决定理论之后,自我决定理论已发展成为对许多领域(如学校教育、体育训练、组织管理等)的人类行为活动具有指导价值的动机理论。自我决定理论认为环境因素通过满足人类的三种基本心理需要(包括自主需要、胜任需要、关系需要),促进内部动机和外部动机的内化,进而促进个体的工作行为和心理健康,即社会环境因素→基本心理需要的满足→内部动机和外部动机的内化→工作行为和结果(张剑、张建兵、李跃 &Deci,2010)[1]。

因此,研究者 Deci 和 Ryan(2000)指出工作资源能通过满足员工的基本心理需要提升其工作投入水平。Bakker 和 Demerouti(2007)也指出,除了应对工作要求,工作资源还可以通过满足员工的基本心理需要以及促进员

[1]　张剑、张建兵、李跃、Deci,E.L.:《促进工作动机的有效路径:自我决定理论的观点》,《心理科学进展》2010 年第 5 期。

工的内在动机,进而提升员工的工作投入水平(Van den Broeck,2008)①。Van den Broeck(2008)在工作要求—资源模型的基础上引入自我决定理论,研究发现,基本心理需要满足部分解释了工作要求(工作量、工作家庭冲突等)和精力枯竭的关系以及工作资源和员工活力(工作投入的一个维度)的关系,研究表明基本心理需要满足很可能是外部工作资源导致工作投入的潜在机制。也有研究以基本心理需要满足为中介变量,探讨组织环境中个别因素与工作投入之间的关系,如 Schreurs、Van Emmerik、Van den Broeck 和 Guenter(2014)②发现基本心理需要满足是团队水平的职业价值观和员工个人的工作投入之间的中介变量;Kovjanic,Schuh 和 Jonas(2013)③的实证研究发现基本心理需要满足是变革型领导方式和工作投入的中介变量。这些为自我决定理论解释工作资源导致工作投入的详细动机过程提供了实证研究的支持。

4. 工作投入的新近研究

(1)工作投入的短期波动。

随着工作幸福感的动态研究的兴起,关于工作投入在个体内部的短期波动的研究也逐渐增加。研究表明,员工每日感受到的工作资源和个人资源的改变可以导致其工作投入的波动,在员工有充足资源的日子里,他们便有能力更好地应对每日的工作要求(如工作压力、消极事件),并很可能将这些工作要求转变为挑战,从而减少工作倦怠,更易进入投入状态。并且,现在的员工有较多的工作控制,为了保持投入的状态,他们会主动优化工作

---

① Van den Broeck,A.W.,"Explaining the relationships between job characteristics,burnout, and engagement:The role of basic psychological need satisfaction",*Work & Stress*,Vol.22, No.3,2008,pp.277-294.

② Schreurs,B.,van Emmerik,I.H.,Van den Broeck,A.,& Guenter,H.,"Work values and work engagement within teams:The mediating role of need satisfaction",*Group Dynamics: Theory,Research,And Practice*,Vol.18,No.4,2014,pp.267-281.

③ Kovjanic,S.,Schuh,S.C.,& Jonas,K.,"Transformational leadership and performance:An experimental investigation of the mediating effects of basic needs satisfaction and work engagement",*Journal Of Occupational & Organizational Psychology*,Vol.86,No.4,2013,pp. 543-555.

环境,这种主动优化的行为被称为工作重塑(job crafting),工作重塑可以预测员工每天甚至每时每刻的工作投入水平。更为重要的研究发现是,员工每日的工作投入和恢复体验(recovery experiences)之间有互为因果的关系,而员工每日在工作时的投入和下班回家后的心理脱离(恢复体验的一个维度)之间的平衡具有重要作用,这很可能是员工获得持久的工作投入的重要原因(Bakker,2014)①(关于工作重塑和恢复体验的详细内容会在后面的章节具体介绍)。

(2)工作投入的新发展—工作激情。

在工作投入的相关研究大量涌现的同时,有研究者提出工作投入的概念存在一些问题,除了学术界没有对其形成一致的观点之外,工作投入还与其他概念,如工作卷入,组织承诺等较为成熟的概念有很多重合。另外,"投入"并不足以描述与社会认知理论中情感、认知、意愿和行为等因素的关系,因此,研究者提出以工作激情代替工作投入,认为这是一个超越工作投入但又能反映工作投入所包含内容的概念(Zigarmi,Nimon,Houson,Witt & Diehl,2009②)。

Zigarmi 等(2009)将工作激情(employee work passion)定义为个体所具有的来自于员工对工作和组织进行的评价的、持久的、充满积极情感的、有意义的健康或幸福状态。其中,评价指的是,所有能带来持久有利的工作意愿和行为的认知与情感评价。强烈的积极情感是伴随激情的产生而出现的一种体验。该定义包含了情感、认知和意愿三方面的因素,是工作激情概念中较系统、全面的定义(张剑、宋亚辉、叶岚 & ZakariaHocine,2014)③。

(四)工作投入增进幸福力量

研究者指出,在雇主和雇员的联系越来越松散的环境下,工作幸福感很

---

① Bakker, A. B., "Daily fluctuations in work engagement: An overview and current directions", *European Psychologist*, Vol.19, No.4, 2014, pp.227-236.

② Zigarmi, D., Nimon, K., Houson, D., Witt, D., & Diehl, J., "Beyond engagement: Toward a framework and operational definition for employee work passion", *Human Resource Development Review*, Vol.8, No.3, 2009, pp.300-326.

③ 张剑、宋亚辉、叶岚、Zakaria Hocine:《工作激情研究:理论及实证》,《心理科学进展》2014 年第 8 期。

可能是保留和激励未来高素质员工的重要力量(Fisher,2010)[1]。根据工作要求—资源模型,工作资源引起的工作投入可以产生众多的积极结果,研究表明,员工的工作投入能预测组织承诺、心理幸福感、角色外行为、客户满意度、工作绩效等变量。

1. 幸福感的螺旋上升——工作投入与工作满意感之间的关系

除了上述的积极结果,工作投入与工作幸福感的另外一个重要结构—工作满意感(job satisfaction)的关系的研究也是一个热点。与工作倦怠和工作投入相比,工作满意感具有最长的研究历史。1935年,Hoppck提出工作满意感是指员工在心理与生理等两个方面都对其所处的工作环境感到满意,是员工对其所处的工作环境的一种主观反应(冯缙,秦启文,2009)[2]。先前大部分研究都将工作满意感作为工作投入的结果变量,认为工作投入是产生工作满意感的原因(Simbula & Guglielmi,2013)[3]。

近几年逐渐有研究者提出,工作幸福感的情感体验(工作投入)和认知评价(工作满意感)是互为因果的关系,尽管根据工作要求—资源模型,工作投入会产生积极的结果,包括工作满意感,但是工作满意感高的员工也会表现出更高的工作投入。为验证这一说法,Simbula等(2013)以教师为被试,采用问卷调查法就工作投入和工作满意感(心理健康,组织公民行为)进行了长达5个月的纵向研究,结果显示,相比一般因果模型(工作投入为因,工作满意感为果)和反向因果模型(工作满意感为因,工作投入为果),数据分析结果更适用互为因果模型(工作投入和工作满意感互为因果),该研究为工作投入和工作满意感具有互为因果的关系提供了证据和支持。我

---

[1] Fisher,C.D.,"Happiness at work",*International Journal of Management Reviews*,Vol.12,No.4,2010,pp.384-412.

[2] 冯缙、秦启文:《工作满意感研究述评》,《心理科学》2009年第4期。

[3] Simbula,S.,& Guglielmi,D.,"I am engaged, I feel good, and I go the extra-mile: Reciprocal relationships between work engagement and consequences",*Revista De Psicologia Del Trabajo Y De Las Organizaciones*,Vol.29,No.3,2013,pp.117-125.

国学者吴伟炯、刘毅、路红和谢雪贤(2012)①以2280名教师为被试,研究也发现,工作满意感和工作投入之间存在互为因果的增益螺旋,即工作满意感与工作投入彼此相互促进,工作满意感的提高促进了教师的工作投入,而工作投入会使教师增加对工作资源和自身心理资源的关注,反过来又提高了工作满意感。

因此,工作满意感与工作投入之间相互促进、互为因果的关系也必将导致员工工作幸福感螺旋式的上升。

2. 工作投入与工作幸福感的外溢—交叉效应

工作投入及其带来的工作幸福感不仅能够使员工在工作场所中获得诸多的益处,也能使幸福感在个体的两个主要生活领域——工作领域和家庭领域之间进行传递。

解释这一详细过程的是Bakker和Demerouti(2013)②提出的外溢—交叉模型(The Spillover-Crossover Model,SCM)。外溢(spillover)强调在不同领域之间的传递效应,指个体在工作场所的体验可以外溢到家庭领域,此过程发生在个体内部;交叉(crossover)则强调同一领域中个体之间的传递效应,交叉效应发生在外溢效应之后。该模型认为,员工的工作体验可以外溢到家庭中,影响其在家庭领域的行为和情感,进而通过社会互动传递给家庭伴侣。根据工作要求—资源模型,工作要求产生的工作压力和倦怠会外溢到家庭领域,引起工作—家庭冲突,进而对家庭伴侣的幸福感产生消极影响。相反,工作资源产生的工作投入会影响员工下班后在家中的幸福感,并通过家庭互动传递给家庭伴侣从而引起家庭伴侣幸福感的提升。

这一模型得到了实证研究的支持,Rodríguez-Muñoz(2014)③基于SCM

---

① 吴伟炯、刘毅、路红、谢雪贤:《本土心理资本与职业幸福感的关系》,《心理学报》2012年第10期。

② Bakker, A.B., & Demerouti, E., "The spillover-crossover model", *New frontiers in work and family research*, New York, NY, US:Psychology Press, 2013, pp.55-70.

③ Rodríguez-Muñoz, A.A., "Engaged at Work and Happy at Home:A Spillover-Crossover Model", *Journal Of Happiness Studies*, Vol.15, No.2, 2014, pp.271-283.

采用日记研究的方法以50对西班牙夫妇为研究被试,研究发现,员工每日在工作场所的工作投入可以影响其下班后的幸福感,并间接影响家庭伴侣的幸福感水平。同样的,Sanz-Vergel等(2013)①的研究也发现,员工每日的工作享受(work enjoyment)会影响其每日的幸福感,并传递给自己的家庭伴侣,影响家庭伴侣幸福感的提升,也为工作幸福感的外溢交叉模型提供了支持。

三、如何增进工作幸福感——干预措施

工作幸福感的一个组成重要结构就是工作投入,因此要提高员工的工作幸福感,采取能提升员工工作投入的措施很重要。以下介绍近几年关于提升员工工作投入的几项干预措施。

(一)工作设计的新视角——工作重塑

1.什么是工作重塑

工作设计是管理领域实现组织高绩效的一项重要任务,传统的工作设计方式是管理者主导的自上而下的过程,即管理者为员工设计工作,员工则扮演着一个被动的角色。然而,由于员工是积极主动的个体,他们会自发的对自己的工作进行重新建构,所以,工作设计开始转向一种新的由员工主导的自下而上的方式——工作重塑。

Wrzesniewski和Dutton(2001)提出了工作重塑(job crafting)的概念:个体在其工作任务和工作关系方面所做的身体和认知上的改变。他们把工作重塑的行为分成了三种,分别为任务重塑(task crafting),即改变工作的范围、形式和数量;认知重塑(cognitive crafting),即改变对工作中任务和关系的感知方式;关系重塑(relational crafting),即改变与他人关系的数量和质量。Tims和Bakker(2010)则基于工作要求—资源模型,将工作重塑分为三

---

① Sanz-Vergel, A.I., & Rodríguez-Muñoz, A., "The spillover and crossover of daily work enjoyment and well-being: A diary study among working couples", *Revista De Psicologia Del Trabajo Y De Las Organizaciones*, Vol.29, No.3, 2013, pp.179-185.

种主动行为:第一,增加工作资源(increasing job resources),主动寻求更多的工作资源以应对工作要求;第二,增加挑战性的工作要求(increasing challenging job challenges),如果员工有足够的工作资源来应对工作要求,他们主动增加工作要求以提高工作的挑战性;第三,减少阻碍性的工作要求(decreasing hindering job demands),当工作要求超出了员工的能力,他们会减少工作要求以维护自己的身体健康(Chen,Yen & Tsai,2014①)。

在经济发展迅速和多变的今天,工作重塑能够帮助员工快速适应工作中出现的变化,并积极应对工作中随时出现的挑战,从而在变化中取得一种"战略优势"(Petrou,Demerouti,Peeters,Schaufeli & Hetland,2012②)。现有研究探索了工作重塑的影响因素和影响结果。其影响因素主要包括个体特征(如认知能力、主动性人格、自我效能感、自我调节等)和工作特征(如任务依存性、自主性、主管支持、社会关系等)。研究也发现,工作重塑能对组织中员工的态度和行为产生积极的影响,如工作重塑能够增加员工感知到的控制感,提升其自我形象,提高角色内绩效,也对工作满意感和组织承诺有积极影响(Chen 等,2014)。

2. 工作重塑与工作投入的关系

工作重塑成为研究热点以来,其对员工的另外一种动机性积极行为——工作投入的影响也受到较多研究者的重视。

(1)基于工作要求—资源模型。

一方面,员工通过工作重塑重建他们的工作资源和要求以使其符合自己的需要,结果必然会导致工作投入水平的提升。比如,增加工作资源的工作重塑行为可以为员工带来的较多的工作资源,进而提升员工的工作投入水平;当工作要求被员工评价为有挑战性的,员工会增加挑战性的工作要

① Chen,C,Yen,C,& Tsai,FC,"Job crafting and job engagement:The mediating role of person-job fit",*International Journal of Hospitality Management*,Vol.37,2014,pp.21-28.
② Petrou,P,Demerouti,E,Peeters,MW,Schaufeli,WB,& Hetland,J,"Crafting a job on a daily basis:Contextual correlates and the link to work engagement",*Journal of Organizational Behavior*,Vol.33,No.8,2012,pp.1120-1141.

求,并在其激励下更加高效的投入到工作任务处理中,从而加强其工作投入的水平(Tims,Bakker & Derks,2013①)。

为了验证上述关系,Tims 等(2013)的纵向研究表明,首先,员工的结构类工作资源(工作自主性、工作多样性、工作发展的机会)和关系类工作资源(社会支持、得到的反馈、得到的指导)的增加在增加两类工作资源的重塑行为和工作投入的提升之间起完全中介作用,即增加工作资源的重塑行为导致了员工之后的工作资源的增加,进而导致员工工作投入水平的提升。其次,员工增加挑战性的工作要求的重塑行为也和之后员工增加的工作投入显著相关,即员工主动增加工作挑战性的行为能使他们在工作中更加投入。另外,Petrou 等人(2012)②以"天"为单位,考察了员工每日工作重塑的波动和每日工作投入波动之间的关系。研究显示,员工每日增加工作挑战性的重塑行为和每日的工作投入水平正相关。

值得一提的是,尽管研究表明,增加工作资源和增加挑战性工作要求的重塑行为能够提高员工的工作投入水平,但是减少阻碍性工作要求的重塑行为却没有这种效果。比如,Tims 等(2013)③并没有发现减少阻碍性工作要求的行为和阻碍性工作要求的减少以及工作投入水平的增加之间发现显著的相关关系;Petrou 等(2012)的研究也表明,减少阻碍性工作要求的行为和员工当日的工作投入水平负相关。这可能表示减少工作要求不利于员工的动机行为过程(比如,工作投入),尽管其有利于员工的身体健康(比如,减少工作倦怠)。

(2)基于个人—工作匹配理论

另一方面,也有研究者从个人—工作匹配(person-job fit,P-J fit)的角度

---

① Tims,M,Bakker,AB,& Derks,D,"The impact of job crafting on job demands,job resources,and well-being",*Journal of Occupational Health Psychology*,Vol.18,No.2,2013,pp.230-240.

② Petrou,P,Demerouti,E,Peeters,MW,Schaufeli,WB,& Hetland,J,"Crafting a job on a daily basis:Contextual correlates and the link to work engagement",*Journal of Organizational Behavior*,Vol.33,No.8,2012,pp.1120-1141.

③ Tims,M,Bakker,AB,& Derks,D,"The impact of job crafting on job demands,job resources,and well-being",*Journal of Occupational Health Psychology*,Vol.18,No.2,2013,pp.230-240.

解释工作重塑和工作投入之间的关系。个人—工作匹配关注员工特点和工作特点之间的匹配关系,Edwards(1991)指出个人—工作匹配包含两个维度:需求—供应匹配(needs-supplied fit,N-S fit)和要求—能力匹配(demands-abilities fit,D-A fit)。需求—供应匹配指员工的需求和从工作中得到的报酬奖赏的匹配度;要求—能力匹配指工作要求和员工的知识能力的匹配度。研究已经证明这两种匹配对员工和组织都具有重要的影响,比如,匹配度高的员工具有更高的工作满意感和组织承诺以及更低的离职倾向(Chen 等,2014)[①]。

Chen 等(2014)指出,工作重塑使员工积极主动的调整工作,从而使其更加符合自己的需要和价值观,也使员工的知识、能力和胜任力等和他们的工作更加匹配,还能通过感受到自己的工作有意义而加强个人—工作匹配,所以工作重塑能够提升员工的个人—工作匹配度。另外,当员工感知到了较高的个人—工作匹配,他们会在执行工作中有更高的热情,从而表现出更高水平的工作投入。因此,工作重塑能够通过提升员工的个人—工作匹配而提高员工的工作投入水平。Chen 等(2014)也以实证研究证实了这一点,即个人—工作匹配在工作重塑和工作投入之间起中介作用。

虽然现有的关于工作重塑影响工作投入的实证研究并不多,但不论是从工作要求—资源模型还是个人—工作匹配理论的角度解释工作重塑促进工作投入的详细过程,可以肯定的是,工作重塑对于提升工作投入的水平是有促进作用的。而工作投入作为工作幸福感的一个重要指标这一事实也提示广大研究者和管理人员:从工作设计的新视角,培养员工工作重塑的能力,无疑可以成为提升员工工作幸福感的一个新途径。

3. 工作重塑的干预

对于组织来说,工作重塑不仅仅是对传统的自上而下的工作设计方式的一种补充,而且鼓励员工进行工作重塑以及培养员工工作重塑的能力可

---

① Chen,C,Yen,C & Tsai,FC,"Job crafting and job engagement:The mediating role of person-job fit",*International Journal of Hospitality Management*,Vol.37,2014,pp.21-28.

以使员工高热情的投入到工作中,这在提高组织绩效的同时,还可以提高员工的工作幸福感。可见,工作重塑对组织和员工来讲,是一种双赢的策略。那么,如何对员工的工作重塑进行干预呢?

工作重塑的研究仅有十几年,相关研究并不系统,还存在很多问题有待进一步发展与完善,关于工作重塑的干预研究更是寥寥无几。但值得注意的是,Van den Heuvel、Demerouti 和 Peeters(2012)(Demerouti,2014①)关于工作重塑的一项干预实验研究取得了一定的成功。该研究从提升员工工作重塑的意识入手,鼓励员工积极重塑工作以使其适应自己的需要,进而体验到更多的快乐、投入和工作意义。其使用的工作重塑干预包括三个阶段:第一,建立工作重塑工作室。工作室的作用是引导员工了解工作要求—资源模型以及工作重塑的相关知识,并学习如何为自己设定个人重塑计划(Personal Crafting Plan,PCP)。个人重塑计划包括自己设定的在之后的 4 周内执行的重塑行动。第二,建立周重塑记录表。重塑记录表主要记录员工每周采取的重塑活动的详细情况。第三,组织交流讨论会。讨论会中,员工讨论其个人重塑计划在执行过程中取得的成功,遇到的问题及解决办法等。研究者对参加干预训练的被试进行前后测,实验研究结果表明,训练后实验组的被试报告了更多的工作资源(与主管的联系、工作相关的发展机会)、更高的自我效能感、更多的积极情绪和更少的消极情绪,而控制组的被试则没有变化。此研究表明工作重塑的干预措施取得了初步的成效。

(二)恢复体验提升工作投入

1. 恢复体验概述

员工在工作结束后的放松、充电和恢复无疑对下一阶段(第二天,第二周等)高效愉快地投入工作具有非常重要的作用,因此,员工在非工作时间的恢复体验也受到了越来越多的重视。

---

① Demerouti,E,"Design your own job through job crafting",*European Psychologist*,Vol.19,No.4,2014,pp.237-247.

因为工作任务以及应对工作要求会使员工消耗生理和心理资源,当一个工作阶段(比如一天或者一周)结束之后,个体的资源处于耗竭状态,因此会产生疲劳倦怠和恢复的需要。工作结束之后个体在休息时间可以暂时与工作分离,并为自己处于耗竭状态的身心"充电",这个使身心放松和复原的过程就是恢复。Meijman 和 Mulder(1998)将恢复(recovery)定义为工作要求产生的消极后果的减少以及使个体被应激源激活的机能系统恢复到应激前的基线水平的过程。Binnewies(2010)[1]在其研究综述中谈道,虽然个体工作结束后会通过各种活动放松自己,但是通过这些活动使自己恢复的潜在过程是一样的,这些过程就是恢复体验(recovery experiences)。以往关于恢复体验的研究主要包括心理脱离,放松,掌握体验和控制体验这四个维度。

心理脱离(psychological detachment)指员工身体和心理两方面都从工作中脱离。即个体不仅停止相关工作活动,也停止与工作相关的思维活动,不再考虑工作问题;放松(relaxation)是个体感觉平静并常伴随着应激水平降低(如心率和呼吸频率的降低,肌肉紧张的减轻)的过程。个体可以通过多种活动达到放松的状态,比如冥想、瑜伽、渐进式肌肉放松、洗澡、听音乐等;掌握体验(mastery experience)指个体通过一些与工作无关的有挑战性的业余活动学习并体验到一种成就感。掌握体验包括体验胜任和精通的感受,这种感受可以通过参加体育运动,培养新的兴趣或者参加志愿活动等获得;控制体验(control experience)指员工在非工作情境下,自由选择、决定从事某种活动的时间和方式等的自主体验。控制体验可以满足个体的自主需要,并可以提高个体的自我效能感和胜任感,从而帮助个体获得新资源,以促进恢复过程。

2.恢复体验与工作投入

恢复体验对个体相关的结果变量有直接的影响作用,现有研究的结果

---

① Binnewies, C. J., " Recovery during the weekend and fluctuations in weekly job performance:A week-level study examining intra-individual relationships", *Journal Of Occupational & Organizational Psychology*, Vol.83, No.2, 2010, pp.419-441.

变量中最重要的就是员工的工作幸福感,包括提升个体的工作投入和工作满意感,提升个体的积极情绪状态。例如,Kühnel 和 Sonnentag(2011)对德国教师的研究显示,放松体验能够在降低工作倦怠的同时,提高工作投入。Moreno-Jiménez 和 Gálvez(2013)的长达 6 个月的纵向研究发现,员工在时间 1 的心理脱离能够积极预测时间 2 的活力水平(工作投入的重要表现)和生活满意度(Rodríguez-Muñoz 等,2013)①。Fritz 等(2010)的研究发现,周末的恢复体验能够预测员工的积极情绪状态,其中心理脱离、放松和掌握体验与快乐、平静情绪正相关,放松体验与敌意、害怕情绪负相关,掌握体验和放松体验与自信正相关,心理脱离和生活满意度正相关,与情绪衰竭负相关。

恢复体验除了能够提升工作投入、促进工作幸福感,还能促进员工工作绩效水平的提升。Binnewies(2010)②以周为单位的研究发现,员工在周末的恢复体验能够预测下周工作日开始时的恢复状态,进而能够影响员工的任务绩效,个人主动性和组织公民行为。

3. 恢复体验训练

基于此,在管理实践中对员工进行恢复体验相关的训练便对提升员工的工作投入和工作幸福感具有重要的作用。国内研究者吴伟炯、刘毅、谢雪贤(2012)③在总结国外关于恢复体验研究的基础上,提出了"恢复体验培训模型",如图 5.3。该模型从加强员工恢复体验的四个维度(控制体验、心理脱离、掌握体验和放送体验)的入手,对提升员工的幸福感和工作绩效的培训措施进行了探讨。

---

① Rodríguez-Muñoz, A., & Sanz-Vergel, A. I., "Happiness and well-being at work: A special issue introduction", *Revista De Psicología Del Trabajo Y De Las Organizaciones*, Vol.29, No. 3, 2013, pp.95-97.

② Binnewies, C. J., "Recovery during the weekend and fluctuations in weekly job performance: A week-level study examining intra-individual relationships", *Journal Of Occupational & Organizational Psychology*, Vol.83, No.2, 2010, pp.419-441.

③ 吴伟炯、刘毅、谢雪贤:《国外恢复体验研究述评与展望》,《外国经济与管理》2012 年第 11 期。

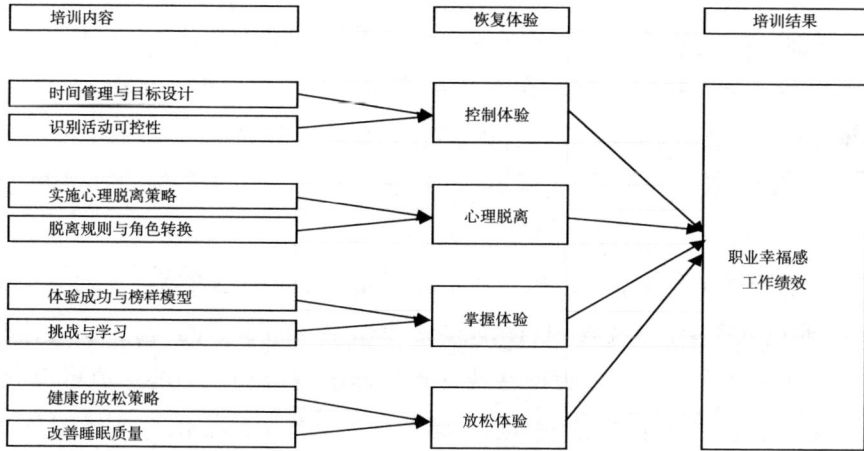

图 5.3　恢复体验培训模型(吴伟炯等,2012)

控制体验培训方面,主要通过训练员工的自我管理技巧,如时间管理、目标设计和计划执行等提升其控制体验;心理脱离培训主要通过使员工学习工作—非工作分割规范、进行角色转换、在家庭中分割工作空间等帮助员工学习如何从身体和心理上划分工作与非工作边界;掌握培训方面,可通过向员工介绍有助于提升掌握体验的活动内容(如运动、培养新的兴趣爱好、学习等)和准则(具有适度的挑战性),使员工认识到掌握体验对于获取新资源,提高幸福感的重要性;放松体验培训中,要帮助员工认识到不健康的放松策略(如酗酒、吸食毒品等)的危害,并指导员工练习健康的放松策略(如渐进式肌肉放松、瑜伽、冥想等),其次还要强调规律的睡眠对于恢复的重要性,最终达到全面的恢复。

(三)促进工作投入——正念的力量

1.正念概述

在西方的各种心理咨询与治疗方法在心理学界广泛应用的同时,来自东方文化尤其是佛教精神的正念以及以正念为中心的治疗方法在心理治疗和医学领域的应用也悄然兴起。正念(mindfulness)被定义为"以一种不评价和接受的态度将注意力集中在当下,感知当下的体验"。正念有几个关键性特征:第一,正念包含对内心体验(情绪、思维、行为意向)和外部事件的感知和接受。第二,正念强调个体纯粹的注意当下发生的事而不加任何评价,解释,分析和反应。第三,正念指个体对当下发生的事的意识,关注"此时此地"而非思考过去或想象未来(Hülsheger, Alberts, Feinholdt & Lang,2013)[1]。

正念训练让个体学习以接受和不加解释与评价的态度将注意力集中于当下,通过训练个体"观察"自己的感觉和知觉到的事件的变化,使个体将注意力从外部环境中的压力事件转移到自己的意向和行为的形成过程,明白即使是消极的事件、想法、感觉、情绪和行为都是不断变化的,从而让个体用完全不同的方式或者更加轻松无压力的方式去感受和体验这个世界,随即达到减轻压力体验的效果(Wolever, Bobinet, McCabe, Mackenzie, Fekete, Kusnick & Baime,2012)[2]。

正念在临床实践中的应用已经取得了不少成果。基于正念的减压疗法(mindfulness-based stress reduction, MBSR)是 Kabat-Zinn 教授于 1979 年基于正念建立的一种压力管理疗法,在训练过程中鼓励练习者关注自身,以使心灵更加平和,身体也得到放松。其后,研究者又将 MBSR 进行改进,并引入认知疗法,创立了基于正念的认知疗法(mindfulness-based cognitive therapy, MBCT),主要应用于抑郁症的治疗(李英,席敏娜,申荷永,2009)[3]。大量临床研究已经证明,正念及相关疗法在大量的情绪和行为障碍的治疗中发挥着重要的作用,如边缘型人格障碍、重度抑郁、慢性痛和进食障碍等。同时,大量研究发现,基于正念的干预(mindfulness-based interventions,

① Hülsheger,U.R.,Alberts,H.M.,Feinholdt,A.,& Lang,J.B.,"Benefits of mindfulness at work:The role of mindfulness in emotion regulation,emotional exhaustion,and job satisfaction",*Journal Of Applied Psychology*,Vol.98,No.2,2013,pp.310-325.

② Wolever,R.Q.,Bobinet,K.J.,McCabe,K.,Mackenzie,E.R.,Fekete,E.,Kusnick,C.A.,& Baime,M.,"Effective and viable mind-body stress reduction in the workplace:A randomized controlled trial",*Journal Of Occupational Health Psychology*,Vol.17,No.2,2012,pp.246-258.

③ 李英、席敏娜、申荷永:《正念禅修在心理治疗和医学领域中的应用》,《心理科学》2009 年第 2 期。

MBIs)可以提升情绪状态,积极情感,活力和生活质量,同时伴随着感知到的压力、疲劳感、抑郁、焦虑和愤怒等消极情绪水平的降低。除此之外,正念训练也能提升练习者认知相关的表现,比如,注意的控制和集中,工作记忆,情绪调节和其他认知能力,并且这些提升甚至可以由短期的正念训练获得(Hülsheger 等,2013①;Wolever 等,2012②)。

2. 正念带来投入

伴随着正念在临床实践中取得的诸多成就的发展,近几年,研究者开始提倡正念在工作场所中的应用,以提升员工的心理机能和幸福感。其中,关于正念与工作幸福感的一个主要结构——工作投入的关系引起了许多研究者的关注。

首先,工作投入是一种全神贯注于处理当下工作任务的状态,正念能够通过提升个体控制和集中注意力的认知能力,从而提升个体的工作投入水平。其次,正念要求个体以接纳的态度关注自身正在经历的事,这种接纳性的关注作用很大,它可以使个体的"当下经历"变得更加明晰,也能提高个体的内部动机,还能够培养个体以更加新颖有趣的方式看待正在从事的活动,因此个体可以更加明确地处理当下任务,提高觉醒度,还能更加积极有活力,甚至还可以转变看待事物固有的视角,发现其更加积极有趣的一面。因此,正念提倡的接纳性的关注可以使个体更加投入于自己的工作。另外,工作投入强调个体在工作中能"心理在场(psychological presence)",这一点和正念强调的关注"此时此地"有异曲同工之处,所以正念训练能够使个体更加沉浸在自己当下的工作角色和任务中,从而更加投入(Leroy,Anseel,

---

① Hülsheger, U.R., Alberts, H.M., Feinholdt, A., & Lang, J.B., "Benefits of mindfulness at work:The role of mindfulness in emotion regulation, emotional exhaustion, and job satisfaction", *Journal of Applied Psychology*, Vol.98, No.2, 2013, pp.310-325.

② Wolever, R.Q., Bobinet, K.J., McCabe, K., Mackenzie, E.R., Fekete, E., Kusnick, C.A., & Baime, M., "Effective and viable mind-body stress reduction in the workplace:A randomized controlled trial", *Journal Of Occupational Health Psychology*, Vol.17, No.2, 2012, pp.246-258.

Dimitrova & Sels,2013)①。

除了上述的正念能够直接提升工作投入的水平之外,Leroy 等(2013)指出,正念还能够通过加强个体的内在意识(internal awareness),促进个体的真实机能这条途径间接提升个体的工作投入,即真实机能在正念和工作投入之间存在中介作用。真实机能(authentic functioning)指个体在每日的进取活动中,其真实自我(true self)或者核心自我(core self)畅通无阻的发挥功能,强调个体与自己和他人互动时的一种开放的、非防御性的行为机制。正念增强人的内在意识(比如,集中注意于自己的情绪、思维、行动等),内在意识有助于促进个体的真实机能,即个体有意地使自己的行动与自己的真实自我或者核心自我保持一致。这个过程正描述了自我决定理论(SDT)中的"内化"过程,SDT 认为,当人们不断地外部角色要求内化为核心自我的一部分时,他们会获得更多的自主性动机。真实机能正是通过这种内化过程,使个体在更强的自主性动机中收获更高的工作投入水平。

Leroy 等(2013)以纵向实验研究证实了上述的正念与工作投入之间的关系。研究者对来自不同行业的员工实施正念减压疗法(MBSR),该正念训练共持续 8 周,每周 3 小时,然后在之后数月的不同时间点对员工进行跟踪测量。首先,研究者在某个时间横截面上,分析正念和工作投入之间的静态关系,结果表明正念既可以直接导致工作投入(通过促进心流体验),也可以通过真实机能间接促进工作投入。其次,在正念和工作投入的动态变化过程中,真实机能在正念对工作投入的作用上起完全中介作用,这表明正念训练带来的正念的增加是通过真实机能的加强导致工作投入水平的增加。

3. 正念干预提升幸福感

研究者 Gordon、Shonin、Zangeneh 和 Griffiths(2014)②在分析 MBIs 在组

① Leroy,H,Anseel,F,Dimitrova,NG & Sels,L,"Mindfulness,authentic functioning,and work engagement:A growth modeling approach",*Journal of Vocational Behavior*,Vol.82,No.3,2013,pp.238-247.

② Gordon,W.Shonin,E.,Zangeneh,M.& Griffiths,M.,"Work-Related Mental Health and Job Performance:Can Mindfulness Help?",*International Journal Of Mental Health & Addiction*,Vol.12,No.2,2014,pp.129-137.

织中的可行性时指出,MBIs 除了对提高员工工作幸福感的有效性,由于其通常只需要 8 周(每周 2 个小时)的训练,只需要一个正念教练对一个员工团体进行辅导,因此对组织来说花费较少;而且,此措施不需要组织修改现有的人力资源管理系统,也不会对员工产生负面影响,故该措施对组织和员工都是无风险的;另外,员工可以在投入一项工作任务的同时进行正念练习;最后,正念训练对不同文化、宗教和教育背景的员工同样适用。

尽管现有的工作场所中的实证研究非常少,但已有研究证实了基于正念的干预在工作场所中积极作用。除了 Leroy 等(2013)的研究证明了正念训练能够提升员工的工作投入之外,Wolever 等(2012)对员工实施基于正念的压力管理干预和基于瑜伽的减压治疗项目,研究结果显示两种干预方式均显著减少了员工感知到的压力和睡眠问题。研究者 Allen 和 Kiburz(2012)[①]以已经参加工作的夫妻为被试,研究发现其特质正念和工作—家庭平衡、睡眠质量、活力呈显著的正相关。另外,我国学者庞娇艳、柏涌海、唐晓晨和罗劲(2010)[②]在总结国外以护士为被试的实证研究时指出,基于正念的干预可以降低护士的职业倦怠,使其获得更好的身心放松,提升其注意力水平,并提高生活满意度。

综上,基于正念的干预在工作场所中的可行性很大,并且已有实证研究证明了其有效性,因此,正念干预对组织来讲不失为一种促进员工工作投入,继而提升员工工作幸福感的好措施。

由于目前组织管理领域的干预研究大多都围绕工作投入的对立面——工作压力和倦怠入手,而直接对工作投入进行干预的研究比较少,所以未来关于从工作投入入手提升员工工作幸福感的干预措施还有很大的研究空间。

---

① Allen, T. D. & Kiburz, K. M, "Trait mindfulness and work-family balance among working parents: the mediating effects of vitality and sleep quality", *Journal of Vocational Behaviour*, Vol.80, 2012, pp.372-379.

② 庞娇艳、柏涌海、唐晓晨、罗劲:《正念减压疗法在护士职业倦怠干预中的应用》,《心理科学展》2010 年第 10 期。

四、工作幸福感的未来

尽管在积极心理学日益蓬勃发展的背景下,积极组织行为学尤其是关于工作幸福感的研究已经取得了相当多的研究成果,涵盖工作幸福感的概念、结构、测量、前因变量、结果变量、干预研究等,但是现有的成就也为工作幸福感未来进一步的深入研究指明了方向。

首先,关于工作幸福感的动态研究。因现有的大部分研究都是采用横截面设计,对相关变量进行个体水平上的测量,这种方式大大阻碍了工作幸福感的因果研究。所以,对工作幸福感进行暂时水平上的测量以研究其动态变化必然会对揭示其与相关变量的因果关系具有很大帮助,也会在组织的幸福管理实践中为管理者提供一些潜在的提升员工工作幸福感的启示。但是,目前的研究还不足以揭示工作幸福感在个体内部的详细动态变化过程。因此,未来需要深化现有的关于工作幸福感及相关变量(如工作投入、工作满意感等)的动态研究和短期波动,以回答以下问题:工作幸福感在个体内部的动态变化过程是怎样的? 其产生波动的影响因素有哪些? 个体内部工作幸福感短期动态变化和个体作为特质的幸福感的关系是怎样的?

其次,关于工作幸福感与其影响后果的关系的研究。现有研究表明,幸福感的组成结构工作投入和工作满意感之间存在互为因果的增益螺旋,另外,幸福感和工作绩效也存在互为因果的增益螺旋,即幸福感产生的绩效可以反馈更多的资源和幸福,最终形成幸福—绩效的螺旋上升,这个问题也需要今后有更多的纵向研究进行探索。另外,现有研究已经证明了幸福感存在从工作场所到家庭的外溢—交叉效应,那么是否存在幸福感从家庭到工作场所的外溢—交叉效应? 是否还存在工作场所中的其他人际关系,比如领导与下属、服务者与客户之间的拓展交叉效应? 这也是未来需要关注的问题(邹琼等,2015)[①]。

---

① 邹琼、佐斌、代涛涛:《工作幸福感:概念、测量水平与因果模型》,《心理科学进展》2015 年第 4 期。

最后,关于工作幸福感干预措施的研究。上文提到恢复体验和正念干预可以提升员工的工作投入,进而提升其工作幸福感,但是现有的干预研究还不是很充足,并且有研究得出矛盾的结论,比如,van Berkel、Boot、Proper、Bongers 和 van der Beek(2014)①的实验研究发现,正念相关的干预对员工的工作投入、心理健康、恢复和正念的需要并不起作用。所以未来还需扩充关于恢复和正念的干预研究,从而探索如何才能更加有效的通过干预提升员工的幸福感。同时,未来还需要更多的研究去探索发现积极有效的激励员工工作重塑行为的干预措施,从而提升员工的幸福感水平。另外,上文主要提到的是工作幸福感的个体干预措施,而关于工作幸福感的组织干预措施的实验研究更少,尽管已有大量调查研究表明组织层面的各种因素(如领导自主支持、授权、组织关爱等)和员工的工作投入以及幸福感呈现显著的正相关。所以,未来以组织干预为核心的实验研究还存在很大的探索空间。

---

① van Berkel, J., Boot, C. L., Proper, K. I., Bongers, P. M., & van der Beek, A. J., "Effectiveness of a worksite mindfulness-related multi-component health promotion intervention on work engagement and mental health:Results of a randomized controlled trial", *Plos ONE*, Vol.9, No.1, 2014.

第 六 章

"积极关系"改善幸福体验

　　幸福感(well-being)是一个广义范畴,既包括愉悦、高兴、快乐和满意等积极情绪反应,也涵盖了长期心境和认知方面的内容(Diener,Suh,Lucas & Smith,1999)。它反映了积极情绪相对于消极情绪(如:内疚、羞耻、悲伤、愤怒和焦虑等)和消极心境的平衡,反映了个体对生活及其具体内容(如自我、工作、家庭和健康等)的认知评价。

　　早期研究发现了幸福感的相关因素(Diener,1999),近来的研究发现了它背后的一些过程。其中一个就是趋向某些目标的过程(Kasser & Ryan, 1996)。尽管为各种目的而努力都可能产生满足感,但是亲和目的显得特别有价值。事实上,"归属需要"被认为是一种天生的基本动机(Baumeister & Leary,1995)。理论家们指出,社会关系是人类发展(例如 Bowlby,1969)、心理幸福(Mayers,2004;Ryff,1995)和人类繁荣(Maslow,1954)的基础。的确,有种观点认为人类通过进化以建立和维持社会网络(Bowlby,1969)。社会关系不仅是主观幸福感的重要来源(Reis & Gable,2003),也是它的重要组成部分(Keyes,1998;Ryff,1995)。

　　研究者考察了社会关系能否作为主观幸福感的一个预测指标。Myers (2000)在综述中指出社会关系对心理幸福可能同时具有支持和破坏作用。社会支持被认为有益于主观幸福感(Diener,1984);那些有密切社会关系的人能更好地应对压力。例如,Landau 和 Litwin(2001)以年龄在 75 岁以上的犹太以色列人为样本,发现社会网络的支持程度显著地预测了生活满意度,在控制了人口统计学因素、控制点(locus of control)和身体能力等因素以后仍然如此。与此相反,那些喜欢高收入和职业成功结果损害了友谊与婚姻的人更可能报告自己不幸福(Perkins,1991)。Emmons(2003)也考察了亲密动机和权力动机两个因素,前者反映了与他人建立密切人际关系的需求,后者则指影响和控制他人的需求。他报告亲密动机强于权力动机的人有更高水平的主观幸福感。Reis、Sheldon、Gable、Roscoe 和 Ryan(2000)的研究表明,对关系需求的满意度与积极情感的日常波动显著相关。个体对关系的满意度提高,其积极情感也增加了。

社会关系似乎是高幸福感的必要而非充分条件(Diener & Seligman,2002)。Campbell、Converse 和 Rodgers(1976)的一项经典研究表明,影响整体生活满意度的几个重要内容都涉及社会关系,它们是:家庭生活、婚姻和友谊。Diener & Seligman(2002)对非常幸福的人群进行了研究。他们发现,与那些更接近幸福平均值的人们相比,非常幸福的人拥有满意的社会关系且很少独处。实际上,当与他人在一起时人们报告自己感到更加幸福(Pavot,Diener & Fujita,1990)。Biswas-Diener 和 Diener(2001)考察了妓女、流浪者和生活在加尔各答贫民窟的人对生活及其具体方面的满意度。他们发现这些贫困群体对自己的社会关系相当满意,并且对朋友、家人和伴侣越满意他们的生活满意度也越高。与此相反,美国的流浪者经常报告严重的社会隔离、缺乏社会支持并且有着较低的主观幸福感(Biswas-Diener & Diener,2001)。研究者认为,在加尔各答地区家人和朋友提供的社会支持缓和了极端贫困的消极影响。

社会关系并不总是积极的,它带来了愉悦和幸福,也引发许多冲突和悲伤。不良的或冲突的社会关系与较大的压力和焦虑相关,并且可能降低了主观幸福感(Antonucci, Akiyama & Lansford, 1998; see Rook, 1992, for review)。离婚、孩子或配偶的去世或者失恋导致消极情感增多,积极情感减少(Booth & Amato,1991;Lehman,Wortman & Williams,1987)。类似的,消极的互动关系也与更加消极的心境、压力和抑郁有关(Finch,Okun,Barrera,Zautra & Reich,1989;Pagel,Erdly & Becker,1987)。例如,Antonucci 等人(1998)发现,在自己的社会网络中,有过于苛刻的人与男性较低的幸福感有关;有让自己"心烦"的人与女性较低的幸福感有关。

显然,社会关系是主观幸福感的一个重要组成部分。社会关系以各种形式出现在人们生活的方方面面。我们在这里特别关注和考察了几种类型的社会关系,包括亲子关系、友谊关系以及婚姻和恋爱关系。

一、积极关系

一个人要在人类社会中生存和发展,就免不了与周围人打交道,与他人建立良好而正常的人际关系。人际关系是人与人之间通过交往和相互作用而形成的心理关系,它反映了个体或团体寻求满足需要的心理状态。良好的人际关系能使人们活得更长久、更快乐,有更好的生理和心理健康。糟糕的人际关系会使人感到紧张、焦虑、孤独、寂寞,轻则严重影响个体的幸福体验,重则影响个体的正常生活和工作,甚至引发严重的心理障碍。

德西和瑞安(1980)的自我决定理论(Self-Determination Theory)认为"能力需要、关系需要、自主需要"是心理幸福感的三个基本需求。关系需要就是与他人保持相属感的需要,即保持社会联结。自主需要就是我们自由地将经验与自我感整合到一起的需要。对于健康的机能来说,自主需要和关系需要都是不可缺少的成分。自主和联结看似相互矛盾,其实不然,任何一个个体都需要满足自主和相互联系的基本需求,只是程度不一,有的人需要更多的自主性,有的人需要更多的社会联结,其中没有对错好坏之分,只是因人而异。从文化视角来看,个人主义文化的国家更加强调个体的独立性和独特性,因此赋予自主更高的价值,在集体主义文化的国家中,人们强调互相依赖、和谐相处,因此社会联结具有更重要的价值。想要提高幸福感,把握自主需要与社会联结需要的平衡具有非常重要的意义。

(一)社会联结

Lee & Robbins(1995,1998)定义社会联结为个体在社会亲密关系中的主观感受。一些个体能够感受到同他人的一种亲密关系,如家庭、朋友、同龄人,甚至陌生人,然而有些人也许感受不到同他人这种亲密关系。社会联结可以影响到一个人的情感、认知、洞察力,以及他/她在社会交往中的活动的关系。作为一种独特的结构,社会联结有别于依恋、社会支持、孤独感及归属感等概念①。具有高社会联结水平的个体能够轻松的同其他人建立关系并参加到社会活动中;具有低社会联结水平的个体不能有效地管理他们的需要和情感。当个体归属感的需要在童年期和青年期得到良好发展,成年之后就会形成良好的自我价值感和良好的社会联结。相反,如果个体不能体验到归属感,体验不足,甚至在形成归属感的过程中被伤害,将妨碍成年期内在社会联结感受的形成。

Erdinc Duru(2008)研究表明高社会联结和高社会支持的学生更易于调整他们的社交环境和感受较少的孤独感,没有形成良好社会联结的个体易于感到羞愧、社交焦虑和与他人的疏远②。社会联结的实证研究表明,社会联结同焦虑、人际关系问题、孤独感、心理压力呈负相关;同自信、社会支持呈正相关。较强的可持续的关系经验或人际关系将被期望影响一个人长期社会联结的感受。高社会联结意识的个体有更多的社交活动,以一种更积极的行为接受他人,更易于加入关系团体③。相反,低社会联结的个体在社交场合更容易体验到不舒适,感到不被理解或是被孤立。更重要的是,低社会联结的个体由于体验到广泛的社交和关系困难,将促使他形成更多普遍存在的心理压力。在一系列研究中,Lee 和同事(Lee, Draper & Lee, 2001;Lee, Keough & Sexton, 2002;Lee & Robbins, 1995, 1998, 2000)通过一系列研究所得出的结果表明社会联结和焦虑、自尊、压力感、抑郁、社会适应、敌对行为存在显著相关,高社会联结是心理压力的保护性因素。

当人们满意于归属与联结时,他们会发展一种稳定的、安全的联结;社会联结与孤独和孤独感相关但又有所区别。大量研究已经表明社会联结与

---

① Lee R M, Robbins S B., "Measuring belongingness: The social connectedness and social assurance scales", *Journal of Counseling Psychology*, NO. 42, 1995, pp. 232 – 241; Lee R M, Robbins S B. "The relationship between social connectedness and anxiety, self-esteem, and social identity", *Journal of Counseling Psychology*, NO. 45, 1998, pp. 338-345.

② Erdinc Duru., "The Predictive Analysis of Adjustment Difficulties from Loneliness, Social Support, and Social Connectedness", *Educational Sciences: Theory & Practice*, Vol 8, NO. 3, 2008, p. 849.

③ Lee R M, Draper M, Lee S., "Social connectedness, dysfunctional interpersonal behaviors, and psychological distress testing a mediator model", *Journal of Counseling Psychology*, NO. 48, 2001.

人际信任、安全依恋、较少的人际问题显著相关,也同稳定感、自信、较少的焦虑和压力减轻等症状相关。研究表明,一种与他人相联结的感受与提高心理幸福感相关,如:社会联结是众多心理烦恼表征的保护性因素;高的社会联结被认为心理压力的重要保护性因素①。

(二)自我分化

独立自我(independent self-construal)和互依自我(interdependent self-construal)分别是西方、东方文化下的典型的自我表征。独立自我的特点是分离性和独特性,个体通过社会比较巩固其自我的独特性和内在特质,独特性是其自尊的重要基础,在不同情境下保持同一性以及坚定自信地与他人沟通是独立自我成熟的标志。互依自我体现的是个体与他人联系的方式,个体随着情境改变自身行为以适应集体,调节情绪以维持集体的和谐是互依自我成熟的标志。

Bowen(1978)将自我分化描述为一个个体成熟的相关特质。高自我分化的个体易于平衡自己的理智与情感,在与他人相处时能够保持自我的独立,满足自我的需求,低自我分化的个体由于挣扎于亲密关系中情感的束缚而容易受到消极情绪的影响。低自我分化与慢性焦虑、特质焦虑、社会焦虑、分离焦虑均存在较高相关。在现实生活中,自我分化不良的个体为了摆脱和父母过度的亲密所造成的压力,常常选择和父母彻底地拉开距离,他们会错误的将情感断绝理解成情感的成熟。另外,自我分化与心理幸福感呈显著的正相关。自我分化水平较高的夫妻更能感受到婚姻的幸福,对婚姻的满意度也更高。在对已婚男人的研究中发现,已婚男人的自我分化水平与满足需要以及心理幸福感都成显著地正相关。对自我分化在婚姻适应性中充当的角色进行研究时发现,自我分化水平较高的人婚姻适应性较好,自我分化水平能够对婚姻适应性中的大部分变异做出解释。

---

① Williams K L, Galliher R V., "Predicting depression and self-esteem from social connectedness, support, and competence", *Journal of Social and Clinical Psychology*, NO. 25, 2006, pp.855–874.

二、不同的积极关系与幸福

塞利格曼在《持续的幸福》中提出,一个人要达到蓬勃的人生,就必须有足够的 PERMA。P、E、R、M、A 分别代表幸福 2.0 的五个元素——积极情绪、投入、人际关系、意义和成就。积极心理学的创始人之一——克里斯托弗·彼得森则认为"他人"是描述积极心理学的最佳词汇,科学家的研究发现,在测试过的所有方法中,帮助别人是提升幸福感最可靠的办法①。由此可见,人际关系在提升幸福中的重要作用得到了一致认可。

在生活中,人际关系有很多不同的存在形式,比如夫妻关系、亲子关系、朋友关系、雇佣关系等。积极的人际关系实际就是一种爱的体验:"何当共剪西窗烛"的夫妻之爱,"一片冰心在玉壶"的友人之爱,"临行密密缝"的母子之爱……爱发生于一个个体与另一个个体之间,体现了人与人之间的一种关切与关心的态度,是一种积极的感情、一种积极的关系。我们对他人的爱会驱使我们从事目的性积极关系行为,这些行为会让人与人之间的联系一直维持下去,随着关系的加深,它们会变得丰盛并促进关系双方的个人成长。与之相反,缺乏良好人际关系的人就会感到孤独,甚至抑郁。

积极的关系不仅能够促进心理健康,对人们的身体健康也有重要的影响作用。卡乔波发现,孤独的人健康状况明显不如朋友多的人;快乐的人拥有更丰富的社会网络,而社会关系能减缓衰老。心理学家狄纳等人(1999)认为人的身体健康状况的主观评价与其幸福感之间有紧密的相关。还有证据证明,不仅是健康的身体有助于人们体验到更多的主观幸福感。如果能经常锻炼,如一周 4 次并至少连续 10 周以上,那么人就会产生更多持久的积极心理状态。运动和锻炼之所以会使人感到愉快,主要是因为它们能促使身体释放出更多的内啡肽,内啡肽是一种类似于吗啡的激素,它会使人产生一种愉快的感受。与之类似,催产素在人际交往的过程中也起到了重要

---

① [美]马丁·塞利格曼:《持续的幸福》,赵昱鲲译,浙江人民出版社 2012 年版,第 12—19 页。

作用。在人们进行社会接触,尤其是身体接触时,大脑会释放催产素。有研究发现催产素在体内的含量在孕期开始增加,并且在分娩过程中急剧上升,它会促进乳汁的分泌并使母性行为更加突出。一个准爸爸的催产素水平在其爱人怀孕期间也会同样上升,并且随着他与婴儿相处时间的延长和他对婴儿兴趣的增长,他的催产素水平会继续上升,这种激素被称之"黏合荷尔蒙",它与两个人之间爱的产生甚至和一夫一妻制也有关系①。

夫妻关系、亲子关系、友谊等作为社会支持系统的重要组成部分,对于减少个体的孤独感,增强个体的幸福感都有显著的作用,且彼此增强和互补。例如,田录梅等(2012)的研究发现父母支持可增强高友谊支持对降低青少年孤独感的作用(增强模式),而友谊支持可补偿低父母支持对降低青少年孤独感的作用(补偿模式);两种支持系统可相互增强对方对降低青少年抑郁水平的效应(相互增强模式)。与青少年早期不同,青少年中期父母支持和友谊支持两个系统以"独立模式"而非"交互模式"影响青少年的情绪适应②。

(一)婚姻关系与幸福

塞利格曼等人对 17 个国家不同阶层民众的调查表明,婚姻比满意的工作、足够的金钱和良好的社会环境对一个人的幸福具有更大的影响。在已婚的成年人中,有 40%的人认为自己很幸福,而在未结婚的成年人中,只有23%的人认为他们很幸福。正如美国心理学家迈尔斯所说,良好的、亲切的、互惠的、平等的和长久的亲密关系是一个人幸福的最好预言师,除此之外你再也找不到第二个能像这样预言幸福的因素③。以研究家庭问题闻名的美国社会学家格伦·埃尔德在研究之后指出:婚姻是消除生活麻烦最重要的力量之源,所以他告诫人们:要想过有质量的幸福生活,你就去结婚吧。

---

① 〔美〕克里斯托弗·彼得森:《打开积极心理学之门》,侯玉波等译,机械工业出版社2010 年版,第 136 页。
② 田录梅、陈光辉、王姝琼、刘海娇、张文新:《父母支持、友谊支持对早中期青少年孤独感和抑郁的影响》,《心理学报》2012 年第 44 卷第 7 期。
③ 任俊:《积极心理学》,上海教育出版社 2006 年版,第 275 页。

世界上大多数人都在婚姻生活中与配偶建立了亲密关系,也有记录表明婚姻与较高的主观幸福感相关(Diener 等,1999)。大部分研究表明已婚的人比未婚者、离婚者、分居者和丧偶者更加快乐(如,Argyle,2001;Glenn & Weaver,1979;Gove,Style & Hughes,1990;Myers,1992;Diener & Seligman,2002),并且其中许多研究的样本容量大且具有代表性。一个 1985 年的分析指出婚姻与主观幸福感有弱的正相关(Haring-Hidore,Stock,Okun & Witter,1985)。世界价值观调查Ⅱ(World Values SurveyⅡ)的数据显示,在大多数国家中(n=43),已婚者比离婚者有更高的生活满意度、更多的积极情绪和更少的消极情绪(Diener,Gohm,Suh & Oishi,2000)。此外,有记录表明以离婚的方式结束一段恋人关系会导致沮丧(Johnson & Wu,2002;Hope,Rodgers & Power,1999)。Kamp Dush 和 Amato(2005)的一个横向研究发现,拥有恋人关系的人(无论是与配偶、同居者或是固定的约会对象)比单身者和有很多约会对象的人有更高的主观幸福感。对爱情投入越多,它与主观幸福感的相关越高。在控制了爱情关系的质量后,已婚个体仍然具有最高的主观幸福感。

对婚姻和主观幸福感的关系有很多解释,这些解释并非彼此矛盾。第一种解释是选择效应。它的主要观点是,人们的某些心理特征使他们易于经历与婚姻有关的事件;主观幸福感可能部分地引起了某些特定事件,如结婚或离婚。也就是说幸福的人成功吸引和得到伴侣的可能性更大,而不幸福的人找到伴侣的可能性更小,如果找到了,离婚的可能性也更大。第二种解释是一种社会角色的观点。未婚状态与生活中的各种困难相连,如不断减少的社会支持和财政困难。已婚者可能比离婚者拥有更多的实际支持和情感支持,离婚者的社会支持网络不如已婚者的稳固,他们更可能经历财政压力。配偶提供了婚姻支持、社会支持以及共同爱好(Argyle & Martin,1991)。此外,婚姻获得了来自广阔社会的许多支持,如宗教机构、政府和法律系统等。第三个解释是危机或事件解释,这种观点认为婚姻状态的改变可能引起主观幸福感短期的变化,但这种变化会在开始考虑事件(如结婚或离婚)后随着时间逐渐消失。根据这种解释,人们最终适应了他们当前的生活状态,主观幸福感也恢复到最初状态。从这些不同的解释我们可

以看出,对主观幸福感与婚姻状态的因果关系仍有争议(Diener 等,1999)。对每种解释的支持如下:

纵向研究的数据表明选择效应确实存在——较幸福的人更有可能结婚和维持婚姻(如,Mastekaasa,1992)。但是,也有可能是因为婚姻在人们面对压力时起到保护作用从而导致了更加积极的幸福感(Kessler & Essex,1982)。这样看来,在主观幸福感和婚姻状态之间可能存在双向关系。

最近一个以 30000 名德国人为样本的研究支持了上述三种解释(Lucas,2005)。他发现,在婚姻基线期较低的幸福感可以预测后来的离婚。此外,结婚并维持了婚姻的人在结婚前就对生活更加满意。这些发现支持了选择效应。他还发现婚姻的积极作用超过了选择机制。离婚后的长期满意度低于离婚前,表明离婚后满意度不会回到基线水平。某些适应行为的确发生了,但是并不完全。可见,离婚与生活满意度的关系与已有差异和离婚后的持续改变都有影响。

关于离婚的研究指出了爱情关系的不利影响:当它结束的时候,总是伴随着主观幸福感的降低。例如,寡居与较低的主观幸福感有关,对刚刚成为丧偶者的人影响最大(Mastekaasa,1994)。Mastekaasa 认为,对刚刚成为寡妇的人来说,较低的主观幸福感只是暂时的,在配偶去世 3 年或更长时间后,他们的主观幸福感与已婚个体一样高。然而,Mastekaasa 的数据属于横向比较,纵向研究的数据并不支持这些结论。上文提过的 Lucas(2005)的研究表明对离婚的适应并不是完全的。该研究是可靠的,由于它采用了追踪设计因而可以控制离婚者和未离婚者主观幸福感的已有差异。尽管该研究中的人对离婚有所适应,但是约 5 年后这种适应过程逐渐停止,且没有达到离婚前的满意水平。Lucas、Clark、Georgellis 和 Diener 也发现,对寡居生活的适应非常缓慢,8 年后(很长一段时间)也没有达到最初的基线水平。他们认为,有关婚姻状态的改变在多大程度上影响了主观幸福感存在很大的个体差异。最满意的人对离婚和寡居的反应最消极,对婚姻的反应也最不积极。

1. 婚姻满意度

随着时间进展,夫妻双方对婚姻的满意度也发生了变化。怀孕期间和孩子出生后生活满意度迅速提升,但是两年内又会回到怀孕前的水平。在这种转变过程中,个人压力和婚姻压力都会增加,有孩子出生带来的幸福感会在一年内消耗殆尽,当夫妻拥有一个处于青春期的孩子时,他们对婚姻的满意度会降至一个低谷,当孩子离家后他们对婚姻的满意度又开始回升①。

约翰·戈特曼(1994,1999)花了一生的时间对关系行为进行"切片分析"。他把夫妻交流的每个方面分割成小块,测量双方互动时的肢体语言,"阅读"丈夫和妻子的表情,并观察两人在讨论困难时的表现。他把这种技术运用得很好,可以通过简短交流的分析,预测关系的成功(离婚还是保持),预测的准确率高达94%。在数学家的帮助下,他在对夫妻的观察中发现了婚姻的"魔法比率"。要维持一段健康的关系,积极交流与消极交流的比率要达到5:1,如果比率接近1:1,夫妻双方就很有可能离婚②。凯布尔则认为,积极反应对消极反应的比例不应该超过3:1。

2. 婚姻关系对儿童社会适应的影响

父母婚姻关系的融洽与否,关系到儿童的社会情绪适应。大量研究表明,父母婚姻关系的破裂、冲突以及低满意度会导致儿童出现攻击、违纪等外显问题,焦虑、抑郁倾向等内隐问题,以及同伴冲突、学业成绩落后等诸多的不良适应问题。反之,和谐融洽的婚姻关系则伴随着儿童良好的社会适应结果。现有的理论和实证研究认为父母婚姻关系会通过儿童的认知评价、情绪安全感以及亲子关系等一系列的中间因素作用于儿童社会情绪适应。亲子关系被认为是婚姻关系影响儿童社会情绪适应的重要中介之一,父母婚姻关系的紧张会引起亲子之间的敌对关系,进而导致儿童出现问题行为③。

此外,低质量的婚姻关系会通过影响其教养方式来影响儿童的社会适

---

① [美]克里斯托弗·彼得森:《打开积极心理学之门》,侯玉波等译,机械工业出版社2010年版,第148页。

② [美]克里斯托弗·彼得森:《打开积极心理学之门》,侯玉波等译,机械工业出版社2010年版,第287页。

③ 梁宗保、张光珍、邓慧华、宋媛、郑文明、孙铃:《从婚姻关系到亲子关系:父母情绪表达的中介作用》,《心理学报》2013年第45卷第12期。

应。Chang 等人在中国文化背景中进行的研究发现,父母的婚姻质量越低,越容易对儿童采用严厉的养育方式,进而导致儿童出现更多的攻击、违纪等外显问题。此外,有研究者对 5—11 岁儿童的研究发现,无论是在即时预测关系还是长期预测关系中,严厉的抚养行为和亲子冲突都在婚姻冲突与儿童问题行为之间起着中介作用。婚姻关系不但能影响夫妻一方的抚养行为,而且还会影响夫妻共同的抚养行为(co-parenting behavior);婚姻质量较高的父母,对儿童敏感、热情,而婚姻质量不佳的父母,则对儿童表现出更多的敌对行为,对女孩尤其苛刻。可见,父母的抚养行为是婚姻关系影响亲子关系的一条重要通路。此外,相对于父母之间或者其中一方前后矛盾的抚养行为来说,从不良婚姻关系中宣泄出来的愤怒、冷漠等消极情绪对亲子关系带来的伤害更为直接,破坏性更强。因为消极情绪的表达会造成家庭情绪氛围紧张,直接威胁到儿童的依恋安全感。

3. 婚姻与主观幸福感的中介变量

虽然主观幸福感与婚姻之间存在相关,但其效应量较小。这可能是因为其他中介因素在婚姻与主观幸福感之间起了调节作用。其中一个因素是文化(Diener 等,2000)。婚姻与主观幸福感的相关程度存在跨国家的差异(Lucas & Dyrenforth,2005)。世界价值观调查和全国社会调查显示,在美国婚姻与主观幸福感成正相关。效应量较小,约为 0.20。但是,世界价值观调查的结果也表明婚姻与主观幸福感的关系在各国不尽相同。例如,在其他国家(如 1995 年的 Latvia)婚姻与主观幸福感呈负相关(Lucas & Dyrenforth,2005)。在集体主义国家,已婚相对于离婚的好处要小于个人主义国家(Diener 等,2000)。

时机论者认为,生活事件发生的时间也是一个重要的中介变量。如果事件(如寡居)发生在一个寻常的时间,那么它对主观幸福感的影响要小于发生在一个不寻常的时间(Hagestad,1986)。实际上,Diener 和 Suh(1998)认为社会期望在婚姻和生活满意度之间起作用。他们发现,寡居与较低的生活满意度的相关在较年轻的人群中大于年迈的人群。可见婚姻对生活满意度的影响可能随着个体的社会期望而变化。年迈的女性可能期望自己的寿命比丈夫长,而较年轻的女性可能希望能和丈夫共度未来。当婚姻状态的改变违背了期望,就可能不只对主观幸福感产生消极的影响。

也有证据表明婚姻对主观幸福感的影响存在性别差异。女性在婚姻中的获益可能小于男性(Argyle & Martin,1991;Diener 等,1999),当然这个问题还有争议。有些研究发现,婚姻状态与主观幸福感之间的关系在男性和女性身上是相似的(如,Mastekaasa,1994)。其他研究表明男性受益更多(如,Gove 等,1990)。如果男性真的受益更多,那么这可能是因为女性比男性更善于充当知己(Argyle & Martin,1991)。总之,效应量较小的可能原因是其他因素,如时机、文化、年龄以及婚姻质量,调节了婚姻与主观幸福感之间的关系。

4. 老年人的婚姻关系

虽然老年人的社会互动减少,但其社会关系是令人满意的,老年人比青年人和中年人更少感到孤独(Lang & Carstensen,1994)。根据社会情感选择理论,个体在一生中强调社会关系的不同功能,分别是情绪调节和情感回报、信息获得以及未来联系的潜力(Fredickson & Carstensen,1990)。对青少年而言,最重要的是信息获得和未来的社会联系;而老年人更强调情感回报。也就是说,在个体的一生中随着对世界的了解,他们不太需要从同伴那儿获得信息,而更关注于从他们那儿获得情感意义。老年人寻求与少数几个亲密同伴的互动,而不是与许多的一般熟人进行交往,因为后者不太可能提供老年人所期望的情感意义上的关系(Carstensen,1992)。

对人生中关系改变的实证研究为这种理论提供了支持。例如,欧裔美国老人和非欧裔美国老人的社会网络由许多亲密情感关系组成,如配偶和孩子;而较疏远的关系如一般熟人则少于年轻人(Fung,Carstensen & Lang,2001)。在一个追踪研究中,在被试 18 岁、30 岁、40 岁和 52 岁时通过访谈测量其各种人际关系的互动频率、情感亲密性及满意度(Carstensen,1992)。从 30 岁到 40 岁,与兄弟姐妹的满意度、情感亲密性以及互动频率增加了。从 18 岁到 50 岁,与父母的互动频率、情感亲密性及其满意度增加。相反,与一般熟人的互动及其满意度随着年龄增长而显著降低。在一个以 70—

104 岁的老年人为样本的研究中,有核心家庭成员的人比没有核心家庭成员(如配偶或孩子)的人感到更深地融入了社会(Lang & Carstensen,1994)。这些发现表明个体的社交对象是逐渐选择的,这些人更令人满意且更加亲近,常常是我们的家人(Carstensen,1992)。随着衰老,人们更多的投入到可以提供情感回报的亲密关系,减少了与一般熟人的交往,因为他们提供的情感回报较少。

(二)亲子关系与幸福

亲子关系原为遗传学中的用语,指亲代和子代之间的生物血缘关系,在心理学中指的是父母与子女之间的相互关系。作为家庭中最基本、最重要的一种关系,亲子关系具有极强的情感亲密性,它直接影响儿童的身心发展,并将影响他们以后形成的各层次的人际关系。

对婴幼儿来说,亲子关系是一种最基本的关系。因此,亲子关系通常被认为对儿童的幸福感非常重要。然而很少有人研究幼儿主观幸福感本身(特别是生活满意度)的相关因素。当然,幼儿可能无法用言语对自己的生活做一个整体评估。本文在这部分回顾的大多数研究都没有测量主观幸福感本身,而是检验了幸福感的一些间接指标,如内化行为和外化行为的缺失等。但也有一些研究提供了主观幸福感某些成分(如积极情感和消极情感)的观察评估指标。

在早期社会情绪发展的研究中最为杰出的成果是依恋理论的提出及其相关研究(Thompson,2000)。该理论可用来理解儿童在积极情感和消极情感方面的个体差异。依恋理论是一种人种学的观点,它假定依恋关系得到了进化,因为依恋增加了儿童和抚养者之间亲近的可能性,儿童因此获得更大的生存机会(Bowlby,1969)。根据依恋理论,婴儿天生就具备建立这种关系的能力,其性质和质量却因人而异。Bowlby 的理论是,在父母与儿童反复互动的基础上,儿童形成了一个对抚养者的易得性和支持性的认知表征模型。也就是说,敏感或不敏感抚养的早期经验使个体形成了一种内部工作模型(internal working model)——对未来关系、自我评价和社交行为的预期。儿童通过内部工作模型来选择性地过滤信息、引起他人的回应、对自己定位以及评价经验(Belsky & Cassidy,1994)。由于该模型固有的确认偏见以及儿童引发的与之一致的他人反应,这种内部工作模型将自我持续下去(see Thompson,1999,for further discussion)。

Bowlby(1969)和 Ainsworth(1979;Ainsworth, Blehar, Waters & Wall,1978)认为,早期与抚养者形成持久而温馨的关系(安全的关系)能促进心理幸福感。一个安全性依恋儿童会认为自己的情感信号会被回应。安全性依恋是相互合作的亲子关系的基础:父(母)亲对孩子的需要敏感,孩子也接纳抚养者的社交行为。随着儿童的成长,这种相互合作可能促进积极情感和其他机能的优化。安全型依恋儿童对其他关系形成一种安全的内部工作模型;他们期望和寻求支持性的、令人满意的人际关系,并且通过某种方式来引发他人的支持(Thompson,1999)。与此相反,不够关系或不敏感的抚养、得不到回应和虐待会形成非安全型依恋。一个非安全型依恋儿童会认为他的情感信号只能有选择地被回应。这种预期会被内化,并对组织和接收有关其经历、情感和社会关系等信息规则产生影响,不论这种规则是可意识的还是意识不到(Belsky & Cassidy,1994)。非安全型依恋儿童对新旧关系都不信任,期待较少的他人支持。这些儿童以后更可能面临抑郁、焦虑、愤怒和社交困难。因此,内部工作模型像一个意识不到的过滤器,儿童通过它来解释社会关系和发展对自我的看法。

由于造成这些后果的原因是多方面的,非安全型依恋仅仅是其中的一个潜在因素,所以关于依恋关系对以后的影响理论家们持有不同意见。狭义地看,早期的依恋关系影响了儿童以后对父母或其他亲密搭档的相信和信赖(Thompson,1999)。从更广泛的角度来看,早期依恋关系影响了正在形成中的人格(Thompson,1999),进而对主观幸福感产生影响。

1. 依 恋

依恋是亲子关系最常见的表现形式。依恋(attachment)是指个体与特定的其他人形成牢固的情感纽带的倾向,它能使个体在生命早期与他们的照顾者保持密不可分的关系,以生存和顺利发展的条件。早期的依恋理论研究只限于对母婴依恋的研究,后来扩展到不同类型的成人依恋。艾森克指出,在母子相依中,婴儿也早在母亲或其他护理人员的动作中,开始发行某种一贯性、可预期性和可靠性。当婴儿感到不适时,需要立即得到照顾。实验研究也表明,当一个婴儿被从母亲或最初抚养人那里带走,带给多个抚养人或者更换抚养人,他所经历的心理和创伤会对他整个一生的情感及后来的人格发展造成实质性影响。

依恋与其他亲密关系的主要区别在于,当个体面临危险和威胁时,依恋系统会自动激活并促使个体做出对依恋对象的亲近寻求行为,一般亲密关系则无此特征。个体与依恋对象间互动关系的质量将会决定依恋的安全性水平,安全依恋会促进个体的生存,不安全的依恋则会导致个体更多的消极情绪体验和不良适应①。

安全依恋是信任的发源地,这种信任感使得婴儿面对未来一切的人和物时,也持同样的信任态度,是青春期后爱情积极性的来源。建立了基本信任感和安全感的人才具有爱别人的能力,才能形成健康积极的爱情关系的能力,具有形成成熟的相依关系的能力。依恋关系的安全性与个体后期的社会适应间存在显著联系,依恋质量高的个体对自己较满意,更少体验到孤独感。

根据依恋的神经生物学机制方面的研究,人际联结似乎刺激了脑的活动,这有助于产生调节系统,从而促进同心理方向发展,享受积极的社会交往以及管理消极社会交往带来的压力。这种复杂的脑—行为之间相互作用的结果是,建立了人际经验和人际技能的基础,从而建立未来的关系②。

2. 婴儿期亲子关系的质量与以后的幸福感

美国心理学家西蒙提出亲子关系中的两个基本维度:一是接受—拒绝,二是支配—服从,依此说明亲子关系对儿童的影响。近年来,我国心理学家围绕亲子关系与儿童社会化和心理发展也进行了一系列研究。包括桑标(1991)和日本横滨国立大学合作进行的一项题为"亲子关系和幼儿性格发

① 李彩娜:《亲密关系与青少年发展》,科学出版社 2014 年版,第 7 页。
② [美]斯奈德、洛佩斯:《积极心理学:探索人类优势的科学与实践》,王彦等译,人民邮电出版社 2013 年版,第 294 页。

展的中日跨文化比较研究",淘沙等人（1994）进行的"3—6岁儿童母亲教养方式及影响因素的研究"等,这一系列研究印证并丰富了西方心理学家的有关结论,即亲子关系和早期家庭教育是儿童社会化和人格发展的核心和主要动因,对儿童的成长有着决定性的影响。缺乏稳定的情感联系的儿童的身心健康状况都会出现问题,比如绝大多数被忽视的孤儿表现出病理性的行为（如抑郁）。·

对婴儿期依恋安全性的早期研究表明,情绪行为的模式可将婴儿的依恋类型分为安全型和非安全型。例如,同母亲形成了安全型依恋的婴儿在6个月后与母亲玩耍时表现出更多的笑容和热情（Waters,Wippman & Sroufe,1979）。18个月时被归为安全性依恋的婴儿在28个月时进行的一项问题解决任务中表现得更加热情和积极（Matas,Arend & Sroufe,1978）。在出生后一年里,安全型依恋的婴儿在与母亲互动时笑容可能增多,而大多数非安全型依恋的婴儿笑容逐渐减少（Malatesta,Culver,Tesman & Shepard,1989）。婴儿的情感不仅与母婴关系有关,也与父婴关系有关。例如,与那些处于非安全型父婴关系的婴儿相比,拥有安全型父婴关系的婴儿表现出更多的积极情感（Diener,Mangelsdorf,McHale & Frosch,2002）。与父母同处于竞争性需求的情境中,抗拒型依恋关系的婴儿比安全型依恋的婴儿显得更加沮丧（Diener et al.,2002）。其他研究也发现,抗拒型依恋的婴儿比安全性依恋的婴儿更加恐惧和沮丧（例如 Calkins & Fox,1992）。这些婴儿期亲子关系的研究表明,处于安全性依恋关系的婴儿比非安全型依恋婴儿表现出较多的积极情感和更少的消极情感。

大量的纵向研究考察了生命早期的依恋安全性与儿童的幸福感。研究结果并不一致。一些研究,特别是 Minnesota 研究组的研究,表明早期的依恋安全性可以预测儿童的幸福感（例如 Arend,Gove & Sroufe,1978;Erickson,Sroufe & Egrland,1985;Urban,Carlson,Egeland & Sroufe,1991）。例如,Bohlin、Hagekull 和 Rydell（2000）发现,早期依恋和当前的依恋关系都与8岁儿童中更加积极的社会行为相关。学龄前的依恋安全性预测了儿童在8岁时对母亲的支持有着更积极的认知（Booth,Rubin & Rose-Krasnor,1998）。相反,Lewis、Feiring 和 Rosenthal（2000）并发现1岁时的依恋安全性与青春期的不适应行为没有关系。但是,他们在13岁和18岁的青少年中发现依恋表征和青春期的不适应存在相关。此外他们发现,在青春期时来自离异家庭的孩子比来自双亲家庭的孩子对依恋的积极表征更少,且表现出更多的不适应,这表明亲密家庭关系的破裂与较低的幸福感相关。有多种原因可以来解释早期依恋安全性与以后表现之间的不一致(见Thompson,1999),包括父母教养方式的改变、其他的依恋关系和另外一些中介变量,如情绪调节策略等。因此,我们并不意外有些研究没有发现早期依恋与以后的幸福感之间的关系。研究者们已经转而去了解在什么情况下早期依恋关系可以或不可以预测以后的幸福感。

美国儿童健康与人类发展机构(NICHD)对儿童早期抚养的研究在很多方面都有独到之处,如:样本容量(一年级小学生 n=1030)、纵向设计以及通过多位信息提供者对儿童各方面的表现进行评估等(National Institute of Child Health and Human Development,2006)。样本来自美国的10个不同地区,这些家庭在婴儿出世时即被招募到这个研究。在婴儿15个月时评估其依恋安全性,此后母亲和孩子在实验室或家里被反复地观察,直到孩子上小学一年级。早期依恋关系预测了一年级时母亲或老师对社会竞争力、内化行为和外化行为的评分。但是,研究者认为父母教养方式的持续性解释了婴儿期的依恋质量与儿童后来的表现之间的关系。具体地说,不是早期依恋的类型,而是在15—54个月时通过观察和访谈评估出来的积极教养方式预测了社会竞争、外化行为和教师评定的内化行为分数。这个发现为抚养机制的持续性提供了证据,这个问题在下文中会有更详细的讨论(National Institute of Child Health and Human Development,2006)。儿童的早期依恋预测了他们将对教养方式的改变产生什么反应。当教养质量下降时,15个月时被划为安全型依恋的儿童没有像非安全型依恋儿童那样在教室里表现出增加的外化行为。安全型依恋的儿童似乎不受教养质量下降的影响。这可能是因为安全型依恋的儿童能通过对自我的积极看法和来自他人的积极期望来应对社交情境,即使他们的母亲敏感度降低了。对非安全型依恋儿童而言,母亲敏感度的降低则证实了他们对自我和他人较消极的感受。

除了情感、内化或外化行为之外,亲子关系可能还与建立其他社会关系的能力有关。对63个研究依恋质量与同伴关系的一项元分析表明,与母亲的依恋安全性与同伴关系显著相关(效应量=0.20;Schneider, Atkinson & Tardif, 2001)。与较疏远的同伴关系相比,依恋安全性与儿童亲密友谊的相关性更强。依恋安全性与同伴关系在年长儿童中的相关性大于年幼儿童。例如,Kerns(1994)发现,与非安全型依恋儿童相比,4岁的安全型依恋儿童在1年后与朋友有着更多的积极互动。

早期依恋关系与儿童后来的幸福感之间的因果关系尚不清楚。可能存在很多解释:气质的影响,抚养质量的持续性、情绪调节风格以及通过内部工作模型起作用的依恋安全性(见Thompson, 1999)。这些过程不是相互排斥的,它们得到了以下研究的支持。

关于气质上的情感特征在多大程度上促成了安全型或非安全型依恋还存在较大争议(见Goldsmith & Harman, 1994年综述)。一项对婴儿消极情感与依恋安全性的元分析发现,并没有什么证据支持沮丧气质与依恋安全性有关(Goldsmith, Alansky, 1987)。然而有些研究却证明了某些气质特点和后来的依恋安全性存在联系。例如,Mangelsdorf、McHale、Diener、Goldstein和Lehn(2001)的研究表明,与非安全型依恋婴儿相比,安全型依恋婴儿有着更高的积极情感和更低的恐惧感。这可能是因为某些气质特点促进了安全型依恋和后来的幸福感,特别是考虑到人格是预测主观幸福感的最稳定指标之一(Diener等, 1999)。气质在某种程度上是人格的前身,因而可能与依恋安全性和后来的主观幸福感都有关。

也有证据表明抚养的持续性导致了依恋安全性和儿童后来的表现(见Thompson, 1998,讨论)。这种观点认为,敏感的抚养先是促成了安全型依恋,如果能持续下去,那么随着儿童的成长它可能还会促成更大的幸福感。因此,婴儿期依恋关系的质量不一定促成了儿童的幸福感,在婴儿期敏感回应婴儿的父母或抚养者还需要提供了一种可以满足儿童需要的高质量抚养。当父母满足了孩子的需求,孩子会感到更加幸福并改善与父母的关系。

另一个对亲子关系和同伴关系有影响的潜在机制是情绪调节风格。情绪调节是亲子依恋关系的一种功能(Bowlby, 1969)。Thompson(1998)指出,从亲子关系中学到了最重要的内容是怎样理解、表达和处理在亲密关系中的强烈情绪。依恋理论假设情绪调节模式与亲子关系都被儿童内化并在其他情境中表现出来(Cassidy,1994)。Contreras、Kerns、Weimer、Gentzler 和Tomich(2000)考察了亲子依恋的安全性、情绪调节以及由教师评定的同伴竞争力三者之间的关系。他们发现有效的情绪调控可以调节依恋安全性与同伴竞争之间的关系。Diener 等(2002)发现婴儿的情绪调节风格与父子依恋关系显著相关。安全型依恋的婴儿表现出更加有效的情绪调节风格。这些发现暗示着依恋安全性可能与有效的情绪调节策略有关,这些策略可能部分地解释了依恋安全性与后来的幸福感之间的关系。关于情绪调节风格怎样调节了依恋安全性与后来的幸福感之间的关系还需要更多研究。

尽管很少有研究检验 Bowlby(1969)提出的内部工作机制,Laible 和Thompson(1998)考察了学龄前儿童依恋安全性和情绪理解的关系。他们发现,安全性依恋儿童比非安全型依恋儿童更好地理解了消极情绪。两个纵向研究表明儿童对情感信息进行了不同的加工,这基于他们在婴儿期的依恋经历。这些研究为早期依恋关系可能影响了社会信息加工这一观点提供了初步支持。Belsky、Spritz 和 Crnic(1996)在婴儿 12 个月时评估了母子依恋的安全性。两年后通过实验室木偶剧检验了儿童对积极和消极事件的记忆。在控制了言语能力后,他们发现有着安全型依恋历史的儿童对积极事件的回忆比消极事件更准确,而有非安全型依恋历史的儿童对消极事件的回忆比积极事件更准确。需要指出的是,12 个月时的情绪状态对事件的记忆没有影响,因此记忆的差异不能解释为情绪状态的差异。

如果儿童在现实生活的信息加工与在实验室相同,那么这些令人兴奋的发现暗示着儿童以不同的方式体验相同的事件。Ziv、Oppenheim 和 Sagi-Schwartz(2004)研究了被试在 12 个月时的依恋安全性与 7、8 岁时社会信息的加工过程。他们发现,对于录像片段里呈现的对同伴的回应,安全性依恋儿童与非安全型依恋儿童给予了不同的评价。具体说来,与非安全型依恋儿童相比,安全型依恋儿童倾向于相信有竞争力的回应会产生积极后果。此外,安全型依恋儿童可以区分哪些情况下的积极行为对同伴有效,哪些情况下的积极行为对同伴没有作用。这些发现初步地支持了这样一个观点,即依恋关系可能通过影响儿童的信息加工过程来影响他们的主观幸福感。

3. 青春期的亲子关系与主观幸福感

与对幼儿的研究不同,对年龄稍大儿童和青少年的研究考察了亲子关系与主观幸福感某些成分的关系,这可能是由于年龄稍大的儿童能够对主观幸福感进行较好的自我报告。这类文献表明亲子关系可以继续预测青春期的主观幸福感。例如,在一个专门测量 10—13 岁儿童生活满意度的研究中,Huebner(1991)考察了整体的生活满意度与某些特定领域满意度之间的关系。整体的生活满意度与家庭生活满意度的相关大于与朋友满意度的相关。此外,最近的学习成绩、父母的职业身份以及人口统计学特征与整体的生活满意度没有显著相关。因此,这些发现突出了家庭关系对儿童生活满意度的重要性。

尽管对幼儿的研究似乎强调了母亲这一角色的作用大于父亲,但研究表明父母对青少年的幸福感都有重要影响。在以色列一个以 121 位青少年及其父母为样本的研究中,正如父母和孩子所报告的那样,青春期父子关系的质量与主观幸福感相关(Ben-Aur,2003)。控制和乐观也与主观幸福感有关。Durcharme、Doyle 和 Markiewicz(2002)的研究表明,青少年对亲子依恋安全性的认知跟他们每天报告的与父母互动的质量有关。具体而言,跟那些与父母亲都属于非安全型依恋的青少年相比,认为自己与双亲或其中一位是安全性依恋的青少年以较多的积极语气和较少的消极语气报告了与父母间的互动。从这些数据我们无法得知互动的情感质量是否存在客观差异,也不清楚它们是否属于关系认知方面的差异。

Demo 和 Acock(1996)通过使用全国家庭调查(National Survey of Household)的数据,以一个全国范围的样本考察了家庭结构、人口统计学因素、婚姻质量以及由母亲报告的青春期适应性和亲子关系质量有怎样的关系。他们发现,预测青少年幸福感的最稳定可靠的指标是母子间的分歧,它与较低的幸福感有关。尽管他们的发现依赖于母亲的报告,但是它们与幼儿研究的结果是一致的——亲子关系质量的评估结果与儿童的幸福感有关。全国儿童调查(National Survey of Children)的追踪数据显示,父母亲的情感融入预测了儿童的自尊和生活满意度（Wenk，Hardesty，Morgan ＆ Blair，1994）。与此类似，Amato（1994）在一个全国范围的研究中发现，青年人与母亲或父亲的亲密程度都能独立地影响幸福感、生活满意度以及心理沮丧。因此，不论母子关系的质量如何，与父亲越亲密则幸福感和生活满意度越高，更少感到沮丧。Huebner、Suldo、Smith 和 McKnight（2004）在综述中总结出家庭关系与儿童知觉的生活质量是一致的。

　　和幼儿亲子关系的文献资料一样，青少年儿童的亲子关系与幸福感的因果机制尚不明确。例如，Allen、McElhaney、Kuperminc 和 Jodl（2004）对16—18 岁的青少年进行了追踪研究。他们发现，16 岁时报告的抑郁水平预测了 16 岁至 18 岁期间的依恋安全性的下降程度，在控制了 16 岁时测得的依恋安全性基线的影响后依然如此。可能是人格因素，如外向性等，对积极的亲子关系和青少年的主观幸福感都产生了影响。又或者是主观幸福感影响了亲子关系，幸福而满足的青少年更易于与父母相处并建立良好的亲子关系。

　　总之，相关数据表明亲子关系的质量与幼儿和少年儿童的主观幸福感都有关系。总体上，效应量是偏低到中等程度之间，其他影响因素对儿童的幸福感也很重要。气质的影响和人口统计学因素常与主观幸福感相关。虽然大部分研究考察的是与母亲的关系，但是很有可能与各抚养者的关系都有重要影响，包括母亲、父亲和家庭外抚养者等。实际上，Diener、Isabella、Behunin 和 Wong（在印刷中）发现，跟那些只与父母亲之一建立安全型依恋的儿童相比，自我报告与父母亲都有较高的依恋安全性的儿童在自评和师评中都被认为更具竞争力。需要更多研究来阐明亲子关系与主观幸福感之间的机制以及两者间的中介变量。需要指出的是，这些研究中的大部分都没有使用传统的自我报告方式，而是对情感进行观察测量或父母老师对儿童行为的报告。因此，除非观察的测量方法可以反映主观感受，否则他们并没有真正地对主观幸福感进行评估。

　　4. 成年人的亲子关系与主观幸福感

　　成年人亲子关系与主观幸福感的文献集中关注了两个问题：第一，有孩子的成年人是否比没有孩子或孩子更少的成年人的主观幸福感更高;第二,成年人与孩子的关系怎样影响主观幸福感。老年学的文献表明成年子女为老年人提供的社会支持和工具性支持非常重要。因此可以预期,与有子女的老人相比,没有子女的老年人更可能面临主观幸福感较低的风险。此外,世界上大多数人都成为了父母,因此成为父亲或母亲可能被视为一件必然要发生的事。没有子女的原因是出于自愿还是其他缘故可能也影响了人们的幸福感。

Connidis 和 McMullin(1993)研究了无子女的人群是选择这样还是将无子女视为一个客观情况。他们发现,自己选择不要子女的人跟那些与子女关系密切的父母在主观幸福感上(快乐、抑郁和生活满意度)没有显著差异。但是,跟那些与子女有密切情感联系的父母比起来,将没有子女视为客观情况的人和亲子关系较疏远的父母没有那么快乐、生活满意度较低且较为抑郁。与此类似,Koropeckyj-Cox(2002)使用全国家庭调查研究了50—84 岁有子女个体和无子女个体的抑郁和孤独感。她的研究表明,与那些可以接受没有子女的女性和具有高质量亲子关系的女性相比,渴望有子女却没有一个孩子的女性更加的孤独和抑郁。对男性而言,具有良好亲子关系的父亲比那些没有子女或亲子关系不良的男性的孤独和抑郁程度更低。无论男女,较差的亲子关系与较高的孤独和抑郁水平都显著相关。与此矛盾的是,Somers(1993)研究了自愿不要子女的成年人与父母们的生活满意度,并发现在控制了年龄和收入因素后,两类人群在生活满意度上并没有显著差异。这可能是因为自愿不要孩子与渴望有孩子却没有是两种不同的体验。

许多国家的研究都发现了有子女的好处(特别是对那些渴望有子女的人而言)。Diener(1998)的研究表明,在 43 个国家的 6000 名被访者中,孩子越多的个体生活满意度可能也越高,尽管这一相关性很小但是意义重大。这种关系并没有年龄差异。究竟是较快乐的人有更多的后代还是后代使人们更快乐,这一点还不清楚。他们也没有区分无子女的人群是出于自愿还是不能生育。

相反,意外失去孩子的父母主观幸福感急剧降低,并且悲伤会持续较长时间(Dyregrov,1990;Lehman,1987)。失去某个孩子常被描述为最艰难和痛苦的经历之一。如果是意外这会变得尤为艰难。大部分(80%)孩子的死亡是因为事故、自杀或他杀(U.S.National Center For Health Statistics,2000);也即,大多数孩子不是由于患有某种疾病,疾病也许还能使父母预料到孩子的死亡。孩子通常比父母活得长,因而大多数父母没有预料到他们会经历孩子的死亡。对可预见性悲伤的研究表明,对死亡的预先告知可以在后来促进情感和自身功能(Frederick & Loewenstein,1999)。然而,即使一个孩子的死亡是可预见的,这种经历常导致主观幸福感的显著而持久地下降。

显然,失去孩子与主观幸福感呈负相关;反过来,高质量的亲子关系与主观幸福感成正相关。实际上,与孩子关系的质量可能比父母亲角色本身更好地预测了主观幸福感。有人分析了286个关于社会网络和以后的主观幸福感之间的关系的研究,发现与成年子女的良好关系跟较高的生活满意度有显著相关,且这种影响在女性身上更明显(Pinquart & Sorensen,2000)。与成年子女的良好关系跟主观幸福感之间的相关大于联系次数跟主观幸福感之间的相关。这些结果表明,有子女并不意味着不会孤单或抑郁,有子女的好处只有在与子女们建立了良好关系的条件下才存在。与成年子女建立起亲密的、情感支持性的关系可能跟更高的主观幸福感有关。

(三)友谊关系与幸福

1.友谊在不同阶段的积极意义

社会交往是影响学生形成和发展个性特点、掌握社会行为的主要方式,同伴交往是社会交往的主要形式之一。友谊作为同伴关系的一种,表达的是双方的、相互的、亲密的关系,反映了个体间互惠的积极的感情。友谊以亲密为核心特点。罗杰斯对这种亲密性做了三点概括:(1)能够向朋友表露自己的思想感情和内心秘密;(2)对朋友充分信任;(3)限于被特殊评价的友谊关系中。弗曼认为友谊有八种功能:友爱、亲密、可以信赖的同盟、有益的帮助、安抚、陪伴、肯定价值和归属感。

友爱是被研究者首肯的功能。沙利文特别强调了青年初期友谊给予青年最初真诚爱的体验的重要性。威斯假设强烈的情感纽带的缺乏将导致孤独感,因此儿童,至少是青少年,没有亲密的友谊似乎比没有喜欢他们的群体更容易体验到孤独感。亲密感是青年初期友谊的特点之一。有一个亲密的朋友可以信赖,能够增强信任感、接纳感和相互理解,而且成为他人的知己可以有机会为他人提供帮助和支持。可以信赖的同盟,主要指个人对他人的忠诚感和帮助的有效性的体验。这种可靠的同盟交给儿童忠诚的价值和将朋友置于个人欲望智商的重要性。友谊为自我探索和情感支持的一个重要来源。由于青少年时期是个相当不确定的时期,青少年对自我、社会都有一种不确定感。而朋友在确定一个人的角色和自我价值方面能提供支持和指引。因此,青少年友谊之间的自我暴露以及相互情感支持的程度和频率大量增加,以此来获得自我同一性的发展。友谊质量有着明显的人格适应功能和社会支持功能。研究表明,在成年人当中,朋友的支持性和亲密性与工作成就感、社会满意感、对上司的态度等呈显著正相关。在老年人当中,朋友的支持性和亲密性与主观幸福感和生活质量呈显著正相关[①]。尽管在不同的人生阶段,拥有朋友跟良好的生活满意度和健康状况之间存在稳定的相关关系,但友谊是否真的能够起到积极作用,取决于朋友是支持性的还是其他。朋友中也有坏朋友,这些朋友有百害无一利。

2. 友谊与主观幸福感

当代的许多心理学研究都不约而同地证实了这样一条结论:良好的朋友关系有助于主观幸福感的生成(Argyle,2002)。狄纳和塞利格曼(Diener & Seligman,2002)曾以222名大学生为被试做了一个研究,他们把其中感到幸福的10%(22名)大学生抽取出来,对他们为什么会感到幸福做了因素分析。他们在研究中发现,丰富多彩的社会生活是其中最主要的原因,这些人在课余会花大量的时间和他认为的好朋友待在一起活动(在测试中这些大学生也被他们交往的对象评价为是他们的好朋友,也就是双方都认为对

---

① 郑雪:《积极心理学》,北京师范大学出版社2014年版,第248—249页。

方是自己的好朋友）。

为什么良好的朋友关系有利于一个人主观幸福感的获得呢？这也许有四个方面的原因：第一，拥有好朋友并被他人视作好朋友的人本身就具有一些优秀的人格品质，如乐于助人、活泼、热情、开朗等，否则，他不会受到别人的欢迎。这些品质一方面使得这些人具有一定的人格魅力，另一方面这也意味着这些人天性就比较积极。第二，良好的朋友关系满足了个体被他人接纳的心理需要，每一个人都有归属感的需要，归属感需要的满足会使人产生幸福或满意的感觉。第三，有亲密的朋友使一个人感到自己不是孤立地生活在这个世界，他随时都可以得到一定的社会支持和关怀，而支持和关怀总会让人有一种愉快的感觉，因而他也就能更多地感受到主观幸福感。第四，一个人在和自己的好朋友在一起时会经常参加一些共同感兴趣的活动，或做一些双方都感兴趣的事情，如打球、喝茶、散步等。千万不要小看这些微不足道的琐碎活动，因为这些活动是双方都感兴趣的，因而它能使双方在活动中相互支持，从而给双方带来愉快的体验。

另外，20 世纪 80 年代兴起的进化心理学也为解释这一问题提供了一条支持途径。进化心理学在理论构建过程中提出了一个基本主张：人类进化过程中首要的问题是生存与繁殖问题。要解决生存与繁殖问题，人类就必须要战胜达尔文称之为的"自然的敌意力量"，如食物短缺、自然灾害、猛兽袭击等。而要想战胜这些自然的敌意力量，单纯靠一个人的理论显然是不够的，人在进化过程中就逐步形成了一种社会心理机制，与他人联合起来战胜自然的敌意力量。因而，人天性上就成了一个社会性非常强的动物，需要友谊和朋友，所以成功的友谊就总能为人带来积极的情绪体验[①]。

3. 兄弟姐妹关系的质量与主观幸福感

另一个研究内容是兄弟姐妹关系的质量怎样与主观幸福感相联系的。关于兄弟姐妹与主观幸福感之间是否呈正相关，各研究结果并不一致。至少在儿童时期，与同伴关系相比，兄弟姐妹关系更多的与冲突和消极影响联

[①] 任俊：《积极心理学》，上海教育出版社 2006 年版，第 130 页。

系在一起(如,Volling,Youngblade & Belsky,1997)。兄弟姐妹关系的情感
质量存在明显的个体差异(见 Volling,2003,综述)。某些兄弟姐妹关系是
亲密和支持性的,也有一些是敌对和攻击性的。兄弟姐妹关系对结果的预
测程度取决于其亲近与冲突的水平。下一部分按年龄顺序回顾了社会情绪
发展与兄弟姐妹关系的研究。

(1)儿童时期的兄弟姐妹关系。

儿童时期的兄弟姐妹关系与儿童的个人适应能力相关(见 Brody,
1998,for a review)。研究发现兄弟姐妹间的高敌意与较低的社会情绪适应
能力相关,如果关系还较冷淡则甚然。例如,Hetherington(1998)发现,与那
些冲突多但关系较亲近的兄弟相比,冲突多且关系较冷淡的兄弟有着较消
极的同伴关系和更多的外化问题。Stormshak、Bellanti 和 Beirman(1996)发
现,兄弟姐妹间的冲突和亲近性都属于中等强度的儿童比那些兄弟姐妹间
冲突多且不够亲近的儿童有更好的适应能力。Pike、Coldwell 和 Dunn
(2005)考察了 101 个家庭,这些家庭中都有两个年龄在 4—8 岁的孩子。他
们发现兄弟姐妹关系的质量与哥哥或姐姐的适应能力有关,在控制了亲子
关系质量的影响后仍然如此(即控制了"波及"影响)。兄弟姐妹间积极(而
非消极)的行为与更多的亲社会行为和更好的适应能力有关(如,更少的情
绪症状、行为问题以及同伴问题等)其他研究发现学龄前儿童的兄弟姐妹
关系与 7 年后的适应能力有关。较消极的兄弟姐妹关系与更多的外化和内
化行为有关(Dunn,Slomokowski,Beardsall & Rende,1994)。Deater-Deckard、
Dunn 和 Lussier(2002)考察了 5 岁儿童的兄弟姐妹关系和社会情绪适应能
力,这些儿童来自不同的家庭类型(单身母亲家庭、双亲家庭和重组家庭
等)。他们发现在双亲家庭中,兄弟姐妹间的消极性与更多的内化和外化
行为有关,但是在重组家庭和单身母亲家庭则没有这样的联系。比较不同
家庭类型的兄弟姐妹关系属于横断设计,因此对于这种模式的原因还不清
楚。然而,有证据表明在父母亲冲突激烈或离婚的情境下,哥哥姐姐可以缓
解对弟弟妹妹的伤害。

总之,当儿童的幸福感被定义为情绪适应能力和外化行为,那么兄弟姐
妹关系似乎与它有关。但是几乎没有什么研究直接考察了主观幸福感与兄

弟姐妹关系之间的联系。

(2)青春期的兄弟姐妹关系与幸福。

在青春期,虽然兄弟姐妹关系在情绪上不再那么强烈(Dunn,Deater-Deckard,Pickring & Golding,1999),但是在亲密度、情感作用和欣赏程度上仍保持相对高的得分。此外,青少年仍然有13%的时间与兄弟姐妹在一起(Kleiber,Larson & Csikszentmihalyi,1986)。这样看来,青少年维持着这种与他们的主观幸福感有关的重要关系。Seginer(1998)研究了青少年与同伴、父母和哥哥姐姐的关系,发现积极的兄弟姐妹关系与对社会支持的满意度有关,与知觉到的支持无关。同伴接纳度较低但兄弟姐妹关系亲密和睦的青少年与同伴接纳度高的青少年对自己获得的情感支持一样满意。可见,兄弟姐妹关系可能对较差的同伴接纳起到了补偿作用。在一个考察兄弟姐妹关系与问题行为的纵向研究中,Branje、Van Lieshout、Van Aken 和Haselager(2004)发现较好的兄弟姐妹支持与较少的外化问题相关。兄弟姐妹的问题行为与更多的内化行为有关,与他们是哥哥姐姐还是弟弟妹妹无关。Moser 和 Jacob(2002)发现兄弟姐妹间的冲突可以预测青少年的内化行为,在控制了教养方式的影响后也是如此。虽然这些研究都没有直接地针对主观幸福感,但它们对兄弟姐妹关系与主观幸福感之间的联系提出了一些看法。

有几个孩子意味着父母有可能以不同的方式对待他们。儿童将父母的行为当作一把标尺来衡量自己是被爱的还是被拒绝的(Brody,2004)。在一个家庭里,孩子可能将父母对待自己和其他兄弟姐妹的态度进行比较。认为自己得到了更少的关爱和更多否定项的儿童和青少年的情绪功能较差(Kowal,Kranmer,Krull & Crick,2002;Reiss,Neiderhiser,Hetherington & Plomin,2000)。例如,与那些自我报告受到区别对待的儿童相比,自我报告获得了同等情感的儿童也报告了更高的自我价值感和对亲子关系的满意度(McHale,Crouter,McGuire & Updegraff,1995)。因此,兄弟姐妹可能以另一种方式对儿童造成了影响,即他们认为自己受到了不公平不合理的区别对待,并将这作为他们不被重视或不值得爱的证据(Brody,2004)。这种被拒绝感可能与较低的幸福感和较高的消极情感相关。例如,在一个采用多种方法和测量手段的大型追踪研究中,那些比兄弟姐妹得到更多否定和更少温暖的儿童表现得更加抑郁,将敌意与亲近性的绝对水平纳入考虑后仍是如此(Feinberg & Hetherington,2001)。此外,对那些体验了更多否定和更少温暖的儿童来说,区别对待的影响尤为明显。知觉到的偏袒会对一个不被偏爱的孩子产生负面后果。例如,知觉到自己不被宠爱的经验与以下各项有关:兄弟姐妹中有癌症患者的儿童有更高的焦虑和恐惧(Cairns,Clark,Smith & Lansky,1979);有残疾同胞的儿童的焦虑和抑郁(McHale & Gamble,1989);青少年的抑郁和愤怒(Harris & Howard,1984);以及大学生较频繁的羞耻感和较强的恐惧感(Broody,Copeland,Sutton,Richardson & Guyer,1998)。

关于区别对待或被知觉到的区别对待以及与此相关的消极后果已有大量的研究数据,但是由于大部分研究都采用的是相关设计,因此还不能确定两者间的因果关系。有可能儿童的个性引发了父母以某种方式对待他们。如,抑郁型儿童可能引发父母较高的消极性和较少的关怀。此外,社会比较知识的进展也许可以更好地解释为什么知觉和兄弟姐妹间上下比较的差异与儿童和青少年的主观幸福感相关。这个领域有待进一步研究。

(3)成年人的兄弟姐妹关系与幸福。

兄弟姐妹关系对成年人也很重要。Cicirelli(1989)发现,与姐妹的亲近程度跟较低的抑郁感有关,对男性和女性(平均年龄72岁)而言都是如此;与兄弟的亲近程度仅与男性(而非女性)较低的抑郁感有关。女性对姐妹间冲突的知觉与较高的抑郁有关(Cicirelli,1989)。尽管某些证据表明与姐妹的亲密关系比与兄弟的亲密关系更为有利,综合来看,这些发现表明亲近的兄弟姐妹关系与更加健康的心理状态有关,而兄弟姐妹间的冲突与幸福感的更多问题有关(Cicirelli,1989;McGhee,1985)。

一些研究发现,老年人与兄弟姐妹的互动频率与幸福感没有关系(Lee & Ihiger-Tallman,1980)。然而其他研究表明兄弟姐妹与老年人较高的幸福感有关(Cicirelli,1991,for review)。O'Bryant(1988)发现,寡妇与已婚姐妹的互动与较积极的情感相关。Shortt 和 Gottman(1997)在实验室环境下证明,青年时期亲密的兄弟姐妹关系与较积极的情感相关。此外,在争执中,亲密兄弟姐妹的生理反应水平低于疏远的兄弟姐妹,表现出更好的情绪调节能力,这暗示着亲密的兄弟姐妹关系可能使人们较少受到压力和消极情感的影响。

(四)工作场所关系与幸福

企业内部的人际关系指公司中基层员工与上级领导、各层领导之间以及员工之间的关系,属于企业中"非正式组织"的一种重要表现形式。对我国而言,人际关系满足了中国人独特的心理需求、层级需求,所以在中国企业中,不仅仅是一种保健因素,更是一种激励因素,良好的人际关系能够有效淡化员工的个人利益,激发员工的工作积极性和潜能,避免损害组织利益的行为出现。Richard M. Hodgetts(2000)等人对中国和新加坡两个国家企业中的人际关系进行了研究,发现企业内部人际关系这一变量中,"同事之间的合作关系"与"与管理者良好的关系"两个维度的得分均排在前列,这说明企业内的人际关系能够很好地激励员工积极进取、高效地完成工作,能够极大地改善员工绩效、促进员工进步。美国专家斯科特派瑞博士(2006)对中国职业经理人员的调查发现,对企业内部复杂的人际关系调控失当通常是引起职业经理者管理失败的一个最重要的因素,也因此导致了企业绩效长时间无法得到改善。企业中一个良好、和谐的人际关系不仅是有序的、稳定的、互惠的,更是一种充满活力的、增值的人际关系。

1. 工作场所的友谊

过去的大约30年中,美国公司设法阻止员工在工作中建立友谊。此惯例是基于这样的假设:同事之间的交往尤其是老板和员工之间的友谊会导致生产力降低。直到汤姆·拉思和同事在盖洛普公司开发出"不可或缺的朋友"评估,该假设才得到系统检验,他们调查了1009个人,考察友谊对他们的幸福、满意和生产力的影响。盖洛普公司研究者的成果证实,在一个给定的工作环境中,团队意识是工作幸福感和满意度的一个促进因素。拉思发现,若某人在工作中有个"最好的朋友",那么此人很可能发生较少的事故,安全感会增加,可吸引更多的顾客,以及拥有更高的成就感和生产效率。

这些发现可做这样的事实,即工作中有好朋友的人对工作的投入是那些没有好朋友的人的7倍①。

2. 你是一个好老板吗

老板是帮助员工拥有多产和满意的工作经历的关键资源。有研究显示,老板给员工提供清晰的工作定义、职责以及支持,会促进员工的工作满意感和生产效率。如果领导者和管理者关注员工的优势,善于与员工交流公司的目标,以及灵活地给予反馈,会有助于积极体验的产生。高希望的老板也喜欢和员工交往;此外,他们对于员工在工作之中和工作之外的状态很有兴趣。老板与员工交往中的诚恳和真挚对员工也有帮助。真挚的老板是怎样的呢?用爱沃利奥等人的话来说,真挚的老板是:

> 那些深刻觉察到他们如何思考和行动的人;被他人认为可以察觉他们自己和其他人的价值/道德观、知识和优势的人;能觉察他们所处环境的人;自信、希望、乐观、韧性和具有高尚道德品格的人。

真挚的老板可以促进其员工的信任和积极情绪,以及为达到共同目标的高投入和动机。真挚的领导者具有指导自己行为的个人价值观和信仰。反过来,员工尊重和信任他们。当真挚的老板鼓励不同的观点并且和员工合作性地互动的时候,这些积极观点又被强化了。因此,真挚的老板注重多样性,希望找出员工的才干和优势,以让他们在不同的职位上各尽其能②。真挚的老板为自己的行为你设定高标准并向员工展示其正直和诚实。通过这样的示范,真挚的工作领导可以建立员工的团队合作精神。真挚的老板也可以设定清晰的目标和培养员工的希望。正如前文所述,一个好的老板也鼓励员工成为善于团队合作的人。

在过去几年对各种行业的咨询工作中,我们发现了最好老板的"十大"共同特征:(1)他们为员工提供清晰的目标和工作职责;(2)他们和员工是朋友;

---

① [美]斯奈德、洛佩斯:《积极心理学:探索人类优势的科学与实践》,王彦等译,人民邮电出版社2013年版,第384页。

② 王震、宋萌、孙健敏:《真实型领导:概念、测量、形成与作用》,《心理科学进展》2014年第22卷第3期。

(3)他们和每个人交往时都诚恳和真挚;(4)在和他人的交往中,他们的行为呵护道德并标榜其道德观;(5)他们诚实而真挚;(6)他们能发现员工的才干和优势,并让他们各尽其能;(7)他们信任员工,并促使员工对他们的信任;(8)他们鼓励来自员工的各种观点,能够接受关于自己的反馈;(9)他们为自己和员工设定高而合理的目标;(10)可以传达纠正性反馈以便员工知晓。

当老板拥有这些特征时,就可能会对员工工作的生产效率和幸福感发挥巨大的作用。你的上司具有这些特征吗?你认为自己具备这些特征中的几个?尽管你现在可能不是老板,但是你是否拥有这十个特征,可能决定了你是否会成为一个老板,以及能否成为一个成功的老板。

3. 雇佣关系——收益性受雇

健康生活是指人有能力去爱和去工作的生活,自从弗洛伊德提出该观点后,心理学文献已经证实了积极的人际关系和工作的重要性。而收益性受雇就是表达了一种令人期待的合适的工作状态。为什么收益性受雇会提高幸福感和满意度呢?Snyder 提出收益性受雇有以下 8 种好处:(1)幸福和满意;(2)表现好和实现目标;(3)提供产品和服务所带来的目的感;(4)投入和参与;(5)工作职责的多样性;(6)为家庭和个人带来收入;(7)对同事、老板的友谊和忠诚:工作中的朋友;(8)安全的工作环境。

4. 工作——生活冲突的影响

大量研究发现高水平的工作——生活冲突和更高的心理倦怠、疏离以及较低的工作满意感相关。近来,Thomas 和 Ganster(1995)报告在健康看护样本中,工作——生活冲突和工作满意感存在负相关,和抑郁、身体不适有正相关。Higgins 及其同事(1992)对双职工开展的一系列调查发现,工作——生活冲突和家庭结果变量有显著相关,如工作——生活冲突和低家庭生活质量相关,低家庭生活质量又和低生活满意度相关等。虽然研究者倾向于将焦点集中在工作——生活冲突上面,但部分实证研究也表明家庭——工作冲突与一些工作和家庭结果变量也存在相关。如 Wiley(1987)对一组受雇的大学毕业生被试的研究表明,工作——生活冲突与工作满意感、组织承诺及生活满意度存在负相关。员工的工作—生活冲突也被证明与其家庭成员的健康和福利息息相关。厄尔(2003)在澳大利亚进行的一个传染病学研究发现,那些持续长时间工作或将抑郁带回家中的父母,他们的子女更容易发生心理问题和生理疾病。埃森(2004)在整合关于工作—生活成员后果的研究的基础上,提出了一个整合的分析模型。这个模型将工作—生活冲突的后果分为生活压力和工作压力两部分,并分别标示了其相关关系①。

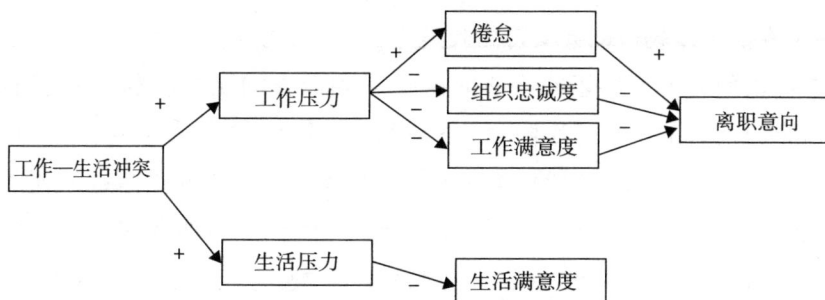

工作—生活冲突 ──(+)──→ 工作压力 ──(+)──→ 倦怠 ──(+)──→ 离职意向
工作压力 ──(−)──→ 组织忠诚度 ──(−)──→ 离职意向
工作压力 ──(−)──→ 工作满意度
工作—生活冲突 ──(+)──→ 生活压力 ──(−)──→ 生活满意度

5. 获得工作—生活平衡

格林豪斯和比特尔(1985)认为,工作—家庭平衡是一种内在角色冲突,来自工作和其他生活领域(如家庭)的角色压力,在某些方面无法兼容,以至于参与某一角色会因另一角色的参与而变得非常困难。格林豪斯和比特尔区分了三种形式的工作——家庭冲突:基于时间的冲突(time-based conflict),是指不同领域对个人时间上的竞争;基于压力的冲突(strain-based conflict),是指人们承担一种角色所产生的压力会影响其承担另一角色的效果;基于行为的冲突(behavior-based conflict),是指一种角色行为的特定模式与另一角色的行为期望不相符②。相对来说,女性面临更严重的工作—生活冲突。我们历史上的职业都是以男性的标准来塑造的。新中国成立后,越来越多的女性走上了工作岗位,而市场转型之后,女性对职业的追求面临更

---

① 岳经纶、[挪]库纳、颜学勇:《工作—生活平衡:理论借鉴与中国现实》,人民出版社2014年版。
② 岳经纶、[挪]库纳、颜学勇:《工作—生活平衡:理论借鉴与中国现实》,人民出版社2014年版,第21页。

强的效率要求、职业的竞争和精力的投入都更为强大,而且女性面临要调整女性的思维方式以适应男性的思维方式,工作团队支持方面的不足,社交群体有限等不利因素都使女性在追求工作—生活平衡的道路上更加艰难。

企业和社会是帮助员工获得工作—生活平衡的重要支持力量。例如,倡导家庭友好型工作环境是解决工作—家庭冲突的有效方式。家庭友好型工作环境指企业或组织未来帮助员工旅行家庭责任而推行的政策和项目的总称。一般包括以下几点内容:(1)托管福利计划,对有孩子、老人要照顾的员工提供工作场所社会支持的政策,如举办幼儿园、养老院为本企业员工的福利,以使员工不用担心上班时间孩子和老人的照顾问题;(2)弹性工时,包括灵活的工作时间和替代工作时间表,可以使员工在不减少工作时间的情况下自由配置个人时间,有利于员工合理安排工作和生活;(3)电脑远程办公,在可能的条件下允许职工自主选择办公地点,如在家上班;(4)灵活的请休假制度,员工可以因为儿童保育、分娩、生病而获得照顾假期;等等。我国要推行家庭友好型工作环境,关键是要形成这样一个共识:家庭友好型工作环境非但不会增加企业负担,反而可作为企业的一项自我投资战略。对于一个企业来说,如果员工面临严重的工作—生活冲突,其工作的专注度和工作绩效势必会受到影响,如果企业能帮助员工处理或分担,不仅能帮助企业吸收并留住最优秀的人才,而且有利于提高员工的归属感、组织承诺和工作绩效,同时为企业塑造良好的社会形象,从而实现共赢[①]。

三、如何提升积极关系,促进个人幸福

(一)理论

1.人际关系的需要理论

人是社会性动物。人际关系和谐既是互依自我的动机之一,又是互依

---

① 岳经纶、[挪]库纳、颜学勇:《工作—生活平衡:理论借鉴与中国现实》,人民出版社2014年版,第96页。

自我达成其它目标的基础。互依自我的需求是与他人、社会相关的需求,比如爱情、亲情和归属感。这些需求的满足是建立在与他人友好和谐的基础之上的。修茨的人际特质理论认为每个人都具有与别人建立人际关系的愿望和需要。这种需要是与别人建立心理相容的人际关系的需要,是人际关系得以建立的内在动力,人们有三种不同类型的需要,构成了三种不同形式的人际关系的愿望。这三类需要对人际关系的影响如下:(1)包容的需要。这种需要表现为希望和他人交往、交际,有与别人建立并保持良好的人际关系的愿望。如果包容需要强烈,则行为主动、积极,喜欢与别人交往。(2)控制的需求。这种需要表现为在权力上有要求控制别人的愿望。如果只有控制需求,没有感情需求和包容需求,就必然争权夺利,使人厌恶,从而造成人际关系紧张。(3)感情的需求。这种需求表现为在爱情和友谊上同别人建立并维持良好关系的愿望。如果包容和情感需求强烈,就会处处关心别人、爱护别人、尊重别人,在人际关系中得心应手,左右逢源。

2. 认知平衡论

弗里茨·海德和纽科姆是认知平衡论的主要倡导者。海德认为,人类普遍地有一种平衡、和谐的需要。一旦人们在认识上有了不平衡和不和谐性,就会在心理上产生紧张的焦虑,从而促使他们的认知结构向平衡和和谐的方向转化。显然,人们喜欢完美的平衡关系,而不喜欢不平衡的关系。他们认为,个人关系中的三个基本要素——个人(P),他人(O)和态度目标(X)——可以按有限数目的三角形关系来综合分析。例如,如果P为学生,X为爵士音乐,O为P所尊敬的师长。如果P喜欢爵士音乐,听到O赞美爵士音乐,P—O—X模式中三者的关系皆为正号,P的认知体系呈现平衡状态。如果P喜欢爵士音乐,又听到O批判爵士音乐,P—O—X模式中,三者的关系为二正一负,这时P的认知体系呈现不平衡状态,不平衡状态会导致认知体系发生变化。

因此,当认知主体对一个单元内两个对象看法一致时,其认知体系呈现平衡状态;当对两对象有相反看法时,就产生不平衡状态。例如,喜欢某人,但对他的工作表现不能赞同。不平衡的结果会引起内心的不愉快和紧张。

消除不平衡状态的办法将是,赞同他的工作表现,或不再喜欢此人,这就产生了态度转变的问题。现将上述的 P—O—X 的关系列成图解形式,以符号"+"表示正的关系,以符号"—"表示负的关系,那么,共有 8 种,其中 4 种是平衡的结构,4 种是不平衡的结构,如图(P—O—X 关系形式):判断三角关系是平衡的,还是不平衡的,其根据为:平衡的结构必须三角形三边符号相乘为正;不平衡的结构必须三角形三边符号相乘为负。

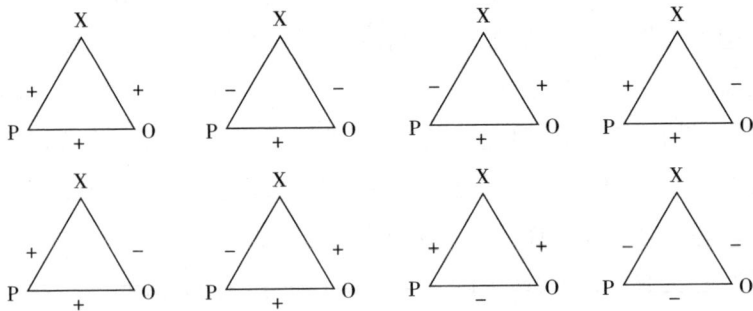

认知平衡论对人际之间亲和与吸引做出了解释。按这种观点,我们倾向于选择那些有助于自己保持一贯的、平衡的世界观的人为友。因此,思想、态度和行为与我们一样或者相似的人是可爱的朋友,因为他们坚定了我们对世界的看法①。

3.社会支持的作用机制

社会支持是指一个人通过社会互动关系所获得的能减轻心理应激反应,缓解精神紧张状态,提高社会适应能力的支持与帮助,它是主要来自家庭成员、亲友、同事,团体或组织且可以分为两种类型,一种是实际的支持,包括物质上的援助和直接服务,它独立于个体的感受;另一种是主观的,即体验到的情感上的支持,是指个体感到在社会中被尊重,被理解的情绪体验和满意程度,与个体的主观感受密切相关。有关社会支持的作用机制有主效果和缓冲器两种假设模型,主效果模型认为社会支持具有普遍的增益作

① [澳]福加斯:《孤独的人是可耻的:人际交往的艺术》,张保生、李晖、樊传明译,中国人民大学出版社 2014 年版,第 150 页。

用,无论个体的社会支持水平如何,只要增加社会支持,必然导致个体健康状况的提高。缓冲器模型则认为,社会支持仅在应激条件下与身心健康发生联系,它缓冲压力事件对身心状况的消极影响,保持与提高个体的身心健康。作为缓冲器的社会支持主要通过人的内部认知系统发挥作用。由此可见,社会支持既可以增加正性情绪体验,也可以抑制负性情绪体验,它在缓解个体心理压力,消除个体心理障碍,增进个体心理健康等方面产生重要的影响。良好的社会支持有益于缓解生活压力,有利于增强个体的主观幸福感[1]。

(二)给夫妻的建议

亲密关系不一定是快乐情绪体验和美满行为涉入的同义词。亲密关系是通过以双方满意的方式解决冲突而获得的。情侣们处理冲突的方式有很大差别。曾有一项研究考察了已婚夫妻解决冲突的方式,其中有三种是带共性的,即简单地逃避冲突;通过主动进攻对方而解决冲突;通过妥协解决冲突。在这些策略中,只有最后一种对保持婚姻美满有益,前两种都会产生消极作用。

美好的婚姻是以夫妻双方之间积极、建设性的反馈为特征。下面的练习你可以用在任何一种关系上——夫妻关系、友谊、亲子关系或者同事关系等,均有助于这些人际关系的改善。

选择一位与你关系密切的人,然后开始回忆当他说某些好消息时你做出的反应:"我的测验成绩得了 A!"、"我们赢得了羽毛球比赛的冠军!"、"我减肥成功了!"持续这样做直到你能分辨出你的反应模式。你是否乐观积极地去回应,询问问题并且与别人分享他们的快乐? 相对于其他反应方式来说你是否更常用这一种? 如果是这样,你就在使用积极—建设性的反应模式,你将很有可能跟这个人建立非常不错的关系。

或许你非常关心这个人,你严肃的反应可能源自你对他的爱,你可能并

---

① 吴捷:《老年人社会支持、孤独感与主观幸福感的关系》,《心理科学》2008 年第 31 卷第 4 期。

不希望自己的孩子骄傲自满,也可能不希望如果伴侣觉得好消息并不那么振奋人心时感到失望。但"建设性的"批评或者适当的热情会非常起作用,因为这是你说给他们听的。所以,要以积极—建设性的方式去对每一条好消息进行反馈。记录下你所做的,确保积极—建设性的反馈对比其他类型的反应方式,至少要达到3∶1①。

(三)给父母的建议

1. 父母的补偿心理

人活一辈子总有很多想法没能如愿以偿,由于很多客观的条件在改变,父母们就总希望找机会补偿一下,很多父母对子女的教育就是受这种补偿心理的驱使。在我国,这种补偿心理有很深厚悠久的传统。家族的成员不仅代表他自己,也代表整个家族的利益,父辈没有完成的使命理所应当由后代继续完成。这种使命感在一定程度上会促使孩子获得使命感而努力奋斗,但过度使用则会造成消极的甚至很严重的后果。例如,当孩子没有达到自己的预期目标时,使用粗暴的手段进行责骂、体罚等,严重损害了孩子的自尊、自我效能感等。还有一种补偿心理也比较常见,即父母由于自身原因没有给予孩子足够的关爱而产生负罪感,于是用丰富的物质生活加以补偿。在这种情况下,孩子很可能养成胡乱消费的习惯,用钱满足孩子的虚荣心,甚至支配别人。这两种补偿心理对于孩子的人格完善,社会交往等都是有消极影响的②。

2. 善用奖励

很多父母为了鼓励孩子好好表现,常常会用物质刺激的方法对孩子进行奖励。适当的奖励能够强化孩子良好的思想态度和行为习惯,激发孩子的上进心,有利于培养孩子的自尊心和自信心,但是值得注意的是,当孩子

---

① [英]彼得森:《积极心理学》,徐红译,群言出版社2010年版,第195—197页。
② 俞国良:《为生活服务的心理学微探》,中国人民大学出版社2012年版,第227页。

处于内在的兴趣或进取心而表现出好的行为时,家长若给予孩子过多的表扬,反而会削弱孩子的兴趣和上进心①。

3. 无条件积极关注

人本主义学派代表人罗杰斯说:不再想控制孩子的一切,用自己的标准要求孩子,而是把他当做一个人,来尊重他,会激发他的能量。相信他会成为他自己。不需要伪装,不需要压抑。他会成为一个负责任的,自我主导的人,一个拥有个人目标和价值观的人。而且他会从这样的家庭关系得到很大的满足,会爱家人,爱交流。

(四)朋友/同事关系维护与发展

学者们从心理学和社会学角度出发,研究得出人际关系会受到客观因素和主观因素的影响。其中客观因素包括:(1)空间距离,与人际关系成正相关的关系,会影响交往双方的密切程度,人与人之间在空间距离位置上越接近,双方接触、了解的机会增多,越容易形成彼此之间的密切关系。(2)交往频率,指人与人之间相互接触次数的多少,与人际关系也成正相关关系,彼此之间交往的频率越高,越容易形成密切的关系。(3)态度相似,即认可,一般指交往双方对某一事情的看法是否一致、或面对某种情形是否会采取相似的行为,所以"物以类聚,人以群分",态度相似的个体更容易产生共同话题,具备更多的共同观点和兴趣,更容易相处和交流,产生比较良好的人际关系。(4)需求互补。人际交往的动机和目的是满足心理需求,即交往的双方有交往的需求和被关注、被理解的需求,在交往的过程中,如果这种需求被满足了,就能够促进交往的更深一步,如果无法被满足,交往就会停止,人们会寻找新的交往对象。(5)人格吸引,包含外在和内在两类,如外貌、仪表、才能、品行、性格等方面,随着人际交往的深入,外表的吸引力逐渐下降,内在吸引力逐渐上升。

---

① 俞国良:《为生活服务的心理学微探》,中国人民大学出版社2012年版,第238页。

1. 好朋友的模样

进化心理学对友谊的研究和探讨指出了如何通过朋友关系增减幸福（Buss,2000），那就是结交几个要好的朋友并与他们保持密切的联系。如果你想结交好朋友，你选择的工作和休闲娱乐活动应当让你有可能遇到你兴趣相投、能力相当、境况相似、阅历相仿的人，因为相似的两个人之间的友谊，比不相似的两个人之间的关系要深厚得多①。

Peterson（2010）的研究发现，有些人把他们的好朋友描述为可信赖的、诚实的、忠诚的，还有人把他们的朋友描述为善良的、可爱的、幽默的以及有趣的，这些被一致认为是一个好朋友所应具备的最重要（量表上得分>4）特征。被评为相对不重要的（量表上得分<2.5）特征主要包括朋友的地位、魅力、身体健康、基恩能够、抱负和成就②。

2. 自我表露

一旦个人关系发展到表面接触或互有好感阶段，推动它进一步发展的重要驱动力之一就是适量的自我表露。咋看起来，自我表露好像很容易，但实际上它是一个相当复杂的活动。关于自我表露的研究是由朱拉德开创的，他设计了朱拉德自我表露问卷。该问卷由 60 道个人交谈话题组成，试验时要求受试者从中选出与各种潜在伙伴交谈时感到舒服的不同话题，并对他们进行排序。朱拉德以这种方法发现，大多数人头脑中存在着明确的"可表露性"等级。与气候、公共事务、爱好、兴趣、态度、工作等联系较多的特定话题，是可以毫不犹豫地加以表露的。其他与金钱、身体个性或性行为等有关的话题，除非个人关系以及达到非常亲密的水平，通常是不向一般人表露的。在谁向谁表露的问题上，还存在重要的性别差异。女人对自己的母亲表露得最多，其次是女性朋友、男性朋友，最后才是父亲；男性也对自己的母亲表露得最多，接下来的顺序是男性朋友、父亲，最后才是女性朋友。

---

① ［澳］福加斯：《孤独的人是可耻的：人际交往的艺术》，张保生、李晖、樊传明译，中国人民大学出版社 2014 年版，第 160 页。

② 郑雪：《积极心理学》，北京师范大学出版社 2014 年版，第 250 页。

但是,单方面、大幅度地增加自我表露,可能会产生反作用。鲁宾考察了低、中、高三个等级的自我表露在表面性接触阶段对吸引的影响。结果显示,高自我表露的个人不一定被评为最有吸引力的,事实上,中等水平的自我表露比极高或极低的自我表露更招人喜欢①。

(五)总结与展望

中国是典型的集体主义文化模式,中国人特别讲面子,许多中国人活着是为了与他人有和谐的关系,为了让他人觉得自己很幸福,而不是考虑自己主观上是否真的幸福。如中国人很讲究送礼人情,要尽量把最好的东西送给别人,而一旦接受别人的人情后,最好的方法就是回报他人更大的人情。因为如果一个人亏欠了他人的人情债,他就很有可能在人际关系中失去平衡,有被他人或社会孤立的危险。个体主义和集体主义两种特点鲜明的文化模式,它们导致民众在判断自己是否幸福时的标准有所侧重。在大多数个体主义文化模式中,个体的主观幸福感主要由自我的内部情绪体验为基础,而集体主义文化模式中,个体的主观幸福感则以"美好生活"的外在社会标准为基础,强调一致性。卢卡斯等人研究发现,在个体主义文化模型中,未婚同居者比结婚同居者的感觉更幸福,而在集体主义文化中,未婚同居者则不如结婚同居者幸福。

此外,大量研究证实个体和他人的关系对工作家庭冲突有重要影响。人们通过提供信息支持(建议和信息)、工具性支持(现实的资源和服务)、评估支持(帮助评估和理解问题)以及情感支持(关系和同情)来支持其他人。截至目前,几乎所有的研究都证实了社会支持对降低工作家庭冲突水平所起的积极作用,但这种作用是直接的还是间接的以及如果是间接的,都包括哪些因素在内,都尚需人们作进一步的研究。在工作场所人际关系方面,国内外学者对企业中人际关系的关注日益增加,但仍有不足。目前的研究一方面主要探讨企业内部人际关系对企业创新(主要是技术、知识和管

---

① [澳]福加斯:《孤独的人是可耻的:人际交往的艺术》,张保生、李晖、樊传明译,中国人民大学出版社 2014 年版,第 214 页。

理创新)以及企业发展的影响,但是却很少关注人际关系是如何影响员工绩效的;另一方面,在现有的理论研究和管理实践中,学者和企业家普遍关注组织中的正式系统(如制度、规范等)对员工行为和员工绩效的影响,却比较忽视非正式系统(如人际关系和组织氛围)对员工绩效的影响,关于企业内部人际关系对员工绩效的影响机制并没有十分明确的研究结果。

根据社会交换理论,当真实型领导者关心下属的发展,制定决策时顾及他们的意愿和感受,充分尊重他们时,下属会以积极的工作态度、良好的表现和高绩效回报领导。从现有研究来看,受到较多关注的是领导—部属交换关系、人际信任和情感承诺。作为一种全新的领导形态,真实型领导能为个人、团队、组织乃至社会带来"正能量"。然而,作为一种新型领导理论,它在概念、测量、影响因素、影响效果和作用机制等多方面仍值得进一步考察[1]

---

① 王震、宋萌、孙健敏:《真实型领导:概念、测量、形成与作用》,《心理科学进展》2014年第22卷第3期。

第 七 章

"意义和目标"谱写幸福密码

一、"幸福"的两个童话

（一）理性和享乐

在对人的幸福进行了广泛的研究后,积极主义和享乐主义越来越被区分开来。在心理学领域,理性主义的幸福被定义为典型的充实感(包括理性的情绪),这种充实感来自于在有意义活动中的参与,也来自于对个人潜力的挖掘(Deci & Ryan,2000)。在这种传统下的研究成为某些学者的观点的印证(Ryan,2000),这些学者认为过分强调幸福对美好生活的其他方面造成了损害(Ryff & Singer,1988)。恰恰相反,享乐主义被视为从本质上关注积极的主观感受。因此,主观幸福感被定义为高生活满意度(LS)、更多的积极影响(PA)、更少的消极影响(NA)(Diener, 1984, 1994)。Ryan 和 Deci 在 2001 年提议,对幸福感的研究理所应当地应该分为两大阵营,以 Ryff(1989)为代表的一些科学家对"理性主义"研究很多,而以 Diener(2006)为代表的另一些科学家则对"享乐主义"的研究做出了很大贡献(Kahneman,1999)。

这样看来,理性主义和享乐主义的分裂几乎只是呈现了各自的道德特征。然而,有些人只专注于获取幸福,Marquis de Sade 就是最突出并经常被提到的例子。亚里士多德被公认为奠定了理性主义心理学研究的基础,而很少被人所知、甚至被人误解、不那么著名的 Aristippes 奠定了享乐主义的哲学基础(Ryan & Deci,2001)。因此,对理性主义的研究可能被视为一种比快乐更有价值的兴趣。从定义的层面上说,主观幸福感的研究很多都集中于人们怎么感知自己的生活——他们怎么变得快乐、怎么变得不快乐、又是怎么感觉到这些的。

重要的是,理性主义和享乐主义的这种区分是人为的,也许也是不必要的。Aristotle(1998)把乐趣视为积极生活的必要组成部分:"幸福……是世上最美好的、最高尚的、最令人快乐的东西,而且这些属性之间也不是相互割裂的"。研究文献中理性主义和享乐主义纠缠在一起的例子举不胜举。理性主义的一项特征——本质的内在动机是以享受来衡量的(Ryan,Koestner & Deci,1991)。这种包括相关性、自主性和能力的有机需求(Ryan & Deci,2001;Sheldon,2002)通过衡量主观幸福感(Kasser & Ryan,1996;Sheldon,2002)增加了自身的有效性。实际上,美好生活的许多方面(如:和他人温和的关系、自我掌控感、生活的目标)和主观幸福感有着很强的关联性。而这种关系对于美好生活也被理所应当地当作是积极主义可变因素重要性的标志。当然,幸福不是一切,但在特定环境下,幸福确实很重要。将愉悦的情绪与适应性活动进行匹配是一种进化的方法,它说明了我们采取的行为对于我们的生存来说是必要的(de Waal,1996)。

也许理性主义和享乐主义的区别并非对于幸福本身,而在于幸福的根源。假如理性主义退一步可以认为感受幸福是有正当理由的(如"我志愿作为一名文学家庭教师"),而不是没有正当理由(如"我刚刚买了一辆跑车"),那么,我们从许多证据中可以发现一分为二的看法被太粗糙地抛弃。研究显示,在提高主观幸福感方面,出于内在动机的行动要比来自外部的干预有用得多。很显然,主观幸福感对于"理性主义幸福感"的变化非常敏感——我们生活得越幸福,我们感觉就越好。最终,幸福的感受可以视为诸如持续生产(Csikszentmihalyi,1990),慷慨大度,宗教信仰(Myers,2000),慈善心(e.g.,Magen & Aharoni,1991),创造力(Estrada,Isen & Young,1994),富有激情地追求目标(Emmons,1986),向成功努力(Carver,Scheier & Pozo,1992)以及寻求生命的意义(King,Hicks,Krul & Del Gaiso,2006)等高级行为的先兆或者说是伴随物。

(二)意义和目的

对于幸福的讨论,让我们可以大概划出生活意义这个概念的界限,但是我们还是没有能够打开直通其内在本质的大门。幸好,有两位学者作出了这方面的尝试,并取得了骄人的成绩,他们是塞利格曼和莱福。

著名积极心理学家塞利格曼在他的幸福 1.0 理论中就将"有意义的生活"视作幸福生活的第三个方面,而在幸福 2.0 中,他又再一次提及了这一个概念。有意义的人生意味着我们能够归属于某些超越自身的东西,并为之奋斗。为此人类创立了许多组织:宗教、政党、环保运动、童子军及家庭。塞利格曼认为,生活意义是由其主观方面和客观方面共同构成的。意义中有主观的成分,而且这种主观评价(有意义!)可能会随时间而发生改变。不过,意义不仅仅是主观感受,我们还可以从一个外在的、历史的、逻辑的和一致性的角度出发来客观评价一个人的生活是否有意义。最重要的是,"意义"这个量度符合成为幸福理论元素之一的三大条件:(1)它有利于幸福;(2)它是一种"最后的"追求——不是追求其他因素的中间过程;(3)它的测量和定义与其他因素无关。[1]

积极心理学家莱福同样是在社会性幸福理论中占有举足轻重地位的一名学者。他的幸福理论中,设立了一个生活目的(purpose of life)的维度,用来描述个体相信生活是有意义和目的的[2]。莱福认为生活目的是指个体在生活中有比较明确的目标和方向感,能够感觉到过去和现在生活是有意义的,认为人生在世是有目的需要实现的,活着有愿景[3]。

除了两位泰斗级人物对生活意义的定义之外,还有许多其他学者也对生活意义提出了自己的看法。例如学者 Shek 就认为,生活意义本身应该是来自于生活中追求的目标或是"生活蓝图"。但是一个个体有可能在存在

[1] Seligman M.E.P., *Flourish*, New York, NY: The Free Press, 2011, p.25.

[2] Ryff C.D., Keyes C.M., "The Structure of Psychological Well-being Revisited", *Journal Of Personality And Social Psychology*, Vol.69, No.4, 1995, pp.719-727.

[3] Ryff C.D., Singer B.H., "Know Thyself and Become What You are: A Eudaimonic Approach to Psychological Well-being", *Journal of Happiness Studies*, Vol.9, No.1, 2008, pp.13-39.

生活目标和蓝图的同时,没有任何生活意义的"体验"。从这个角度来说,有意义的生活似乎也与个体的感受和情绪状态有关。于是,我们就有了两种生活意义:(1)有意义的生活体验和经历(情感性的);(2)有意义的生活目标和目的性(认知性的)①。学者 Zika 认为,生活意义可以被定为:对个体存在的秩序性、一致性以及目的性的认识,对有价值目标的追求和实现,同时伴随着成就感。在这种生活意义定义中,意义和成就被混合在了一起②。学者 Bering 从认知的角度③,认为生活意义来源于人们对个人生活目的性的感知,对生活意义的认知性归因。生活意义还可以是:(1)让生活变得合情合理;(2)一种情绪状态;(3)生活受到目标导向;(4)个人生活的升华;(5)自尊、效率、自我正义和目的的综合体④。

总而言之,生活意义似乎是:人们是否感觉得到自己归属于另一个超越自我的存在——不论是一个组织还是一种宗教——从而使自己的生活更充满了意义⑤。

(三)目标与意义的区别

我们讨论了生活意义的各种可能定义,但是我们也必须牢记,生活意义并不是凭空产生的。实际上人们在生活中不断地思考、决定并去追求重要的有意义的目标,正是这些目标使得我们的生活有意义,使之能够保持良好的秩序和稳定的结构。从这个角度来说,目标为生活意义提供了实质和形式。

---

① Shek D.T., "Meaning in Life and Psychological Well-being: An Empirical Study Using the Chinese Version of the Purpose in Life Questionnaire", *Journal of Genetic Psychology*, Vol. 153, No.2, 1992, p.185.

② Zika S.K., "On the Relation between Meaning in Life and Psychological Well-being", *British Journal of Psychology*, Vol.83, No.1, 1992, p.133.

③ Bering J.M., "Towards a Cognitive Theory of Existential Meaning", *New Ideas in Psychology*, Vol.21, 2003, pp.101-120.

④ Garrosa-Hernández E., Carmona-Cobo I., Ladstätter F., Blanco L.M., Cooper-Thomas H.D., "The Relationships Between Family-work Interaction, Job-Related Exhaustion, Detachment, and Meaning in Life: A day-level study of emotional well-being", *Revista De Psicologia Del Trabajo Y De Las Organizaciones*, Vol.29, No.3, 2013, pp.169-177.

⑤ Webster A.D., "A Flourishing Future", *Independent School*, Vol.74, No.1, 2014, pp.40-46.

　　然而,并不是所有的目标都能够为生活提供意义。有一些肤浅而琐碎的目标,可能是生活所必需的,却与生活意义无关,例如口渴了就要喝水,肚子饿了就要吃饭。我们当然必须实现这些目标,但是它们不会为我们提供生活意义感(你也许会考虑晚饭吃什么,却不见得会思考吃饭有没有给你一种超越自我的意义感)。与之相对应的,那些更为重要的,更超脱于个人的目标,更有可能为我们带来意义感。下文中就介绍了一些这样的目标。

　　生活目标与生活意义究其本质的定义来看,是两个不同的概念。生活目标更像是一种动态的幸福表述方式(人们追求幸福的目标,如果实现了目标,那就获得了幸福),而生活意义只是其中的一个部分,或者是由其产生的。在很多研究中,生活意义和生活目的是相互通用的,但是也有学者认为他们并不完全相同:"生活意义"指的是理解并赋予生活意义,包括个人对自己,对外在世界的看法,以及在这些看法之下采取的适应性措施;"生活目的"则是指更为广泛的或者更长期的生活抱负,这种抱负驱使着个体从事各种各样的行为来实现自己的理想。

　　我们可以从研究者对生活目标的分类中,对生活目标和生活意义的关系有一个更深刻的理解。生活目标可以分成:(1)成就目标——投入工作中,相信其价值,喜好挑战;(2)关系目标——与他人相处良好,相信他人,乐于助人;(3)精神目标——宗教从属感,参与宗教组织;(4)代际目标——为社会的未来做出贡献,考虑未来孩子的利益[1]。

　　我们可以发现,在这样的对生活目标的分类中,有着塞利格曼生活幸福的模糊影子:成就目标似乎包括成就因素和投入因素,关系目标与人际关系因素,而精神目标(宗教)和代际目标则似乎符合意义因素的规定。既然我们要比较生活目标和生活意义的区别,我们不妨仔细来看一看精神目标和代际目标。

　　精神性目标(spirituality)——精神目标是指那些与自我升华有关的目标,如"深化我和上帝的关系","在生活中,与更高阶的力量和谐相处","感

---

① Emmons Robert A, "Personal Goals, Life Meaning, and Virtue: Wellsprings of a Positive Life", *Flourishing: Positive psychology and the life well-lived*, 2003, pp.105-128.

恩上帝的创造"。精神性的奋斗总和神迹相关,它指向那些与终极目标、道德、奉献有关的个人追求,以及如何在日常生活中发现神性。为精神性目标而进行的奋斗与更高程度的主观幸福感正相关,尤其是对生活满足有重要的积极作用。有趣的是,这种作用似乎在女性身上更为强烈①。如果能够个体养成在日常生活中寻找"神性"的习惯,可以显著地提高幸福感,这是其他目标所不能够做到的②。

代际性目标(generativity)——代际性目标是指那些与未来代际(我们的子嗣以及他们的子嗣)有关的目标,如"为我的孩子树立一个刚好的榜样","对我们的社会发展有贡献","做志愿者来帮助教育事业的发展",等等。为了代际性目标而进行的奋斗(为了下一代人而创造、奉献的努力)可以预测较高程度的生活满足和积极情绪,无论这种奋斗是体现在做一个负责任的家长的过程中,还是体现在教育、指导、咨询或领导的过程中③。

二、目标的设定与幸福的提升

目标设定在幸福感的提升中所起的作用被专家所公认。"个人目标"这一术语专指那些要在日常生活中努力完成的目标(Emmons,1986)。个人朝有价值的目标努力工作是主观幸福感的一个重要方面(Brunstein,1993;King,2007;King,Richard & Stemmerich,1998;Pervin,1989;Sheldon & Elliot,1999)。研究已经证明具有重要价值的目标和幸福感有关,尤其在这些目标实现的过程中。个人目标组织着日常的生活,并影响着日常事务和情感生活之间的联系(Diener & Fujita,1995)。日常事务也影响着我们,它们影

① Emmons R.A.,Cheung C.,Tehrani K.,"Assessing Spirituality Through Personal Goals:Implications for Research on Religion and Subjective Well-being",*Social Indicators Research*,Vol.45,1998,pp.391-422.
② Mahoney A.,Pargament K.I.,Jewell T.,Swank A.B.,Scott E.,Emery E.,Rye M.,"Marriage and the Spiritual Realm:The Role of Proximal and Distal Religious Constructs in Marital Functioning",*Journal of Family Psychology*,Vol.13,1999,pp.321-338.
③ Ackerman S.,Zuroff D.C.,Moskowitz D.S.,"Generativity in Midlife and Young Adults:Links to Agency,Communion,and Subjective Well-being",*International Journal of Aging & Human Development*,Vol.50,2000,pp.17-41.

响了我们的目标。追求目标使一系列生活事务紧紧联系在一起,这些事务包括了整个生命的开始,中间和结束。这些目标指引着我们的注意力,将我们的思考集中到它们身上,促使我们挖掘日常事务的意义,它们是我们精神生活的中心①。

(一)最佳的目标追求

相当数量的与目标追求有关的文学作品提供了很多思路,关于可能提升主观幸福感的各种类型的目标。为了提高主观幸福感对追求目标整个过程的回报,一个人应该追求重要且对个人有价值的目标(Emmons,1986;Sheldon & Elliot,1999)。这些目标应当有适度的挑战性且对相互之间的关系有所帮助(Emmons & King,1988)。目标,应该是知难而进而不是回避(Elliot & Sheldon,1997)。每天都有目标就会使我们的生活梦想更远大、更宽广,这些梦想又与主观幸福感有关,在这些目标上的努力一定会在以后得到回馈(King el al.,1998)。最优目标的定义可能应该就是为生命价值提供的根本需求(Sheldon & Kasser,1998,1999)。

目标作为提高幸福感的"通道"的一个优点,就是使我们单纯地享受幸福感,而没有明确的去追求它。不同的个人目标也许有着天壤之别,但它们都超越了"变得幸福"这一努力方向。因此,目标使人们充分利用和总体主观幸福感的明确关系,也就是说,目标允许我们在追求其他东西的时候同时追求幸福。实际上,值得注意的是,那些将目标的进展和幸福明确地联系起来的人遭遇很惨(McIntosh,Harlow & Martin,1995)。

就整体而言,有目标的人的成功概率要比没有目标的人大得多。具有挑战性的明确的目标通常会带来更好的表现。设定目标就是用语言给自己一种承诺,而承诺本身会给我们带来更好的未来。

登山家威廉姆·默里在《苏格兰人的喜马拉雅探险》中提到克服困难向目标前进的好处:"一个人在下决心之前容易犯犹豫不决的毛病,容易退

---

① Diener,E.,Lucas,R.E.,& Scollon,C.N.(2006).Beyond the hedonic treadmill:Revising the adaptation theory of well-being.American Psychologist,61(4),pp.305-314.

缩,效率降低。但重要的是,当你真正决定兑现承诺的时候,命运也会开始帮助你。如果不清楚这一点,再好的想法和计划也将付诸东流。当开始为自己的承诺付诸行动时,人们会发现,他们的运气变得出奇的好。行动本身就包含了智慧、奇迹和力量。"

一个目标,一个明确的承诺,可以让我们集中注意力,帮助我们找到达到目标的路线。心理学家告诉我们,信念是一种会自动实现的语言。当我们下定决心直面困难时,我们事实上已经相信了自己,相信了自身的能力,我们可以去创造现实,而不只是对现实做出被动的回应。

目标的作用是为了帮助我们解放自我,这样我们才能享受眼前一切。如果我们盲目地踏上任何旅途,那过程本身肯定不会有什么乐趣。如果我们不知道方向,那人生中每一个岔路就会变得非常矛盾——似乎向左向右都没错,我们不知道方向,也不知道每条路的终点。那样我们无法享受旅途,只会被犹豫和迷惑所吞噬。所以,只有当我们确认目标之后,我们才能把注意力放在旅途本身。

目标是为了让我们能享受眼前,目标是意义(相信它可以增强我们旅途中的快乐感受),不是结局(相信它可以加强我们旅途中的快乐感受)。当目标被视为意义时,它才会帮我们规划旅途中的每一步;而目标被认为是结局时,它所带来的只会是无尽的困难和挑战。正确的目标认知,带给我们的是一种安宁。

是不是所有目标都可以带来同样的幸福呢? 金钱是否有意义,而声望是否可以带来快乐呢? 对金钱、声望的追求,通常是出于必须和压力的心态。但如果我们去追求成长、人际关系和对社会有贡献的目标,将目标重点放在自我和谐上,我们的潜能能够最大化地发挥出来,我们将会更快乐。

自我和谐的目标,是发自内心最坚定的意识,或是最感兴趣的事情。这些目标是从"整合自我"生发的"自我直接的选择"。这些目标必须是主动选择的,而不是被附加在我们身上的。追求这些目标,不是因为他人觉得你应该这么做,也不是出于责任感,而是因为它对我们具有更深层的意义并且能够带给我们快乐。

研究指出,外在的目标与我们内在目标的意义有着显著不同。财富上的目标通常不是出于自我和谐,而是出于外在因素。大部分追求财富的人,为的是满足自身对金钱和社会地位的虚荣心。

那些看重物质价值的人,其自我实现度、生命力和幸福感普遍较低,更多的是焦虑,并且不良状况频发。这并不是告诉我们完全不应该追求物质和声望,这是违背现实的。但在基本需要之外,如果是以追求幸福为前提的话,财富和声望不应该是我们所追求的核心。

要想确定自我和谐的目标并不容易,需要正确的自我认知能力,强大的自制力,因为社会影响和压力经常让我们做出错误的选择。我们首先必须知道我们的生命需要什么,然后诚实地面对自己的愿望并且对它负责。

自我和谐目标的前提就是,目标是自己在自由的情况下所做的选择。这些选择是我们"想要做"的事情,但生活里仍然充满了各种"不得不做"的事情。那些"不得不做"的事情,通常不是缺乏意义,就是没有快乐,或者两者皆无。而只有内心"想做的"事情时源于自我和谐的目标,才可以带来意义和幸福。

一个增强幸福感的方法,就是增加想要做的事并减少不得不做的事。分析你想要做的事,什么能够带给自己快乐和意义。生活里有些不得不做的事情,有时是无法避免的,但我们可以尽可能地减少它们,并以想要做的事情取而代之。不得不做的事情和想要做的事情的比例可以决定你的幸福感。

问问自己想要做得还不够,我们还需要更深入认识自己,发现内心真正的需要。自我和谐的目标,结合了我们自身最大的兴趣和最深的需要。当我们跟随自己内心的方向时,我们能够感觉到自己正行走在命运的轨道上,会发现新的机会,生活的大门为我们敞开,我们不仅可以享受人生,也会更加成功。反之,如果我们没有一个清楚的发自内心的方向,我们很容易就会陷入漫无目的的游荡,从真我道路上被拉开。当我们知道自己的方向时,我们就不容易迷路,也会更加忠于自己的内心。我们可以轻松对外界那些强加到我们身上的东西说"不",而对自己内心的声音说"是"。

(二)关于幸福感的适应问题

也许,任何一个提高幸福感的过程面临的最大挑战就是"幸福期望值"

现象(Brickman & Campbell,1971;Fredrick & Loewenstein,1999)。从本质上说,人生中的任何改变都可能影响主观幸福感,使之很快适应。所以,中了彩票,移居加州,或者坠入爱河可能会导致愉悦的经历,但最终我们都会回归到人生的起点(Diener,Lucas & Scollon,2006)。任何新事物最后都会变得司空见惯。新鲜感有激励人的价值(McClelland,1980),当然,也因此可能只能在一次中起作用而最终变得乏味。无论是从广播到电缆,还是从一线通到宽带(DSL),前者都被作为生活质量提高的里程碑,它们存在广阔前景却最终退出历史舞台,所有一切都很快被认为是理所应当的①。

"幸福期望值"突出强调了追求目标以提高幸福感的一项很大的益处。目标是不断变化着的,它们随着人生经历而改变或者被改变。"动机"在人的生命中的特殊定义,就是它提供了确实的需求——恰恰是因为我们只有一个朋友,所以我们不能放弃交朋友的愿望。最终造成的结果就是,目标追求在适应过程中不容易受影响。

可以使目标维持"幸福期望值"时间持续性的另一种方式,就是"强调积极性"而不必降低消极性。积极心理学的批评者们对过分强调积极思维和"积极心理学"(e.g.,Lazarus,2003)很不满,他们认为这对人们理解生命的艰辛造成了不良影响。在日常情绪中目标的本质和目标的水准造就了它们的支配地位,促进的不仅是幸福而是生活的各个方面。目标又和积极抑或消极的情感经历相关联,这些经历取决于实现追求的过程。这个观念当然融合了榜样的角色在自我管理中的影响(Carver & Scheier,2008)。目标不仅是简单地增加幸福感,同时可能也增加了短暂的不幸——这也许是件好事。

有时,目标不会起到相应的作用,尽管目标是经过精心策划的而且在顽强地坚持不懈地追求。实际上,设定一个目标不仅有实现的前景,同样也有失败、耻辱、悔恨的潜在可能。一个人在日常生活中冲动的投入可能意味着当他不知是否能成功时担惊受怕(Pomerantz,Saxon & Oishi,2000),而在事

---

① Diener,E.,Lucas,R.E.,& Scollon,C.N.(2006).Beyond the hedonic treadmill:Revising the adaptation theory of well-being.American Psychologist,61(4),pp.305-314.

情不如意的时候承受失望（Marsh，1995；Kernis，Paradise，Whitaker，Wheatman & Goldman，2000）。要真正在乎在一个人的生命中发生什么，从一天到第二天，也许才能很好地了解挑战：失去、失败和过失的回忆很大程度上可能会成为痛苦的根源（Gilovich，Medvec & Kahneman，1998；Niedenthal，Tangney & Gavamski，1994）。King 和 Burton 重新整理了目标追求导致负性情绪的所有可能的方式，得到的结论是："在生命中，有些不幸是不可避免的。也许，目标只是让我们痛苦的原因更容易理解"。确实，从总体来说，目标追求可能会使生活更幸福，它也维持了在情感意义上有趣的生活。通过促进丰富多彩、条理清楚的情感生活，生活的目标维持了明确的可能性和趣味性。这里的结论就是，对那些想要提高幸福感的人来说，需要做的就是非常努力的去争取认为有价值的目标。你可能幸运的达到了，或者有时失败了。

从更普遍的角度说，丰富的情感生活是由积极经历和消极经历共同包围着的。这样，也就避免了"享乐跑步机"的诱惑。人生目标作为提高幸福的途径而变得有价值，因为它尽管有能力产生积极影响（PA），却不能阻止消极影响（NA）的产生。一个聚焦于将幸福感或幸福作为自身终结的问题是将任何消极情绪视为阴暗面的倾向。因此，痛苦、悔恨、失望的经历常常被认为最好是可以避免的。对最大化 PA 和最小化 NA 的关注导致了一种观点，幸福的人对生活的兴衰变迁"防卫很好"、"刀枪不入"（King，2001b）。曾在一段时期内，积极心理学领域的学者更倾向于一种"螺旋上升"的理论（Fredrickson & Joiner，2003；Sheldon & Houser-Marko，2001），这个理论认为诸如恢复力和内在动机等等因素导致了 PA 的提高，PA 又致使这些因素向更高发展，而这些因素再提高 PA。这种螺旋上升似乎将会在无休止的高潮后到达极点。

再次，即便是我们当中最幸福的人也一定会经历消极的时期。没有经历反而意味着生活失调，心境从现实角度回馈了我们。埋藏在日常生活中的幸福感，在一些事情上有时会超出我们的控制范围，就像责任和麻烦一样，幸福感如同生活中其他的美好事物一样，情绪是幸福感的一个方面，同时也在行动中反馈，合理的生活一定包含着好的方面和不好的方面。确实，一些学者所做的关于生活变迁的研究（King，Scollon，Ramsey & Williams，2000）似乎也表明"任何旧的东西又会变得新鲜"。在生活的变迁中，些许小事被珍藏起来，一遍又一遍，它们就变得珍贵起来。另外，对目标的追求，以及对幸福感的探索可能不是在探寻幸福本身，而是生活的附庸（Cantor & Sanderson，1999）。

（三）设定目标助力幸福提升

Lyubomirsky，Sheldon 和 Schkade（2005）提出了一种很有前景的可以持久地提高主观幸福感的方法。执着于幸福感的改变（提升）可能还不如轻而易举的去实现某一目标，这里面包含着许多原因，这些学者建议：第一步应该从有目标的行动开始。事实上，有很多因素和 PA（积极影响）有关：比如，行动、慈善、积极的自省、有目标的努力以及感受哲理（Lyubomirsky el al.，2005）。社会心理学家已经在激烈争论，是否真正存在完全无私的行为（没有情绪收益的无私行为）来说明无私行为和 PA 之间的密切关联几乎是必然的。改变基因是不可能的（至少目前是这样），改变人的个性也同样十分困难。甚至，搜集有关婚姻、工作的经历等资料并把这些资料整理到"幸福"程序中也不是一件简单的事。但这些确实的行动（比如慈善行动、身体锻炼）似乎表明，每个人会从频繁的积极影响中获益。以 Lyubomirsky 等人（2004）的理论出发，我们可以提出下面的计划帮助一个不快乐但想要快乐的人："做对别人有所帮助的事。不要再读帮助自己的书，而去寻找帮助别人的方法。"

还有另一种提升幸福感的方法，其有效性在学术上已经被 Pennebaker 杰出的作品（Pennebaker & Chung，2007）所证明。一项在实验室里进行的研究，在超过四天的时间中，每天有二十分钟要求参与者写下他们最难忘的痛苦经历、未来最理想的自我或者一个特定的话题（一天的计划）。下面是一篇最好的自我介绍里写的：想象一下你将来的生活。每件事情都可以顺其自然。你工作努力，也成功地达成了所有的目标，就如同实现了你的人生梦想。（King，2001）。

在写作之前、之后以及完成主观幸福感测量大约一个月后，研究者会对参与者的情绪进行测量。结果表明,在写作之后,最好的自我状态导致立即提高了积极情绪(仅以之前实验中痛苦经历的写作来进行对比),更重要的是导致了几周后主观幸福感的提升。从这个结论继续扩展开来,Sheldon 和 Lyubomirsky(2006)发起了一项研究,旨在检验外界干预对提升主观幸福感并可以保持一段时间的潜力。他们指定一些人来写感谢信,写最好的自我,或者写一次具体的生活情境。结合过去的研究,他们发现进行最好自我的写作可能对积极情绪和内在动机有促进作用。

那么,对未来进行乐观写作可能是增加主观幸福感的一条有效途径,至少在短时期内。并非偶然,这两个以写作进行的研究都关注最好的自我——目标的个体化呈现。事实上,Lyubomirsky 等人(2005;或者见 Sheldon & Lyubomirsky,2006)也明智地把焦点放在追求主观幸福感目标的作用上,并将此视为持续改变幸福感的有潜力的途径,也是现在我们可能转向的一条途径。

三、意义和幸福的相互关系

也许自从人立足于这个世界开始,"存在的意义"就成为了文明与思想始终追求的目标之一。我们为什么要出现在这个世界上,为什么要从事我们正在从事的行为,人之为人,我们生活着究竟是为了什么。古希腊的哲学家们再对自然的探索告一段落之后,就回归于人性,去寻找人性的本质和存在的意义。不过,这个问题并不只是属于哲学家、思想家,它同样属于我们每一个普通人——你是否在日常繁杂的生活中,曾经感觉到无所事事?抑或是在千辛万苦执着挑战时,感受到自己正向着某一个更宏伟的目的而奋斗?你是否曾看着自己的儿女成长,感觉到所有辛劳都是有价值的?抑或是在宗教的感召下,体验到皈依时言语不能形容的平静?这一切,都与生活的意义有关。也许,这也是人类与动物和植物不同的地方,我们是一群寻找意义的生灵。至少目前为止,人类是地球上唯一一种能够并需要"寻求意义"的物种。赋予意义是人类所特有的一种行为,也是人类大脑的基本功能。

　　我们每一个人对生活意义的思考,都是零碎的、不完整的,想要系统而全面地用科学的方法来考察生活意义,需要研究者们的不懈努力。心理学,作为对人内心过程和行为表现进行研究的科学,义不容辞地担当起了这个重任。在早期,心理学家们(尤其是临床心理学家们)将生活意义的缺失与心理疾病联系在一起,甚至用一个形象的比喻来描述它们之间的关系:"当我们失去生活意义的时候,内心的空洞就会被心理疾病所填充"。然而,想要量化生活意义是极其困难的,什么才是"有意义的生活",研究者们对这一关键概念的操作化定义莫衷一是,对生活意义的研究也随之陷入僵局。随着积极心理学的兴起,对生活意义这一研究主题重新回到人们的视野。越来越多的积极心理学家将有意义的生活和幸福的生活联系在一起,毕竟我们不会满足于一个快乐而没有意义的生活,生活的意义一直也应当是幸福生活的重要组成部分。

(一)生活意义的测量

　　在大概了解了生活意义的含义,以及它与生活目标的区别之后,我们就可以来讨论生活意义的实证测量方法。个体几乎总是从多方面的重叠交叉的关系中寻找意义的存在,因此测量意义的方法常常是开放性的。最初研究者们通过访谈探索意义不同的主题进行意义生成的研究。测量意义的第二类方法是基于书面的叙事,常常是对一次重要的生活事件、一次生活变迁或一段时间内的冲突进行书面的叙述,使用生活叙事测量的研究其实更倾向于将坦白而暴露的书面叙事作为一种干预而不是诊断工具。关注于意义生成过程的自陈式测量则有广泛应用的生活目的测评(Crumbaugh 和 Maholick)和幸福定位问卷(Peterson 等)①,前者测量回答者如何有意义地判断他们的生活;后者要求回答者确认三种获得幸福的不同途径:通过快乐、

---

　　① Peterson C.,Park N.,Seligman M.P.,"Orientations to Happiness and Life Satisfaction:the Full Life Versus the Empty Life",*Journal Of Happiness Studies*,Vol.6,No.1,2005,pp. 25-41.

通过投入和沉浸、通过意义①。

我们还可以通过两种方式探索生活意义感的程度——通过"生活中的意义"和"寻求生活意义"两个方面。生活中的意义分量表测量的个体感知到的生活意义程度("我能感知到生活是有意义的"),而寻求生活意义分量表测量的则是个体积极寻求生活意义的程度(我正在寻找能够让我的生活变得有意义的事)②。

塞利格曼也给出了一个简化了的测量意义的方式,通过询问个体以下问题,来获得对他们生活意义感的评估:

(1)我的生活是为了更高的目标(My life serves a higher purpose);

(2)在选择做什么的时候,我总会考虑是否能够让他人受益(In choosing what to do,I always take into account whether it will benefit other people);

(3)我有责任让整个世界变得更好(I have a responsibility to make the world a better place);

(4)我的人生有着持续性的意义(My life has a lasting meaning);

(5)我做的事对社会有重要影响(What I do matters to society);

(6)我会花很多时间考虑生活的意义,以及自己怎样在人类发展的蓝图中立足(I have spent time thinking about what life means and how I fit into its big picture)。

(二)生活意义与幸福实证关系

能够客观地测量生活意义感,是研究生活意义和生活幸福关系的重要基础。应用各类"意义"问卷,我们就可以探讨不同类型的人们的生活意义水平,以及他们的幸福程度。总的来说,人们的生活意义感越强烈,生活幸

---

① 江雪华、申荷永:《积极心理学在心理评估与干预中的运用》,《中国临床心理学杂志》2007 年第 15 期。

② Steger M.F.,Frazier P.,Oishi S.,Kaler M.,"The Meaning in Life Questionnaire:Assessing the Presence of and Search for Meaning in Lfe",*Journal of Counseling Psychology*,Vol.53,No.1,2006,pp.80-93.

福程度就会随之增加。大量的实证研究都发现,有意义的生活与心理失调存在负相关,而与心理健康以及幸福感存在正相关[①]。有意义的生活让人身心健康,而没有意义则让人身心焦虑以致生病。生活得有没有意义和追求,似乎可以影响我们身体生理功能的正常运行。近期的实证研究进一步证明,强烈地感觉到生活意义与较高程度的生活满足和幸福相关联,而失去这种"有意义"的体验,会使人陷入抑郁和漠然中。可以说,生活有意义与生活的满足是正向相关的,在生活中追求有意义的目标是获得积极情绪和生活满足的"高速公路"[②]。

在一项对于 5146 名退休被试(在 2006—2008 年之间)的研究中,用生活目的问卷和宗教信仰问卷来测定个体的"生活意义",发现生活意义与退休满意度显著正相关,其中生活目的因素和宗教信仰因素会对退休满意度产生影响。人们退休之后,他们突然地从原来熟悉的生活—工作连续体中脱离,从而感受到生活目的性随之下降。尤其是那些比预期更早退休的人们,他们的生活目的性会急剧下降,生活意义突然缺失,导致生活不幸福。与之相反的,如果退休的个体能够重新找回生活意义,那么退休后的满足感就会保持较高水平[③]。

测量宗教信仰程度:
1.我相信上帝会守护我们;
2.我的生活受到神圣力量的左右;
3.我尝试带着我的信仰来处理生活的方方面面;
4.我在所信仰的宗教中找到了力量和宽慰。
测量生活目的性:
1.我很享受计划未来并将他们实现的过程;

① García-Alandete J., "Does Meaning in Life Predict Psychological Well-Being?", *European Journal Of Counselling Psychology*, Vol.3, No.2, 2015, pp.89-98.
② Jayawickreme E., Forgeard M.C., Seligman M.P., "The Engine of Well-being", *Review Of General Psychology*, Vol.16, No.4, 2012, pp.327-342.
③ Asebedo S. D., Seay M. C., "Positive Psychological Attributes and Retirement Satisfaction", *Journal Of Financial Counseling & Planning*, Vol. 25, No. 2, 2015, pp. 161-173.

续表

| 2.我的日常生活总让我觉得琐碎而无聊;(反向计分) |
| 3.我很积极热衷于将自己的计划实现; |
| 4.我不知道生活中我想要实现什么;(反向计分) |
| 5.有时候,我会觉得我已经实现了所有想做的事; |
| 6.我奉行"做一天和尚撞一天钟",不怎么思考未来;(反向计分) |
| 7.我觉得自己的人生有方向和目的。 |

　　虽然幸福的生活受到多方面因素的影响(在 PERMA 模型中,幸福至少受到五个因素的影响;而在其他幸福模型中,相关联的因素更为复杂),但是生活最幸福最满足的个体,是那些在生活中高度投入,生活充满意义的个体。换言之,生活意义在幸福生活中有着举足轻重的作用[1]。

　　更重要的是,生活意义对于生活幸福感的影响存在跨文化的稳定性。在对西班牙人被试的研究中,研究者们着眼于生活的意义与幸福,并最终发现有意义的生活与幸福正相关,同时通过回归分析发现有意义的生活可以很好地预测生活的幸福程度[2]。同样的结果在中国香港和韩国等亚洲地区和国家也得到了证实[3]。

(三)生活意义影响幸福的途径

　　那么,生活意义究竟为人们带来了什么,使得他们能够过上幸福的生活? 可以认为,有意义的生活至少可以从三个角度影响个体的心理健康——认知、动机和情绪。认识到生活意义的存在,总是能够更好地促使个体从事相关有价值的行为,同时伴随着稳定的成就感和满足感。用个体一

---

[1] Seligman M.E.P., Steen T.A., Park N., Peterson C., "Positive Psychology Progress:Empirical Validation of Interventions", *American Psychologist*, Vol.60, No.5, 2005, pp.410-421.

[2] García-Alandete J., "Does Meaning in Life Predict Psychological Well-Being?", *European Journal Of Counselling Psychology*, Vol.3, No.2, 2015, pp.89-98.

[3] Man Yee Ho, Fanny M.Cheung, Shu Fai Cheung, "The Role of Meaning in Life and Optimism in Promoting Well-being", *Personality and Individual Differences*, Vol.48, Issue 5, 2010, pp.658-663.

致性模型①来解释的话,由于人们自觉地向着有意义的目标奋斗时,由于这些目标与个体的价值观相一致,因此个体会对结果有乐观的预期,并最终使得个体的幸福感上升。那些从事有意义和价值活动的个体,会体验到更高程度的自我一致性,从而促使他们更多地去参与到这样的活动中,而频繁地尝试和参与,会让他们对自己所从事活动的结果抱有积极预期,并最终获得满足和成就感。研究表明,有意义的生活通过促进我们对未来乐观的预期倾向,而使得我们获得了更多地幸福②。

对医学工作者的研究,发现当我们将自己的时间和精力花费在一些超越自我的目标上时,我们表现得最为出色。如果人们能够在社区或组织中找到归属感和认同感,人们就能够更加幸福。我们总会倾向于去做我们认为有价值的事,而当我们与具有相同价值观的其他人一起为了共同的目标奋斗时,我们的能力和才华能够得到最大限度的施展。这不仅可以应用在从事医学工作的护士身上,也表现在普通大众身上③。过着有意义的生活,让我们能够体验到生命的连续性和一致性,我们的价值观得到了实践,我们的个人价值得到了实现,马斯洛需要层次中最高层的需求也莫过于如此,我们怎么可能不因此感到幸福呢④?

生活意义甚至可以直接影响我们的生理条件。莱福等学者⑤发现,在老年女性个体中,有较高生活意义水平的老年女性有着更为规律的内分泌

① Sheldon K.M.,Cooper M.L.,"Goal Striving Within Agentic and Communal Roles:Separate but Functionally Similar Pathways to Enhanced Well-being", *Journal of Personality*, Vol. 76,2008,pp.415-447.

② Man Yee Ho,Fanny M.Cheung,Shu Fai Cheung,"The Role of Meaning in Life and Optimism in Promoting Well-being", *Personality and Individual Differences*, Vol.48, Issue 5, 2010,pp.658-663.

③ Cooper J.,"Personal Development is Professional Development:Taking care of the wellbeing of our nurses", *Australian Nursing & Midwifery Journal*, Vol.22,No.5,2014,p. 32.

④ Ryff C.B.,"The Contours of Positive Human Health", *Psychological Inquiry*, Vol.9,No.1, 1998,p.1.

⑤ Ryff C.D.,B.H.Singer,G.D.Love,"Positive Health:Connecting Well-being With Biology", *Philosophical Transactions of the Royal Society of London B*, Vol.359,2004,pp. 1383-1394.

水平。研究还发现,个体的生活意义水平较高时,体液中的炎症信号素(表明身体某部位正在产生炎症)水平较低,而 HDL 胆固醇(一种"好的"胆固醇)水平则相对较高。

要指出的是,虽然寻找生活意义是一件需要耗费精力的事(有的人甚至为此苦恼不已),但是这个过程是值得的——个体可以更好地理解自己行为的意义,从而增强自信和自控。感觉到生活是有意义的能够让人们在生活中设立更有价值的目标,能够更好地接受自我,同时对环境有掌控感,从而促进个体自我成长并与他人建立良好的关系,从而进一步为心理健康和幸福生活带来益处。

有趣的是,当个体遇到挫折时,"使之有意义"能够有效地减少个体受到的心理伤害①。感知到生活中存在着意义,可以使得个体对生活有所承诺和目标,这在个体遇到危机情形时能够帮助个体重新定位自己,克服困难。大量的研究都发现,生活意义可以保护个体不受或少受到抑郁、压力、药物滥用等问题的影响。在臭名昭著的纳粹集中营里,存活下来的人们都有着较高的生活意义感②,可见生活意义在极端情况下能够保护我们。就像在颠簸之中,富有弹性的轮胎可以吸收大部分的震颤一样,生活意义可以在个体的生活发生突然的意料之外的改变时,帮助我们重新定义改变,将改变做有益归因,从而保持一种积极的应对状态③。这种效果已经被对青少年的研究所证实④。

与之相反的是,当一个人失去生活意义时,他或她就会感觉到存在性的沮丧,或者简单来说,无聊。而虽然无聊本身并不见得会引起严重的疾病,

① Duckworth AL,Steen TA,Seligman MEP,"Positive Psychology in Clinical Practice",*Annual Review of Clinical Psychology*,Vol.1,2005,pp.629-651.

② Ryff C.B.,"The Contours of Positive Human Health",*Psychological Inquiry*,Vol.9,No.1,1998,p.1.

③ Burrow A.A.,"Perceived Change in Life Satisfaction and Daily Negative Affect:The Moderating Role of Purpose in Life",*Journal Of Happiness Studies*,Vol.15,No.3,2014,pp.579-592.

④ Diener E.,Fujita F.,Tay L.,Biswas-Diener R.,"Purpose,Mood,and Pleasure in Prediction Satisfaction Judgements",*Social Indicators Research*,Vol.105,2012,pp.333-341.

它却会导致心理亚健康——就好像生活中有了空洞之后，心理问题就随之来填充这一空洞。许多传统意义上的心理疾病，其严重程度都与生活意义性的程度相关联①。临床心理学的研究也发现，不少心理疾病与患者丧失了生活意义和目的有关。此时，如果能够重新建立起心理障碍个体的生活意义，可以起到缓解症状的作用②。

（四）如何提高生活意义

幸福生活是我们大多数人的追求，也许我们很难实现富可敌国，也很难凭我们自己做到权倾朝野，但是幸福却是我们每一个人可以也应当为之奋斗的目标。既然提高生活意义可以帮助我们获得幸福，我们不禁就会问，怎么样才能够提升我们的生活意义感？

最简单的同时也是最重要的，我们应该有一段有意义和价值的婚姻，能够养育一个（或者两个！）孩子成才，然后好好地完成自己的工作。家庭是我们追求生活意义的重要"阵地"，一个美满的家庭能够让我们感觉到自己生命得到了延续。工作让我们能够服务于超越自我的目标，不管那是一个研究，还是一次营销，还是别的。当然我们还可以致力于社会的和谐与秩序，为之做出自己的贡献。或者找到一种适合自己的宗教，在精神信仰中找到生活意义。还有一种相对困难但同样热门的办法，那就是进行创造——任何种类的创造。可以这么说：在推动人类文明的进程的诸多力量之中，创造力处在举足轻重的位置上。因此，你的一点小小的创造，有可能就为人类的进步做出了贡献。

除去上面提到的各种方法之外，参与服务社区也是不错的获得生活意义的途径。据《纽约时报》2013年的报道，一半以上的医科学校对学生们开设了"治疗者的艺术"这一课程，在课程中培养学生的对生命的怜悯和对社

---

① Shek D.T., "Meaning in Life and Psychological Well-being: An Empirical Study Using the Chinese Version of the Purpose in Life Questionnaire", *Journal Of Genetic Psychology*, Vol. 153, No.2, 1992, p.185.

② Kashdan T.B., McKnight P.E., "Commitment to a Purpose in Life: An Antidote to the Suffering by Individuals with Social Anxiety Disorder", *Emotion*, Vol. 13, No. 6, 2013, pp. 1150-1159.

会的服务意识,从而让未来的医生们能够从自己的工作中找到意义所在。与此同时,宗教学校则培养学生将自己的生活与精神世界相联系,从而达到超越自我的境界。让学生们接受社会服务的训练是另一种培养学生"生活意义"的方式,这让学生们能够了解社区的需求以及他们能怎么样为这种需求提供帮助。成为志愿者是另外一种选择,还记得我们说研究发现老年人的生活意义感下降剧烈吗?实验同样发现,如果在年老没事干的时候,时不时地参与到志愿者活动中,可以很好地提高老年人的生活意义感①——下一次记得让你家里的老人多参与社区服务活动!个体从参与社区服务的过程中可以获得生活意义的增长,这种增长会随着社区服务的时间和内容发生变化,那些尤其是与人交流有关的社区活动,能够很好地提升个人的意义感②。

由于生活意义涉及如何提升个人境界,让个体能够与更高阶的存在相关联,我们可以引入获得生活意义的一种方法就是"升华"——升华个体的生活体验。塞利格曼及其同仁们针对《精神障碍及统计手册》,提出了《个体优良品格与特征统计手册》,并在其中给出了"升华"可能需要的品格与特征:欣赏美的能力;感恩心;富有希望;幽默风趣;信仰理念。我们可以从这几个方面来锻炼自己,从而更好地从生活中获得意义③。我们每一个人都应该注重培养发现身边美好事物的能力,这是一种主观而又主动的认知改变。培养感恩心也同样重要,在使用"感恩拜访"的干预措施之后(去拜访每一个你希望感恩但是又没有说出口的人),被试的幸福感得到了立即的提升,并保持了一个月④。像"给予"这样的微小行为,似乎也可以提高人

---

① Greenfield E.A., N.Marks, "Formal Volunteering as a Protective Factor for Older Adults' Psychological Well-being", *Journals of Gerontology: Series B: Psychological Sciences and Social Sciences*, Vol.59B, No.5, 2004, pp.258-264.

② Rockenbach A.B., "Fostering Meaning, Purpose, and Enduring Commitments to Community Service in College: A Multidimensional Conceptual Model", *Journal Of Higher Education*, Vol.85, No.3, 2014, pp.312-338.

③ Seligman M.E.P., Steen T.A., Park N., Peterson C., "Positive Psychology Progress: Empirical Validation of Interventions", *American Psychologist*, Vol.60, No.5, 2005, pp.410-421.

④ 江雪华、申荷永:《积极心理学在心理评估与干预中的运用》,《中国临床心理学杂志》2007 年第 15 期。

们的生活意义,尤其是在我们养成施予恩惠的习惯之后①,所以送一些小礼物给你身边的伙伴吧。我们也许会认为希望和幽默是一个人天生的特质,然而许多组织行为学专家们都致力于培养希望和幽默这些积极的心理资本,具体来说可以从提高和训练一个人的"情商"开始。信仰和理念来自于生活但却高于生活,我们能够在日常实践中形成与我们的价值观相一致的信念,并借此帮助我们应对困难和挫折。

对生活意义的重视,同样在临床咨询中催生了存在性分析咨询(logotherapy)和意义为中心咨询(meaning-centered counselling)。他们都是通过为来访者重新树立生活和存在的意义,缓解来访者心理不适等症状。② Frankl的存在性分析咨询,就是通过让来访者主动地寻找生活意义和目的来缓解他们的苦痛,通过创造意义和方向,让来访者过上"真实的"生活③。存在性分析治疗(意义治疗)奉行3条准则:(1)意志的自由(the freedom of will):人在生理、心理与社会的世界中并不自由,但人可以超越这些限制而进入精神层次。(2)追求意义(the will to meaning):人类的基本动力是"追求意义",当一个人追求意义的过程遭受挫败后,才会转向追求快乐、权力作为补偿。人类最基本的能力在于:发现一个可给予个人忍受任何情境而可坚持下去的理由并希望借此使个人的生活更充实且能提供个人的存在是有意义且有价值的一种认同。(3)生命的意义(the meaning of life):生命的意义因人而异,因时而异。最重要的是要明白个人生命在具体时间的具体意义。上述三个基本假设构成了意义治疗的理论基础,三者缺一不可。意志的自由是追求意义的心理学前提,没有意志的自由,人就不可能对生活进行态度上的选择,只能被动地接受需要的支配;而追求意义则是生命意义的动力,人们对意义的追求和倾向,使人无论在何种生活环境下都要探究生命的

---

① Webster A.D., "A Flourishing Future", *Independent School*, Vol.74, No.1, 2014, pp.40-46.
② 江雪华、申荷永:《积极心理学在临床实践中的运用》,《中国健康心理学杂志》2008年第3期。
③ Ryff C.D., Singer B.H., "Know Thyself and Become What You are: A Eudaimonic Approach to Psychological Well-being", *Journal Of Happiness Studies*, Vol.9, No.1, 2008, pp.13-39.

意义。

综上所述,要提高我们的生活意义感,设定恰当的目标,培养幽默风趣的生活态度,学会感恩,抱有希望,为自己的存在找到定位,都是可能有效的办法。而通过生活意义的提高,我们也终将掌握生活幸福的密码,成为获得"持续幸福和繁荣"的个体。

四、信仰(目的和意义的结晶)和幸福

在北美和西欧做过很多相关的研究,探讨信仰和个人幸福感及团体幸福感有什么联系,信仰和健康有什么联系?

(一)幸福感

经过反复调查得出,与漠视信仰的人相比,信奉信仰的人报告出明显更高的幸福感,生活满意度也更高(Ciarrochi & Deneke,2005;Francis & Kaldor,2002;Francis & Katz,2002;Hadaway,1978;Pollner,1989;Poloma & Pendleton,1990;Willits & Crider,1988;Witter,Stock,Okun & Haring,1985)。

一些例子:

(1)Gallup 组织的(1984)"美国的信仰"调查揭示,那些在"精神承诺"维度上最高的人(如"我的信仰是我生命中最重要的影响因素"的人)比那些在精神承诺上最低的人能拥有高达两倍的幸福感。

(2)美国民意调查中心(NORC)的调查(2006)显示,感觉"非常接近上帝"的美国人(40%的"非常幸福"),比"不太接近上帝"(21%)或者"一点也不接近上帝"(24%)的美国人有更高的自我报告幸福感。(所持的信仰对此没有显著影响)。

(3)美国民意调查中心(NORC)的调查也揭示了信仰活动的出勤率和自我报告的幸福感有明显的相关性,如图 7.1。Pew(2006)关于美国人的幸福感的研究获得了一个可比较的结果。每周都参加信仰活动的人比基本不参加或从不参加信仰活动的人觉得自己很幸福。

20 世纪 80 年代的很多研究集中在老年人的信仰与幸福感关系上

（Hunsberger 1985，Koenig，Kvale & Ferrel，1988；Levin & Markides，1988；Markides，Levin & Ray，1987；Poloma & Pendleton，1990）。在他们的元分析中，Okun 和 Stock（1987）发现预测老年人幸福感的两个最佳因素是健康和信仰。上了年纪的人如果有信仰，那他们往往会更快乐，对生活更满意。

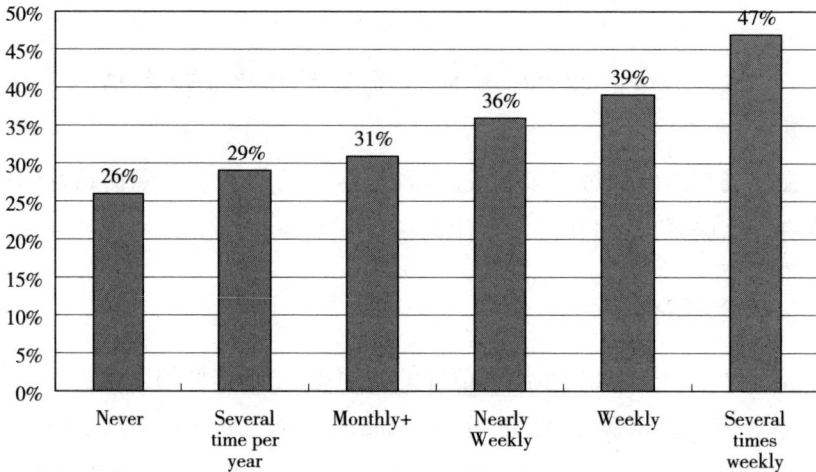

图 7.1 "非常幸福"的百分比，以信仰为自变量（n = 42，845，NORC，1972—2004）来自全国民意调查中心（2006）。

（二）应对损失

其他的研究对信仰和应对危机的联系进行了探讨。最近有报告指出，与从不参加信仰活动的新寡妇相比，有规律地做礼拜的丧偶妇女感觉他们的生活更快乐（Harvey，Barnes & Greenwood，1987；McGloshen O'Bryant，1988；Siegel & Kuykendall，1990）。在那些正在发育变化的儿童的母亲当中，拥有深刻信仰的母亲更少受到抑郁情绪的不良影响（Friedrich，Cohen & Wilturner，1988）。拥有信仰的人在遭遇离婚，失业，严重疾病，或失去了亲人之后往往更容易保持或重新得到更多的快乐（Ellison，1991；McIntosh，silver & Wortman，1993）。因此，毫不奇怪，一个 200 多个研究的元分析的显示，高信仰性预示抑郁的风险较低，特别是对于那些经历着压力的人（Smith，McCullough & Poll，2003）。北美的信仰活跃分子比不信教的人，成为罪犯,滥用药物和酒精,以及自杀的可能性更低(Batson,Schoenrade & Ventis,1993;Colasanto & Shriver,1989)。

(三)社会的支持:"无论在哪里,都会有人聚集在一起"

一个积极的信仰很少排除压力或者痛苦。然而,信仰确实和幸福感的表达有关系,它有可能帮助人们缓冲压力。如果 Martin Seligman(1988)的观点是正确的,即"个人主义的泛滥"造成了今天抑郁比率的升高,如果人们确实有一个基本的"归属需要"(Baumeister & Leary,1995),那么其中的一个因素必定是北美大约 35 万社区所提供的社会支持(Ellisin,Gay,Glass,1989)。人们经常通过"亲戚关系"、"承担别人的重担"、"爱的束缚"来巩固他们共同的信仰。就像 Winthrop(1965)在登陆他们的新世界前对最早的一批清教徒所说的那样"我们必须互相取悦,使别人的条件成为自己的条件,一起欢乐,一起悲伤,一起劳动,一起受难,把我们的社区看成是同一个身体的组成部分"。宾夕法尼亚州不仅是因为他们的农业和和平主义文化而为人所知,同时也因为抑郁的低比率而闻名(Egeland & Hostetter,1983;Egeland,Hostetter & Eshelman,1983)。

(四)意义和目标:"值得活和渴望的东西"

对一些较大的社会活动以及信仰活跃分子给予的支持予以控制之后,信仰仍然和幸福感有联系(Ellison et al.,1989)。19 世纪波兰诗 Norwid(1850)提供了另一个可能因素的线索:"达到所谓的幸福,应该拥有(1)你赖以生存的东西,(2)你为之而活的东西,(3)让你死亡的东西。缺少其中的一种那是戏剧,缺少其中的两种那就是悲剧了。"

研究证实,生命的意义和目的能够加强幸福感,而很多人都是通过信仰发现这两者的(Paloutzian,1981;Zika & Chamberlain,1987)。Seligman(1988)认为生命的意义的缺失是当今高抑郁率的潜在原因,并且寻求生命的意义需要关注更多比自我更宽泛的事物。有些年轻人现在已经到了很难认真地看待他们与信仰的关系,很少关心他们与自己国家的关系,或者很难融入一个很大的持久的家庭的程度,他们会发现很难找到生命的意义。换句话说,专注自我不利于寻找生命的意义。

对于 Rabbi Harold Kushner(1987)而言,信仰满足"人类所有最基本的需要。这需要我们知道,我们的生命是有意义的,而不仅仅是宇宙中的一个短暂记号"。在纳粹集中营中 Viktor Frankl(1962)注意到了类似的现象,他发现有些囚犯保持着一种意义感——生存甚至是死亡的目的,这些囚犯有着更低的冷漠感和死亡率。他报告说,这些人当中很多是虔诚的犹太人,他们在他们的信仰中找到了生存和抵抗压迫者的力量。

第 八 章

幸福的误区及其未来研究展望

历史上幸福感研究有三个主要问题:"什么是幸福?""谁幸福?"和"什么使人幸福?"(Diener,Suh,Lucas & Smith,1999)。哲学家讨论第一个问题达千年之久仍没有达成共识(Sumner,1996),定义的缺乏导致幸福的实证研究没有发展。事实上1948年Henry Murray和Clyde Kluckhohn悲叹:"据我们所知,亚里士多德主张的理性就是幸福还没有被成功驳倒,但到目前为止没有科学家勇于迈出幸福心理学的第一步"。然而在1984年,迪纳(Diener)在《心理公报》上发表的题为《主观幸福感》的论文迈出了第一步,为幸福心理学奠定了基础。迪纳成功地建立了一个广泛的心理学研究理论系统。首先,迪纳建立了主观幸福感的有效性(Pavot & Diener,1993)。他奠定了科学研究这一复杂现象的基础,回答了第一个主要问题,"什么是幸福?",迪纳认为"幸福是一种潜在结构,最好用生活满意度表示"。第二,他证明了主观幸福感的跨情境一致性(Diener & Larsen,1984)以及人格对主观幸福感的贡献(如Diener,Sandvik,Pavot & Fujita,1992),与那时流行的社会建构主义运动相反。这个过程中,他回答了第二个主要问题,"谁幸福?",迪纳认为"外向的人,乐观主义者和社会关系好的人幸福"(Diener & Seligman,2002)。第三,他研究了外部因素,如资源(Diener & Fujita,1995)和社会生活事件对幸福(Suh,Diener & Fujita,1996)的影响,从而回答了第三个问题,"什么使人幸福?",迪纳认为"与其说是积极生活事件本身,不如说是个体才能,资源和目标达成情况在对个体的幸福起作用"(Oishi,Diener,Suh & Lucas,1999)。第四,认识到气质和人格特质重要性的同时,迪纳开始关注文化对幸福的含义和解释的重要性(Diener & Diener,1995)。

既然前三个问题被迪纳解答了,我们可以研究其他重要涉及幸福管理的研究课题,包括幸福有什么结果(如快乐的人比不快乐的人赚更多的钱吗? 他们比不快乐的人更健康吗?),如何设定幸福的目标,日常生活中常见的幸福概念的误区有哪些?

一、幸福的结果

学者 Veenhoven 在 1988 年发表题为《幸福的功用》的论文时,他说"还没有实证研究关注幸福的结果"。事实上,除了 Veenhoven 在 1988 年的文章和他 1989 年出版的书籍《幸福何以有害?》关注于这个重要的问题,幸福的结果没有得到系统的研究,直到 Lyubomirsky、King 和 Diener(2005)进行了幸福结果的元分析。幸福结果研究注意的相对缺乏可能是因为亚里士多德这位 19 世纪功利主义哲学家认为,幸福是终结目标,是最好的(即为了它本身而追求它,并非为了其他企图;Nussbaum,2000)。如果幸福是终极目标,那么我们为什么要关心终极目标的结果呢? 我们认为,即使道德哲学家常常将幸福作为终极目标,幸福的结果对幸福研究者仍然是非常重要的,有以下几个原因。第一,正如 Veenhoven(1989)所主张的,如果幸福通过某些途径对我们有害,现实生活中幸福是终极目标这一看法就是不正确的。因此,实证研究该问题是必不可少的。第二,关于幸福的哲学讨论经常缺乏个体和文化差异的考虑。幸福的结果可能系统地随个体和文化发生改变,不同文化中追求幸福的热情程度不同。

(一)Veenhoven 对幸福结果的发现

Veenhoven(1988,1989)的研究目的是评估幸福的一些消极观点。Veenhoven 提出了许多耐人寻味的关于幸福的结果的问题。第一个问题是"幸福会减少对他人的敏感度吗?"[1]实证研究表明并非如此。例如,Wessman 和 Ricks(1966)的日记研究显示,好心情的人比坏心情的人更关注同伴。第二个问题是"幸福会导致懒惰吗?"更早的日记研究(Flugel,

---

[1] Veenhoven,R.(1988).The utility of happiness.Social Indicators Research,20,333-354.

1925；Hersey，1932；Johnson，1937)均发现人们感到快乐时更有活力。实验
研究也显示，当人们心情快乐时，更可能帮助他人（Isen & Levin，1972)，认
知任务表现更好（Fisher & Marrow，1934)，写作动作更豪迈（Hale&
Strickland，1976)。第三个问题是"幸福会导致投票傀儡吗?"答案还是
"不"，因为政治参与与生活满意度无关。下一个问题是"幸福会使亲密关
系疏远吗?"答案是"不"，因为心情快乐的参与者对他人更加慷慨（Bryant，
1983)，对他人的感觉更积极（Johnson，1937)。同样，纵向研究显示快乐的
人更有可能再婚（Spanier & Furstenberg，1982)。最后一个问题是"幸福是
健康的吗?"答案是"是"。快乐的人医师评定更健康（Veenhoven，1984)。
长寿方面，一项研究发现快乐的人比不快乐的人早去世（Janoff-Bulman &
Marshall，1982)，另一项研究发现二者没有差别（Palmore & Cleveland，
1976)，但有八项研究发现快乐的人比不快乐的人更长寿。

　　Veenhoven 出版的书籍(1989)也提出了类似问题。其中有两个问题他之前
没有问过："幸福缓冲压力吗?"和"幸福可以治疗癌症吗?"那时这两个问题的答
案是"不"和"没有确凿的证据"。总之，Veehoven 值得称颂，因为他提出了许多
有关幸福的结果的重要问题，证实幸福的消极观点没有实证基础。但是，因为
研究的数量有限且没有报告效应大小，仅根据这些研究不能够得出明确结论。

（二）Lyubomirsky（2005）以及 Pressman（2005）对幸福效应的元分析

　　自 Veenhoven（1988，1989）率先开始研究这一课题以来的 17 年里，主
观幸福感研究领域发生了巨大变化。主观幸福感研究已经成为社会科学领
域最广泛研究的主题之一。Lyubomirsky（2005）等的元分析不论是研究分
析的数量（225 篇论文）还是结果测量的多样性都具有里程碑意义。幸福的
效应大小随结果测量方法和研究方法的不同而不同，但该效应几乎从不是
消极的，说明主观幸福感几乎没有有害影响。然而，效应大小最好的情况下
也只是中等的，未来还有待发现重要的调节因素（尤其是个体差异）①。

---

　　①　Lyubomirsky，S.，King，L. & Diener，E.（2005）."The benefits of frequent positive affect：
　　　　Does happiness lead to success?" *Psychological Bulletin*，131，pp.803-855.

1. 工作和爱情

大多数人将工作和爱情成功列为主要的生活目标（Roberts & Robins，2000）。因此这两个领域的成功意味着这个人的人生正蓬勃发展。然而，关键问题是"快乐的人的工作和爱情更成功吗?"Lyubomirsky 等（2005）的答案又是"是"。例如，18 岁时报告经历更多积极情绪的人比报告经历更少积极情绪的人在 26 岁时有更有声望的工作（Roberts，Caspi & Moffitt，2003）。另外，快乐的人从他们主管处得到更高的工作表现评价（Cropanzano & Wright，1999；Wright & Staw，1999）。毫不意外，快乐的人后来赚更多的钱（Diener，Nickerson，Lucas & Sandvik，2002，and Marks& Fleming，1999）。另外，最近纵向研究证实了 Veenhoven 之前的评论，快乐的人后来更可能结婚（Marks& Fleming，1999；Lucas，Clark，Georgellis & Diener，2003），对他们后来的婚姻更满意（Ruvolo，1998）。而之前提到的研究都依赖于自评幸福，Harker 和 Keltner（2001）发现大学年鉴照片里真诚的笑容可以预测六年后婚姻状况，甚至 31 年后婚姻满意度。另外，Staw，Sutton 和 Pelled（1994）发现高积极情绪的工人比积极情绪低的工人从同事那里得到更多的社会支持，说明友谊中积极情绪的积极益处也很明显。

实验研究与先前纵向研究结果一致。例如，积极情绪导致对同伴更积极的感知，对友谊、社会活动、休闲活动和自我表露更大的兴趣（Cunningham，1988），以及更多的合作冲突解决（Baron，Rea & Daniels，1992），所有这些转化成关系后都与积极结果相关。这些实验研究表明，快乐倾向和短暂幸福心情都会产生积极的人际结果。

2. 健康和死亡

虽然人们没有把健康列为一个主要的生活目标，健康对每个人工作和爱情的成功都是必不可少的。因此，健康是另一个重要的生活结果。死亡被认为是最终的健康状态，因为疾病经常导致死亡。Lyubomirsky 等（2005）在七个研究中发现，主观幸福感预测了后来的死亡率，说明高主观幸福感和长寿正相关。在七个研究中，主观幸福感也可以预测存活率、心脏疾病和心脏病发作以及中风发病。这些相关被认为是以快乐的人的更健康的生活习惯为中介的。事实上，积极情绪高的人抽烟更少，喝酒更少（Pettit，Kline，Genocoz，Genocoz & Joiner，2001；见 Watson，2000，for review）。

Pressman 和 Cohen（2005）就积极情绪和健康之间关系进行了全面的元分析[1]，其中一部分与 Lyubomirsky 等（2005）重叠。这里我们简要概括没有重叠的结果。除了死亡，生存和各种事故，暴露在病毒中时高积极情绪的人感冒的可能性更小（Cohen et al.，2003），再次入院的可能性更小（Middleton & Byrd，1996）。而且，回顾的 11 个研究都发现实验诱发的积极情绪和日常自我报告的积极情绪都与分泌的免疫球蛋白的增加有关。实验诱发积极情绪的研究还发现了皮质醇含量的减少（Berk et al.，1989；Hubert & deJong-Meyer，1991）。然而，在日常环境中反复收集参与者皮质醇的样本研究产生了混合的结果，一些发现了积极情绪特质和皮质醇含量的负相关（Cohen et al.，2003），另外一些没有发现相关（Ryff，Singer & DienbergLove，2004）。Pressman 和 Cohen 研究发现积极情绪导致更差的肺功能（Wright，Rodriguez & Cohen，1998）。

正如 Pressman 和 Cohen（2005）提醒的，积极情绪和健康的研究范围和方法仍有局限性。另外，积极情绪对健康的影响是不明确的。然而，这两个元分析显示，总体上幸福与更健康的生活方式，健康行为和健康结果相关。

二、幸福感的跨文化比较

迪纳（1995）发现，在对幸福感的国家差异进行预测时，最有力的指标之一就是集体主义——个人主义的程度（在控制了国家收入水平后仍然如此）。这是一个重要的发现，因为当时普遍认为幸福感存在国家差异主要与经济因素有关。在西方文化中，自尊被认为是心理健康一个不可或缺的要素，然而他们发现在其他文化中，自尊对主观幸福感不是那么重要。最

---

[1] Pressman，S.D.& Cohen，S.（2005）. Does positive affect health? Psychological Bulletin，131，pp.925-971.

后,Diener、Suh、Smith 和 Shao(1995)证明了跨文化研究方法中某些可能其干扰作用的人为因素(如反应偏见)并不能完全解释主观幸福感的跨文化差异。这种文化差异(如情感规范的差异)可能是实际存在的,而不是方法上的误差造成的。

早期的这些研究使文化和主观幸福感研究在短期内得到迅速发展。以"文化"和"幸福"为关键词在 PsycINFO 上搜索到的 1991—2005 年的出版物(期刊论文、书籍、学位论文)数量在 10 多年时间里,出版物的数量大约增加了 5 倍之多!除了数量上的增加,《幸福感研究杂志》发表的一篇特殊文章(Suh & Oishi,2004)、《心理学年鉴》上的一个章节(Diener,Oishi & Lucas,2003)以及编纂的一本书(Diener & Suh,2000)是关于文化和主观幸福感的最新成果。

过去十多年里这个研究领域生机勃勃,现在似乎是一个恰当的时机来评价和吸收这段时期内的主要发现,锁定一些未来需要更多关注的问题。尽管在过去的十多年里调查研究了大量问题,但其中的大部分仍是围绕早期论文提出的两个问题。在不同文化中,主观幸福感的主要构成要素是什么(Diener & Diener,1995)?为什么主观幸福感的平均水平存在国家/文化差异(Diener,Diener & Diener,1995)?

(一)不同文化里幸福的构成

实际上所有人——从尼日利亚人到秘鲁人到加拿大人——都认为幸福感是一种令人向往的状态。然而围绕这个最高渴望的确切情感体验、获取方式以及它的含义却存在文化差异。

我们可以拿幽默来做个类比:全世界的人都喜欢幽默,但是每一文化群体对特定类型的幽默更感兴趣,并且以不同的方式讲述笑话。这个类比自然引起了两个问题。第一个问题,每种文化中最受欢迎的笑话类型及其叙述方式。它与"某一具体文化的幸福感内容是什么"这个问题是相似的。第二个问题,是否某些文化中的笑话比其他文化中的更好笑?如果是,为什么会这样?对于这两个问题,过去十多年的研究提供了一些见解。

首先,关于幸福感的定义问题存在一些文化差异。虽然这并不令人感到意外,但是关于这个主题的实证研究非常少,有一部分原因是量化数据引起的实际困难和方法问题。Lu 和 Gilmour(2004)要求中国和美国的学生写一篇关于"幸福是什么"的作文。虽然两国学生都认为幸福是头脑中一种积极的、令人向往的状态,但是中国学生强调当前的精神培养和超越,美国学生的想法则倾向于兴奋、情绪高涨,强调对当前生活的享受。此外,亚洲人表达了对于平衡情绪生活的渴望,并强调实现社会期待对其整体幸福感的重要性。与此相反,美国人强调个人动力超过社会限制的重要性,并相信对个人幸福的追求是绝不能妥协的。

最近的实证研究(Diener,2003;Uchia,Norasakkunkit & Kitayama,2004)结果与 Lu 和 Gilmour(2004)记录的开放性回答是相似的。一般说来,在西方文化中,那些促进、表示和保持人的高度独立性和动力状态的要素构成了幸福的重要预测指标。然而在东方,幸福的主要预测指标是自己与其他重要的人之间的基本人际联系(Markus,2000)。大量情感、认知和动机方面的具体现象支持这个观点,有一些发现脱颖而出。

第一,情绪在人们对主观幸福感的评价和体验中所起的作用是不同的。与个人主义文化的个体相比,集体主义成员较少倾向于将情绪上的"幸福生活"与"一个令人满意的好生活"画等号。情感平衡(愉悦情绪减去不悦情绪的相对频率)与整体生活满意度之间的相关在集体主义国家中弱于个人主义国家(Schimmack,Radhakrishna,Oishi,Dzokoto & Ahadi,2002;Suh,Diener,Oishi & Triandis,1998)。与社会线索(如生活中他人的意见)相比,情绪体验中相对个人和独有的特征可能显得不那么重要(Potter,1988)。对这种观点的直接支持证据是,在个体已经拥有了自我同一性的社会联系后,他在评价生活满意度的过程中将更加关注其他人对自己生活的评价而非自己的内在情绪(Suh,Diener & Updegraff,2013)。

在情感和主观幸福感领域的另一个有趣发现是,在东亚文化中,愉悦的情绪体验如幸福明显包含了社会成分。根据 Kitayama、Markus 和 Kurokawa(2000)的研究,在日本,幸福与人际间的愉悦情绪(如友好的感觉)有较强的相关,而在美国幸福与人际间的非愉悦情绪(如骄傲)联系更紧密。与此相关的是,Park、Choi 和 Suh(2006)最近发现,在参与一项任务时,韩国人报告的愉悦感在两种人际环境下——与朋友或陌生人合作——存在显著差异。这种不同的情绪体验模式在那些互依自我（interdependent self）较强的个体中特别明显。换句话说，对那些有强烈的关系导向同一性的个体而言，"跟谁一起"这个因素在决定愉悦情绪的体验中凸显出来。

对动机和目标的研究是"是什么"问题的另一个方面。由于他人对自我同一性的重要性，与欧裔美国人相比，更多的亚裔美国人在完成了可以取悦重要他人或得到他人支持的目标后，幸福感提高了（Iyengar & Lepper，1999；Oishi & Diener，2001；Oishi & Sullivan，2005）。表面上看，这些研究与最近的一种观点——认为不论是哪种文化背景，自我导向的目标比外在目标更有可能促使主观幸福感——是不一致的（Chirkov，Ryan & Willness，2005；Sheldon 等，2004）。

我们要怎样解释这种矛盾呢？关键在于受文化约束的价值观的内化程度。实现父母的期望跟参与有个人奖励的活动相比，并非所有东亚人都从前者获得了更多快乐。这取决于个体听从父母意愿是感到被压迫的还是愉快而自愿地这样做。文化的差异性就在于：与西方相比，在东方更有可能遇到一个这样的人，他真的更喜欢先满足父母的愿望，而将自己的愿望放在后面。不管行为的具体内容是什么，我们有理由相信，当人们特意去做"他们喜欢的和相信的事情"时更有可能体验到积极感受（Sheldon 等，2004）。这个方面的文化差异主要在于"是什么事情"，"喜欢和相信"这一点却是共通的。

最后，在跨文化背景下，一些过去被认为对心理健康很重要的性格特点得到了重新评估。例如，最近的发现表明心理学家可能高估了一些因素的重要性，包括：较强的自我控制感（Morling，Kitayama & Miyamoto，2003）、高自尊（Diener 等，1995；Chen，Cheung，Bond & Leung，2006）、稳定的自我同一性（Suh，2002）。这些重大发现突出了文化影响的力量。但是同时，我们也不能做出过度的解释。在某一文化的内部，即使是在东方文化里，跟那些在自尊和稳定的同一性上都得低分的人相比，高自尊和同一性更稳定的个体更加幸福。只有在文化间（与西方文化比较）的层面上，这些概念对预测东方人的主观幸福感才显得不那么重要。到目前为止，还没有发现一种与主观幸福感有紧密关系的心理特点在不同文化里起着相反的作用。

（二）为什么有些文化背景下的人更快乐

在主观幸福感的跨文化/国家研究中,最为一致的一个发现就是个人主义国家比集体主义国家更幸福(Diener 等,1995;Diener & Suh,1999;Veenhoven,1999)。两者平均水平上的差异在某种程度上是源于个人主义文化的一些社会政治因素（如收入水平,Diener 等,1995;民主,Inglehart & Klingemann,2000;政治权力,Frey & Stutzer,2002)。

但是,十多年的研究表明,仅仅依靠这些社会经济条件不足以解释为什么个人主义国家一直报告了更高水平的幸福。除了收入水平和政治结构外,文化差异还存在于一系列的心理习惯和特点,它们都与幸福的体验和表达相关。如,与幸福相关的情感规范(Eid & Diener,2001)、情感的社会化(Diener & Lucas,2004)以及认知偏见(Diener,Lucas,Oishi & Suh,2002;Oishi,2002)在不同文化间存在很大差异。

Rice 和 Steele(2004)最近的一个研究进一步表明主观幸福感的文化差异可能不只反映了客观的生活条件。研究者调查了一些祖辈来自 20 个不同国家的美国人,发现他们在主观幸福感上的相对排名与从这 20 个国家获得的数据是相似的。由于该研究只调查美国居民,这就控制了不同文化/国家间起干扰作用的社会环境因素。Rice 和 Steele 的发现表明,文化对主观幸福感的影响可能是潜移默化的,这可以部分地解释为什么主观幸福感的国家差异在一定时期内是如此稳定(Inglehart & Klingemann,2000;Veenhaven,1999)。

之所以要考察不同国家/文化间主观幸福感的平均差异,一个主要原因就是了解集体主义环境,看它究竟是加强还是抑制了人们的幸福。首先,无论是个人主义还是集体主义,在产生更高的主观幸福感方面都没有什么优势(cf.Diener & Suh,1999)。不同文化的人在追求幸福时可能倾向于不同的活动和体验,但是不同的方式可能是同样有效的。如果是这样,我们可否认为一个"纯粹的中国人"与一个"纯粹的美国人"是一样幸福的呢？也许这个领域的许多研究者会回答"是",但是答案很有可能是"否"。

　　文化相对性(如获得幸福的不同文化策略是同等有效的;它们只是在内容不同)的说法可能很难解释主观幸福感在个人主义社会和集体主义社会之间的巨大差异。为了有效地解决人类的一些迫切需求,如繁衍或安全需要,所有的文化都发生了演变。然而,生态机会和限制设定了维持一个文化系统的一些基本要点,包括它的规范、价值观、实践以及重要的个人特征(Triandis & Suh,2002)。关于文化的各种假设中,个人与社会之间的关系是特别重要的一个。某些文化体系基于这样一个前提,即个人作为集体中的一员而存在;其他文化却有着相反的假设。大致上,集体主义是前一种文化的原型,而个人主义则是后一种文化的典型。

　　这两种相对的文化形态可能不是为了产生相同的文化资本(Ahuvia,2002),这一点对我们的讨论非常重要。集体主义以社会秩序与和谐为最终目标,因此它强化和理想化了这种为家庭、群体和社区的更大利益而克制个人欲望的自我。自我表达受自我调节的约束,并且社会义务的实现排在个人权利和喜好的前面。与此相反,个人主义则坚信个体的价值、权力和能力是决定性的。其典型的文化期望是,每个人都应该是自我导向和自我满足的,要尽可能地发现、加强和提升自我。自我实现(self-actualization)作为西方理想生活的关键词,就包含了这种信仰。相反,在东方,人们完善自我的内在特点是为了社会原因——为服务社会尽一份力(Cho,2006)。

　　在两种文化系统中,哪一种对产生"幸福的人"更有优势?下面给出两个可能的理由来说明为什么个人主义文化更具优势。首先,与个人主义相比,一种"恰当的"集体主义生活需要牺牲更多的天生需求和欲望。Freud(1930)在《文明及其不满》中指出,个人欲望和社会限制的冲突和摩擦是一种定律而非例外。在自我和社会不断的"讨价还价"(bargain)中,个体放弃了自己的内在冲动换取了社会回报。其中一个最大的回报就是社会接纳(Baumeister,DeWall,Ciarocco,Twenge,2005),它对集体主义的生活模式来说更为重要。结果,集体主义文化的成员比个人主义者更有可能控制自己的内在的、自我满足的欲望以赢得社会支持。

　　也许有人会认为,在集体主义文化中,社会获取(如社会的支持和尊重)可能补偿了那些放弃个人欲望的消极感受。这一点成立的前提是一份社会回报可以转换成同等数量的个人幸福。这看起来是很不现实的。虽然在集体主义文化里,社会回报是个人幸福的重要组成部分,但是这两者是完全没有可比性的。在东方社会回报与幸福有着强相关,但是它并不是幸福本身。

事实上,有一些学者提出在集体主义文化中,接受了个人主义价值观的人群比那些集体主义观念牢固的群体报告了更高的主观幸福感和自尊水平(Heine,Lehman,Markus & Kitayama,1999)。对韩国大学生的初步调查发现,主观幸福感与独立自我的观念呈正相关,与互依自我的观念呈负相关(Koo & Suh,2006)。Lu 和 Gilmour(2006)从来自中国大陆和台湾的样本中也发现,体验积极情感的频率与独立自我的相关性高于互依自我。

以上的发现有着重要的启示意义。有一种观点认为,幸福水平更高的人具有与文化模板相适应的心理特点(如在集体主义文化中的相互依存性)。这些最新的发现却表明,不论在哪种文化背景下,独立的思考和行为方式与个人幸福有着更加直接的联系。但是,个人主义策略在忽视集体需要时可能会导致个人的损失开始超过积极回报,这就是所谓的"引爆点"(tipping point)。与个人主义文化的成员相比,集体主义文化的成员在生活中的更多领域遭遇这种引爆点,其频率也更高。

第二,集体主义可能会培养出一些无益于追求幸福的性格特点。东亚自我体系的最优化是为了保持与他人的社会联系。自我先被社会考虑所占据,因而可能习得一系列的心理特征——动机的、认知的、情感的以及行为的——它们为幸福的追求带来了阻力(Suh,2013)。例如,在认知层面上,高社会导向的自我可能更常使用具体的社会标准(如考入顶尖大学)而非带有个人特色的项目来解释和评价自己。许多研究已经发现,对外在明确标准的长期依赖与较低的主观幸福感有关(Lyubomirsky & Ross,1997;White & Lehman,2005)。;这是因为外在的社会标准减少了解释的自由,因此与自定的标准相比,外在标准更难以服务于自身的优势(如 Dunning & McElwee,1995)。

对高度集体主义的东亚人来说,其他的一些劣势可能出现在动机和行为层面。当关注的主要问题是完成社会义务和不辜负他人的期待(比如在中国),那么与达标后获得的回报相比,没有达到这些标准会导致更大的挫折(Heine 等,2001)。从长期来看,处于这些文化背景中的人会发现他们的目标框架更多的是避免性的而非促进性的(Elliot,Chirkov,Kim & Sheldon,2001)。不幸的是大量研究证据表明积极情感和主观幸福感与趋近性的行为、想法和神经过程相关(lliot & Trash,2002;Lee,Aaker & Gardner,2000;Updegraff,Gable,Taylor,2004;Urry 等,2004)。最后,在情感层面,积极情感的体验和表达在东方文化中不如西方那样理想化(Eid & Diener,2001;Diener & Lucas,2004;Diener & Suh,1999)。这可能是因为东亚人认为强烈的积极情感(骄傲、幸福)可能破坏人际和谐或者导致消极行为。这些观念可能有一定的代价。它们可能会阻止人们进行一些被认为是提高主观幸福感的行为或认知活动,如对积极生活事件的投资(Gable,Reis,Impett,Asher,2004)。

总之,所有文化的最终目标是否都为了提高个人幸福这个问题是值得一问的。有些文化,如东亚的集体主义社会,可能已经达到了这个目标的当前形式,因为它最大限度地维持了集体的和谐与秩序。在当代西方文化中,最具代表性的观点可能是:幸福意味着生活的目标。

(三)文化影响幸福的未来研究

在 10 多年前,“主观幸福感”和“文化”这两个术语很少配对出现在心理学家的研究议程中。然而在较短的时间内,这个几乎不存在的领域已经成为主观幸福感研究中非常活跃的一个研究方向。得益于一些创新性的研究、大胆的想法以及在测量和数据统计方面的进步,在过去的 10 多年里大量的研究得以开展。总之,过去 10 年的研究收获颇丰。下面的一些研究议项可能会让接下来的十年里收获更多的研究成果。

首先,研究方法有待提高和拓展。该领域的测量(Kim,2004;Scollon,Diener,Oishi & Biswas-Diener,2004;Suh & Sung,2006)和统计方法(Eid & Diener,2001)已经有所发展。特别有希望的是 Scollon 等人发现不同的测量方法得到了相似的结论,即不同文化群体的主观幸福感的相对位置。未来的研究有希望从纵向研究和脑成像技术中获得一些目前缺乏的数据。

就概念而言,有两个问题特别值得研究。第一,不同文化中,幸福的结果是什么? Lyubomirsky、King 和 Diener(2005)提供的有力证据表明,至少在美国积极情感可以导致许多让人想要的结果。这个发现在那些对幸福抱有矛盾心理的文化里还会成立吗? 幸福在任何文化里似乎都不会是一种不利因素。但是,幸福的人在哪些实际生活领域获益最多以及这种有益结果的重要性都需要通过实证研究特别是纵向研究的数据来说明。

另一个很有希望的领域是研究幸福的非专业理论。主观幸福感的许多方面在各文化中存在差异的一个重要原因是,不同文化背景的人对幸福的起源、获取、渴望和结果有着不同理解。这些大众信念是否属实不是关键,重要的是人们表达幸福的方式(即使是错误的)实际影响了关于幸福的所有决定和判断。

举个例子,与西方文化不同,东亚人更倾向于辩证地看待幸福与不幸的关系(Kitayama & Markus,1999;Suh,2000)。这种信念的一个结果就是对未来幸福的预测。如,中国人认为线性增加的幸福会在未来朝相反的轨道变化,然而美国人认为这个趋势会一直保持下去(Ji,Nisbett & Su,2001)。对幸福的预测还与另一种形式的大众信念有关。在一个仍在进行的研究(Koo & Suh,2006)中,我们要求参与者回答在这个世界上和他们的生活中,幸福是否存在一个固定的或是无限的值。正如我们所预测的,持"有限值"观点的人不愿意对积极事件进行投资(可能是害怕幸福会消失),预测未来的运气会改变当前的趋势,并认为那些过于幸福的人天真而不成熟。对这些大众信念的了解可以对以下问题提供一些全新的看法:在不同文化里,人们为什么感到幸福? 在什么时候感到幸福? 怎样感到幸福?

三、幸福的概念误区及未来研究展望

现今,每年大约有上千本出版物是关于幸福感的,若将有关"不幸"的研究也囊括进来,这一数字将会更多。这一趋势是令人欣慰的,因为它表明这些年我们对幸福理解在不断加深。然而,随着研究深入,每个领域都会产生一些错误观念并被广泛传播,幸福感这一领域也不例外。

（一）普遍存在的错误观念

随着幸福科学在社会工作者中变得越来越流行，一些错误观念也公之于众。由于这些观念提供了符合大众预期和价值观，因此很快被大众欣然接受。在某些情况下，误解源于早期的研究，直到最近才发现更好的证据来证明它的错误。回顾这些错误观念的目的并不是想去指责他人。相反，我们的目的仅仅是为了描述这些过于简化的观点，从而促进整个领域继续朝着更精确的方向发展。

1. 错误观念一——幸福有一个固定不变的个体设定值

布里克曼和坎贝尔（Brickman & Campbell, 1971）在他们所著的经典篇章中谈到：我们的生活遵循"享乐适应原则"，即所有人在努力追求幸福，然而幸福最终却因为适应机制回归到一般水平。在之后的文章中，Brickman，Coates 和 Janoff-Bulman（1978）认为彩票中奖者并不比其他人更加幸福，脊髓受损的患者并没有比其他人更不开心。后来相继出现的一些研究团队进一步更新了最初的理论。明尼苏达州的双生子研究团队（Tellegen et al.，1988）利用重大发现修正了早期的适应理论，他们认为幸福不会回归到一般水平，这一水平是由个体气质设定的，而气质很大程度上又受基因决定。不同个体受自身气质的影响拥有不同的幸福水平，仅仅当坏的或者好的事件发生之后，幸福水平才会出现暂时的波动。这一观点被称为设定值假设，Headey 和 Wearing（1992）以及明尼苏达州的双生子研究团队发展了这一观点，由于我们所经历的事件具有重复性，因而我们的幸福也具有稳定性。

幸福研究领域最具里程碑式的观点包括环境适应论以及基因特质论。适应能够减弱好坏环境或事件对幸福感的影响，基因差异是导致个体的幸福感差异的主要因素。然而，这些发现却在某种程度上促成了极端的基因决定论，即认为先天气质决定了幸福感的长期差异。然而这一错误观点经常被一些媒体报道。虽然人们的确会由于秉性不同，在体验积极或消极情绪上存在差异，但是宣扬基因决定长期主观幸福感的设置点理论仍然存在很多问题。

目前已有可靠的证据表明设置点理论因为忽略环境的长期作用而变得不堪一击①。例如,在幸福感评估中,不同国家的幸福指数存在巨大差异(Diener & Suh,2000),这一结果与国家的客观条件密切相关(Diener,Diener & Diener,1995)。进一步研究发现,主观幸福感之间的差异会持续数十年,这潜在的表明人们总是不停地去适应各种环境(Inglehart & Klingemann,2000)。现在我们还知道,患有严重疾病且影响到日常活动的人,如四肢瘫痪的患者,他们的幸福感水平普遍偏低(Lucas,2007)。甚至在布里克曼用来证明享乐适应原则的经典研究中也发现,脊髓受损的患者要比正常人不幸福得多。与普遍传播的错误观念相反,脊髓受损的被试确实报告他们目前的幸福感要大大低于彩票中奖者的幸福感。虽然布里克曼等人的研究发现彩票中奖者的幸福感并不显著高于对照组,但是样本容量过小可能影响到这一结果的准确性。在对彩票中奖者的更大规模的研究中,Smith 等人选取除收入外其他人口统计学因素均匹配的被试组成对照组,结果发现彩票中奖组要比对照组更加幸福,更加健康。

虽然受基因影响的个体特质对幸福感产生重要作用,人们同时也可能去适应各种环境。但是一些学者(Diener,Lucas & Scollon,2006)认为我们长期的幸福感水平能够而且确实会改变,这也是设置点理论中的另一个重要缺陷。Fujita(2005)发现经过若干年,在一个大样本中大约有 1/4 被试的生活满意度的基线水平发生了巨大的变化。相似的研究结果(Scollon,2006)也表明不论团体还是个体,其生活满意度水平都会发生长期的巨大变化,对某些个体而言这种变化可能是积极的,也可能是消极的。因此,设置点不是绝对的。

什么导致主观幸福感的长期改变呢? 一些学者(Lucas,Clark,Georgellis & Diener,2003)通过研究发现,守寡生活会降低生活满意度,这种影响还会持续数年;失业(Lucas,Clark,Georgellis & Diener,2004)和离婚(Lucas,2005)也会改变人们的生活满意度水平。在一项对德国人进行的大规模研

---

① Diener,E. & Suh,E. M.(2000). *Culture and subjective well-being*. Cambridge,MA:MIT Press.

究(Lucas,Clark,Gergellis & Diener,2003)显示,婚姻并不能导致生活满意度的长期改变。但是他们却发现某些德国人在婚后对生活更加满意,而某些德国人却正好相反,并且这种状态可能会持续数年。因此,在一些特殊事件发生之后,幸福的平均水平可能会反映出个体对待这些事件态度的变化以及对这些事件的适应。最后,还有一些学者(Diener,Lucas & Scollon,2006)通过证据发现不同类型的主观幸福感可能会同时朝不同方向变化。比如,积极情绪和消极情绪可能同时增加或者降低。又比如,生活满意度增加而积极情绪与此同时却降低。这些发现都表明单一的设置点不存在,因为我们主观幸福感的不同方面会朝着不同方向变化。因此,设置点理论的缺陷是显而易见的,我们需要进一步描述那些长期改变幸福基线水平的因素,以及那些仅仅只能暂时改变人们主观幸福感的环境因素。

2. 错误观念二——影响幸福的因素可以用饼形图加以理解

首先,差异百分比应该是用于人类幸福感的各种影响因素的,但是在数据呈现时仿佛是运用于个体的。换言之,饼形图的这些百分比来自于由特定变量解释或预测的个体间差异数。这些数据几乎不能告诉我们这些变量的绝对重要性,因为被试在各个变量上的百分比可能相同,也可能不同。并且这些数据不能表明当这些变量发生改变后,个体幸福感会如何变化。因此将这些数据运用于解释各种因素分别在多大程度上影响个体主观幸福感是不恰当的,因为这些数据来源于特定样本中被试间差异。比如,这些百分比可能被误解为:如果个体将其人口统计学因素水平从"糟糕"提高到"很好",个体的幸福感可能会增加12%。我们必须认识到个体间的差异百分比取决于在某一因素上个体间变异,并且这些百分比并不表示各因素对改变幸福的重要程度,百分比和重要性之间并没有必然联系①。

下面让我做一个类比用于解释为什么被试间变异数据不能应用于被试内。如果我们考察收入,我们可能会发现人们的工资可以预测家庭收入差

---

① Diener,E.& Seligman,M.E.P.(2002)."Very happy people".*Psychological Science*,13,pp. 81-84.

异70%，因为一些人利用投资赚大钱。但是这并不意味着个体70%的收入来自于他的工资。这表明利用大量被试统计出的百分数将会对特定个体的收入来源解释甚微。对于很多人来说，他们的收入可能全部来源于工资，但是对于一些富人而言，可能他们的收入全不来源于工资。所以如果一个人想赚更多的钱，那么他不应该认定70%的收入一定要从工资中赚取。

我们还可以思考人的寿命的问题。人们可能死于癌症、心脏病、中风、主动脉瘤、肝硬化、意外、自杀、谋杀、动物攻击、寄生虫或者感染——我们因此可以统计出每种因素致死的人数百分比。死于寄生虫疟疾的人只占总人数的一小部分；但是具体来说每年却有超过100万的人死于这种疾病。生活在寄生虫肆虐地方的人不提前做好预防抵御疟疾，仅仅是源于他对——全世界死于疟疾的人数比例很小——这一说法的片面理解。即使这些百分数来自于疟疾地区，他们也不能将这些数据直接运用于特定个体，或者认为疟疾要比其他致死疾病更好控制。因此，这些百分数并不能告诉个体，什么是他最应该担心的，怎么做可以活得更长久。例如，镰状细胞血症患者可能会因为拥有一副好蚊帐而不必担心疟疾，即使许多当地百姓都死于疟疾。同样，幸福的影响因素并不能告诉个体，什么能够使他幸福，事实上它只能告诉他什么导致幸福差异。

还需要注意的是各种死亡现象并不是相互独立的，在这些现象中有一些具有潜在的相同病因。另外，虽然人口统计学因素和不健康生活方式可能会导致个体患上某些疾病，但这些因素并不在致死因素之列。我们怎样区分死亡是由肝硬化导致还是酗酒引起？这代表我们不同的分析层面，在这个例子中一个因素导致了另一个因素。同样，在呈现幸福影响因素时，我们也不应将人口统计学因素、参与活动和个人态度截然分开。这些因素代表不同的分析层面，并且以复杂的方式相互影响。如果一个饼形图包括不同分析层面的变量，那么整个饼形图数量相加总和应该大于100！最后，我们在思考如何活的更长久更健康时，总体层面的死因不能简单运用于个体——例如婴儿死亡率。同样，幸福的总体统计量不能用于个体。

幸福有时是半遗传的，但是这一说法很容易被误解。统计数据是基于特定生活环境中的特定样本得出的，它不能应用于其他样本。也就是说，幸福的遗传性并不具备跨样本的恒定性。这一点足以让一些人惊讶，因为他们没有意识到遗传与基因不同。

饼形图数据通常误导研究者去更关注其中某些变量，然而这是不对的。并且有时这些数据引导公众去寻找最有价值的改变以便获得更大的幸福。但是，影响个人幸福的因素可能与导致个体间幸福差异的因素相背离。例如，宗教对个体间幸福差异的产生影响甚微，但一个人可能在成为宗教徒的过程中获得极大幸福。饼形图式的思维方式因为简单清楚而引人注目，但是它也很容易误导我们以错误的方式去思考主观幸福感的影响因素。

在发达国家，收入导致4%的幸福差异。即使收入可以预测4%的主观幸福感，但是这一预测包括所有个体和所有的收入水平，不过它却不能告诉我们最富有和最贫穷的个体之间的幸福感具有怎样的差异。当一个人错误地使用这些数据，他可能会认为如果他彩票中大奖，那么他的幸福感就可以增加4%。但研究发现并不能这样被解释。如果这个人很贫穷，他的幸福感有可能因为中奖而增加4%甚至更多。相反，如果这个人喜欢简单的生活，没有过多的物欲追求，那么他的幸福感可能不会增加。那些来自样本统计的差异百分比并不能用于个体。

3. 错误观念三——幸福与金钱无关

据说幸福研究者们已经发现金钱与主观幸福感关系不大，但是事实上这两者之间的联系远比他们所说的要复杂。生活在富裕国家人们的幸福感普遍要高于那些生活在贫穷国度的人们。而且在生活满意度方面，最富的人的生活满意度往往也要高于最穷的人，这种现象甚至在富裕国家也存在。由于人们幸福感的变化无常导致相关系数很小，但是这并不代表富与穷的差异微不足道。另外一个过于简单的观点认为收入在超过一定数额（如每年100000元）之后其影响会很小甚至没有。不过，幸福感开始出现上升变缓的那一个拐点依赖于所使用的样本以及所考察的变量，因此这个拐点出现的位置会因研究的改变而改变。

在最穷苦的人群中，大约有17%的个体生活满意度很低，但是在最富有的人群中,只有2%的个体生活满意度低①。相反,在最穷苦的群体中,有29%的个体报告他们对生活非常满意,而在最富有的人群中这个数字上升为62%。在这个样本中,收入和生活满意度的相关系数为0.16。因此,在探讨收入和生活满意度的关系时,以上的百分数和相关系数会使我们对他们的关系强度产生不同的印象。上述这些发现与一些学者(Diener & Biswas-Diener,2002)的研究结果相似——穷人的消极情感是富人的若干倍。虽然在富裕国度,收入和主观幸福感之间的相关系数常常介于0.15—0.20,但是在一个样本中,不幸福的穷人是不幸福富人的3倍,在另一个样本中不幸福的穷人是不幸福富人的8倍。如果穷人死于癌症或者心脏病的几率是富人的3倍或者8倍,那么社会阶层愤怒将会接踵而来,因此主观幸福感的差异问题不可忽视。

另一个例子用来说明生活满意度和日常心情之间的差距,其中收入会对不同的幸福变量产生不同影响(Kahneman & Stone,2006)。Kahneman等人发现高收入的被试的生活满意度显著偏高。但是当让被试评价他们在参与活动中的幸福感时,研究者并没有发现高收入被试更加幸福。富人花更多的时间在工作上,并且因为他们在工作中感受到的幸福要比在娱乐时感受到的幸福要少,所以高收入被试一天中的幸福感得分很低。我们仍不太清楚为什么收入对一种幸福变量产生影响,而对另外的幸福变量不产生影响,Kahneman等人认为这与人们如何分配注意力有关。

金钱与主观幸福感的联系是复杂的。随着整个社会收入水平的日益增长,金钱的影响力通常变得很小甚至没有。然而,在比较百分数而不是相关系数时,富国和穷国,富人和穷人在某些情况下的差距却很大。金钱与主观幸福感之间的相关系数很小是因为不同的收入群体存在许多变异性,但是在用总体平均差进行研究时却显示极端收入群体间的幸福感存在显著差异。

收入与幸福存在联系一部分原因可能是主观幸福感高的人们更可能赚

---

① Diener E.,& Biswas-Diener, R. (2002). "Will Money Increase Subjective Well-Being"? *Social Indicators Research.* 57(2),pp.119−169.

更多的钱。因此,很多数据并非揭示金钱对幸福的影响。收入与幸福的关系仍有待日后深入的研究。不过,我要强调的是金钱和幸福之间的联系并不是通常所认为的那么小,他们的联系应该是复杂并且可能是巨大的。

在某些文化背景下的穷人可能体验到高度的幸福感,如传统的马赛人(Biswas-Diener, Vitterso & Diener, 2005)。但是当他们置身于一个富足社会可能会体验到较少的幸福——比如加利福尼亚那些无家可归的人们(Biswas-Diener & Diener, 2006)。因此,我们在考察收入对幸福的影响时不能忽略个人生活背景这一重要因素。金钱可能不是通向幸福的最优通道,一部分原因是由于收入增加导致野心增长(Clark, Frijters & Shield, 2006),还可能是由于金钱不能满足人类某些特定需求。但是,我们不能说金钱对幸福的影响很小甚至是没有;相反,我们需要认识到在某些情况下,富人和穷人之间的幸福差异的确很大。

接下来我们要对物质主义的消极影响做简短评述。早期研究表明物质主义者比其他人更不幸福,但是这一发现是以早期物质主义测量项目作为支撑的。例如其中的一些测量项目充斥着神经症如对物质的担忧。在之后的研究中物质主义有时被定义为:对物质或金钱的重视胜过其他事物包括爱和社会关系。测量物质主义的困难在于它将对金钱的重视和对其他因素的重视混为一谈,所以本质上看这不是一种纯粹的测量。一个物质主义者可能并不幸福,是因为他不珍视亲密关系而不是因为他过于重视金钱。当我们简单地用拜金主义来评价物质主义者时,我们将会得到更多对物质主义消极影响的复杂发现。我们发现在特定的收入水平下,物质主义者比非物质主义者对生活更不满意——除非年收入在50万元或更多的富人们(Nickerson, Schwarz, Diener & Kahneman, 2003)。但是这个发现忽略了这样一个事实,即那些物质主义者可能赚钱更多,而这会抵消物质主义的消极影响。另外一项近期研究(Roberts & Robins, 2000)并未发现物质上的野心和幸福之间的负相关。因此,我们对于物质主义和幸福关系的理解是不完整的,因为它会受到我们如何评价物质主义的影响。

虽然近期研究发现在富裕国家,收入和生活满意度的关系甚微(Diener & Biswas-Diener, 2002),但是这并不能代表所有情况。人们赚钱和消费的方式能够预测收入对主观幸福感的影响（Headey，Muffels & Wooden，2004），并且当出现困难时，金融资源能缓解生活满意度状况（Johnson & Krueger，2006）。另外，最近有关彩票中奖者的研究（Gardner& Oswald，2007）得出的结论与 Smith & Razzell（1975）的发现一致：彩票中奖能够增加幸福。因此，在富足社会，野心增加会消除收入增加的影响，但是认为富人不比穷人拥有更高的主观幸福感却是过于简单的想法。

4. 错误观念四——如果有足够的证据，相关可以反映因果

在我们上第一堂心理学课时已经学到相关关系不等于因果关系，但是当我们在考察主观幸福感时却很快将这一规则抛置脑后。诚然，相关关系并不能证明因果关系，但是当我们发现主观幸福感与其他变量之间相关时，我们往往情不自禁将相关关系等同于因果关系，因为我们很容易认为婚姻或收入等因素会成为改变幸福的诱因。但是，我们现在知道了幸福能够影响这些因素。例如，Diener 以及 Cacioppo 等人（2002）发现幸福能够提高收入水平。另外，进入某些特定社会角色中如结婚可能使个体更加幸福，但是婚姻本身并不能带来幸福（Lucas et al.，2003）。因此我们必须时刻提醒自己：幸福和其他变量相关常常在于幸福影响其他因素，也可能是第三个因素同时对幸福和其他变量的影响，还可能是自变量的不同水平的影响[1]。

研究发现那些报告性生活频繁的人们通常更加幸福，这是第三因素影响的例子。研究者还报告更高的收入对主观幸福感的影响也同性生活的影响一样。这些发现都非常有趣，但是却可能诱导读者认为更频繁的性生活能够增加幸福感；看似正确的结论并不是相关关系所指。拥有性生活可能是因为有稳定的伴侣或者与某人有良好的关系，并且这些社会支持可能既是幸福的来源也是性稳定的原因。一个人拥有稳定的性生活表明他拥有良好的社会关系，无心理疾病，或者拥有积极向上的外倾人格。相比于不幸福的人，幸福的人更可能是性感的性伴侣，因此这种关系方向再次颠倒过来。

---

[1] Lucas，R. E.，Clark，A. E.，Georgellis，Y.，& Diener，E.（2003）."Reexamining adaptation and the set point model of happiness：reaction to changes in marital status".*Journal of Personality and Social Psychology*. 84：pp.527-539.

所以,让我们铭记下面这句话:即使采用元分析(meta-analyses),大量的相关关系也不能推出因果关系。

5. 错误观念五—— 环境可以被忽视

很多影响主观幸福感的因素可能对人们生活环境产生广泛影响。例如,一个大学生的收入可能影响他父母的收入背景。一个收入为零但出身豪门的大学生可能物质富足。相反,一个来自贫困家庭却每年能赚5万元的大学生在学校里可能物质贫乏。另外,金钱在某些环境中(生活在曼哈顿)比在另一些环境中更重要。

在之前的论述中,我们已经提及过一项研究发现:一般而言,已婚人士比未婚、离婚或者丧偶者更加幸福,除了选择因素外,还可能因为结婚前后人们的生活满意度会急速提升。我们曾因为说婚姻不能给人们带来更多幸福而遭到攻击。对此我们需要着重强调的是我们仅仅报告的是一般情况。我们发现一些个体在婚后甚至很长一段时间内对生活更满意。另外虽然这个样本容量很大,但我们只对这一个样本进行分析,因此我们的发现不能够推广到其他群体。不过,我们的研究是这一领域中为数较少的纵向研究,因此在跨地域相关研究中婚姻并没有被看作是提高主观幸福感的因素。

这里我们首先需指出婚姻的影响可能取决于个人的生活环境。在大学,未婚状态仍然可以生活得很积极和浪漫;而在某些老年社区,情况可能不尽相同。因此,婚姻对个人生活和幸福的影响可能因环境和文化的差异而不同。在我们的纵向研究中,我们发现婚姻关系更可能帮助那些生活满意度低的人们——也许是他们婚前的社会生活不尽如人意,所以使他们感觉到从婚姻中得到的更多。另外一项研究也得出了类似的发现:相比于其他文化,在某些文化背景下,离婚和主观幸福感之间存在更强的负相关关系,即使两者关系总体而言具有跨文化的一致性。

当我们考察收入、婚姻、教育和年龄等因素时,生活环境可能在这些因素和主观幸福感中间起到至关重要的作用。但是环境因素包括哪些因素呢? 诸如价值观、社会结构、文化类型和角色期望等环境因素会影响到收入、婚姻等因素在人们生活中的作用。回到之前有关收入影响幸福的例子,人们的目标、价值观和期望可能影响到他们需要多少金钱才能感到幸福。但是,他们生活的地方、在那里的生活开销以及需要买的东西的数量都随着文化地域的变化而产生巨大变化。至此我们发现收入和主观幸福感间的相关对我们的理解不会产生很大的帮助,相反我们需要知道在哪种环境下金钱更重要以及在各种环境下获得高质量生活需要多少金钱。

我们能够将环境问题延伸到幸福感与诸多因素的相关研究中。例如,年龄在不同文化不同生活环境下有不同的意义。经济学家发现收入平等等因素影响幸福感,并且该过程受到人们平等主义价值观的调节。因此我们必须超越简单的幸福输入—输出模型(认为特定的外部生活环境直接对幸福感产生不同影响),建立新的模型(重视个体信念、价值观和目标的作用)。

6. 错误观念六——寻找最幸福的国家是有价值的

当今流行评选最好的旅店、最好的城市和最好的大学。因此,我们对评选最幸福的国家和地方也并不感到诧异。其中一项评选列表中,尼日利亚居然被选为最幸福的国家;而瑞典、瑞士或者爱尔兰在另一评选中排名前列。哪个国家能够始终成为最幸福的国家呢? 幸福评比似乎吸引了人们像竞技比赛那样去竞争。但是,事实上有关"谁最幸福"的国家排名使我们对国家间幸福感差异产生误解。排名将夸大原本很小的差距。例如,采用术后一年的患者存活率作为指标,对心脏外科医生进行排名,一个国家排名顶尖的医生可能只比排名 100 的医生高出百分之一还不到。

排名也暗含客观差异,而事实上这些差异是由某些虚假因素导致的。例如,国家大事的出现会导致国家排名的细微改变。那些位居前列、分数接近国家的排名可能会因竞选或者国家运动会的发生而改变。仅因诸如举办世界杯之类的因素,加之本来十分接近的排名分数,可能这次瑞士排在第一位,而下次瑞典上升到第一位。

我们反对排名的另一个原因是幸福或者主观幸福感并不是一维的,事实上我们知道它包括很多独立要素。因为选择分析哪个要素会影响到最终的排名,所以"谁是最幸福的国家"这个问题过于简单:幸福不只是一个东西。这就像问"哪个动物最大"一样,"大"这个概念可以指重量(蓝鲸),或者高度(长颈鹿),或者长度(巨型乌贼)。Kuppens 等人(2006)开展了跨国家的消极情绪和积极情绪因素的调研,发现如果想知道最幸福的国家,墨西哥可能是的,因为它拥有最多的积极情绪;或者加拿大也可能是,因为它拥有最少的消极情绪。最不幸福的国家可能是科威特,因为它拥有最多的消极情绪;或者可能是中国,因为它拥有最少的积极情绪;或者伊朗因为它最不擅长平衡情绪。美国学者 Diener 对首次"全世界价值调查"中平均值进行研究,因为这项调查考察 43 个国家的消极情绪、积极情绪以及生活满意度。挪威在积极情绪上得分最高,但是在生活满意度上排名第 10 名,在消极情绪得分上排名 13 名。瑞士在生活满意度上排名第一,在消极情绪上排名靠后,而在积极情绪得分上排名倒数第三。因为瑞士人较少报告积极情绪和消极情绪,所以他们的生活满意度排名和积极情绪得分排名呈现巨大差异。虽然挪威在三项排名上得分均靠前,但其中两项排名仅仅在第 10 名和第 13 名。因此,排名可能过度简化了我们对诸多国家幸福感的认识。

我们并不是想说某些国家总体上不如其他国家幸福,甚至在主观幸福感的各个要素上均不如其他国家。但是,我们需要了解社会因素,它可以预测国家间的幸福差异。若采用更多国家样本得到生活满意度与平均收入水平显著相关,将会是非常有意义且十分重要的发现。然而,寻找"最幸福国家"的行动应该留给大众媒体去做。

7. 错误观念七——大多数人需要更多幸福

随着越来越多人关注幸福这一领域,我们为提高幸福感作出了很多尝试。特别是对于那些主观幸福感很低的个体,这些尝试可能会为他们提供很大帮助。另外,提高主观幸福感各个要素如生活满意度将会变得非常有意义——谁会认为帮助人们更加热爱生活没有意义?然而,我们还需要讨论是否人们应该体验比现状更高水平的积极情绪。因为一些人告诉我们:他们已经拥有了足够多的幸福,并不需要心理学家帮助他们变得更加积极向上。

根据进化论的观点,情绪是为适应性目的而进化产生的。因此,积极情绪和消极情绪在过去都是为达到某一目的服务的,我们需要知道是否他们现在正服务于某个目的。大多数生活在工业国家的人们报告他们大多数时间里都感到幸福(Diener & Diener,1996)。另外,情绪学家强调愤怒、恐惧、悲伤等情绪情感都是在特定环境下做出的应激性反应。因此,不一定所有人都必须追求更多幸福。也许大多数人感到积极情绪和消极情绪的功能联合,并不需要更多的积极情绪使功能更加完善。并且也有一些个体可能已经处于功能发挥的最佳状态。虽然似乎有很多人都从更多积极情绪和更少消极情绪中获益,但是我们并没有对"是否人们需要更多幸福"这一问题做过正式研究。因此,增加幸福的诸多尝试犹如在黑暗中摸索,因为我们并不知道有多少人希望自己更加幸福,也并不知道有多少人在获得更多幸福后功能会更完善。虽然生活幸福的人们一般而言在各领域更加成功(Lyubomirsky,King & Diener,2005),但是我们并不知道追求更多幸福是否仍可促使他们获得更多成功。

一些学者(Oishi,Diener & Lucas,2006)探讨所谓的"幸福最佳水平"——是否拥有不同主观幸福感水平的人们会在不同的生活领域取得成功。我们发现那些极端幸福的人很善交际,且似乎在社会领域非常成功。但是,我们也发现那些中等程度幸福的人在特定领域(如收入)最为成功。这仅仅是一个初步的探索,确定主观幸福感的最佳水平有待日后更多的实证研究。要提高幸福水平,这些研究工作是必须且紧迫的。

(二)幸福研究的未来展望

幸福未来的研究方向是什么? 幸福研究经过二十年的快速发展,今后仍能保持这种发展速度吗? 我们相信可以,不过研究者们需要保持雄心壮志,并且要勇于探索。如果仅仅采用或复制过去的研究方法而几乎不加以扩展,那么幸福研究的未来将会是暗淡无光的。我们需要考虑将幸福研究与其他领域的研究如社会学、实验心理学和神经学整合起来。我们还需要更精确的研究方法,比如需要比以前的研究更加深入、取样更加广泛。

未来的一些研究方向旨在更好的解决上述那些谜团。例如,对"幸福设定点"这一疑点进行描述,可以使我们认识到我们需要个体内变化的理论以及在这些理论基础上得出的纵向发现。我们需要清楚环境如何在其他因素(如婚姻、收入)影响幸福的过程中起作用。虽然未来研究取向很多,但是我们认为其中三个研究方向非常重要。

1. 我们需要更精确的研究方法

因为幸福感研究最初是从社会学调查研究传统中发展而来,因此自我报告法是研究幸福最为常用的方法。已有的研究大多采用一次性自我报告法,较少有文章运用更精确的研究方法。自我报告的调查方法虽然有用,但是却有很多明显的局限。同样,幸福感的研究变量经常使用人口统计学变量、收入和婚姻,我们需要加入更多其他的研究变量和环境变量,以及多样化的主观幸福感测量方法,包括生物学的、非言语的、行为学的和问卷调查的方法。有些人认为只有自我报告法可以测量主观幸福感,因为主观幸福感是主观现象。然而,这些人并不知道言语报告并不比其他方法更多反映主观感觉。人们谈论或者写下他们的经验并不是对经验的直接测量,而只是对他们经验的传递和报告。因此,生物学测量或者非言语测量方法都能用于测量主观经验。与自我报告法一样,他们是对主观经验的间接测量,但是在如何获得经验方面他们却弥补了自我报告法的缺陷。各种测量方法的融合和分离可以揭示主观幸福感的本质。因此,虽然自我报告法仍可能是今后主观幸福感研究者们主要的研究工具,但他们需要其他方法的补充。

在幸福研究领域,许多学者发现积极情感和消极情感并不是相对的,而且他们各自与不同的变量相关。我们发现生活满意度也不同于这两种情感,即使这三种幸福形式存在相关。目前我们需要更全面的分析各种幸福形式在什么情况下聚合,在什么情况下分离。例如,Diener 和 Fujita(2006)研究那些日常积极情绪多而生活满意度低的人们或者那些积极情绪少而生活满意度高的人们是否更加努力。毋庸置疑,那些积极情绪多且生活满意度高的个体在生活中最成功。但是我们发现,相比于那些积极情绪多但生活满意度低的个体,那些生活满意度高的个体精力更充沛、更自信,并且更健康。这个研究提示我们在进行类似研究时,需要更多的关注哪些因素会对幸福的不同形式具有不同预测作用,同时也需要了解幸福的结果是如何随所考查的幸福形式的变化而变化的。一些研究者鼓吹某一种幸福形式的重要性。然而,这些讨论中唯一缺少的就是数据,因为数据可以使不同类型的主观幸福感产生的原因及其不同影响清楚显现出来。在很多研究中依然只探讨一种主观幸福感类型如生活满意度,这一局限可以通过采用各种测量标准加以完善,比如积极情感、消极情感、生活满意度、行业满意度等。另外,同时对即时情感和记忆情感进行测量将会大有裨益。在很多情况中,一种幸福类型可能与一种因素相关,而另一种幸福类型可能并不与该因素相关。我们只有在评估不同类型的幸福时才会发现这些情况。

今后的数十年中,心理学的快速发展将可能得益于神经科学、免疫学、基因遗传学和其他生物学研究方法。因此,主观幸福感研究者有必要在他们的研究中采用这些生物学方法。不过,我们也需要概念模型,帮助我们采用不同测量方法评估主观幸福感的不同方面。

幸福研究还需要很多实证研究和纵向研究。我们需要那些生物学方法是因为我们已经感觉到跨地域研究中存在的简单相关包含更深的东西。我们需要实证研究和纵向研究以深入探究因果关系。研究者们首先要认识到过去研究的方法不能极大推动未来研究的发展。有关幸福来源的研究更需要注重对心理过程的测量。

2. 幸福的结果和最佳水平

数十年来,研究者们大多关注幸福的来源,直到最近他们才把注意力转向研究幸福的结果[1]。虽然我们已有的研究对情绪的后果考察一直坚持进行实证研究,但是在对幸福长期影响的研究却很少。学者 Lyubomirsky 等人(2005)对幸福结果研究进行了梳理和回顾。同样,Pressman 和 Cohen(2005)探讨了积极情绪对健康和判断的影响。Thoresen、Bono 和 Patton(2001)研究了工人满意度对工作绩效的影响。但是,我们极少深入研究各种幸福类型如何影响我们的行为及成功。

---

[1] Lyubomirsky,S.,King,L.A.& Diener,E.(2005)."The benefits of frequent positive affect". *Psychological Bulletin*,131,pp.803–855.

3.理解适应,什么能够改变人们的"设置点"

我们经常问什么可以使人们更加幸福。在短期内可能有很多东西能给我们带来更多的幸福,但是随着时间的流逝我们会渐渐习惯,使得这些东西的影响越来越小。这会产生一个问题:是否有一些变量可以改变设置点,并且长期改变主观幸福感? 如果确实存在这样的因素,那么这些因素将怎样保持它们的长久影响。

关于改变幸福设置点的另一疑问就是引起适应或者习惯的原因是什么。有多少积极加工参与其中? 适应在多大程度上依赖于个体无意识的自动习惯? 最近关于态度改变、感激的表达、冥想等研究都表明这些增加主观幸福感的尝试和努力是有效的,不过我们仍需在此问题上继续钻研。什么情况下这些努力可以长期改变主观幸福感? 什么情况下这些努力的效果是暂时的? 哪些社会进步可能促进主观幸福感的提高,哪些人们可能会渐渐习惯?

4.不应该只研究生活满意度和整体幸福

过去我们希望各种幸福标准可以汇集整合。虽然确实存在一定的汇聚(Sandvik,Diener & Seidlitz,1993),但是我们知道各种幸福标准也呈现出一定的分离(Kahneman et al.,2006;Oishi & Sullivan,2006)。不过这种分离可以使我们更好地了解幸福的本质。例如,整体幸福感要比即时短暂的幸福感更好的预测未来行为。因此,未来研究需要采用更多的标准,引入更多的变量,包括生活满意度,也包括暂时的积极情绪和消极情绪以及生活各领域中的满意度。另外,我们应该不仅关注哪种人最幸福,也应该探究分析幸福感的其他方法,比如那些让人们最积极的活动。例如,一些学者(Pavot,Diener & Fujita,1990)发现不论是外倾人格还是内倾人格的个体他们在社会情境下体验到的积极情绪比在非社会情境下体验到的更多,而且Kahneman 等人(2006)还分析了特定活动中的情绪。因为人们的情绪和满意度会随参与活动和领域的变化而变化,所以仅仅关注哪种类型的个体最幸福是远远不够的。

一些误解和过于简化的观点渐渐影响到我们对幸福的理解，并且我们一些价值观可能导致了其中一些错误观念的产生。我们希望人们更加珍视金钱以外的东西，我们也希望为公众简化幸福研究中的发现，我们希望通过广泛传播这些发现推动社会的发展，但是我们必须避免仓促地下结论以迎合大众媒体的口味。幸福研究领域已经获得了快速的发展，但这一领域似乎同时也达到了饱和状态。现在我们需要采用更加复杂精确的方法研究幸福，例如纵向研究设计、环境和心理过程的测量等。在这些年中我们见证了这一领域的快速发展，它极大促进了人民对幸福更深地理解和理性追求。与此同时，我们也希望幸福研究领域能够在未来取得更多进展，全面推动人类社会从 GDP 经济向幸福经济的迈进。

参 考 文 献

一、主要书籍

1.李彩娜:《亲密关系与青少年发展》,科学出版社 2014 年版。

2.孟昭兰:《情绪心理学》,北京大学出版社 2005 年版。

3.任俊:《积极心理学》,上海教育出版社 2006 年版。

4.岳经纶、[挪]库纳、颜学勇:《工作—生活平衡:理论借鉴与中国现实》,人民出版社 2014 年版。

5.俞国良:《为生活服务的心理学微探》,中国人民大学出版社 2012 年版。

6.郑雪:《积极心理学》,北京师范大学出版社 2014 年版。

7.郑雪、严标宾、邱林、张兴贵:《幸福心理学》,暨南大学出版社 2004 年版。

8.[爱尔兰]Alan Carr:《积极心理学:有关幸福和人类优势的科学(第二版)》,丁丹等译,中国轻工业出版社 2013 年版。

9.伯恩斯坦、郎谷兰德:《爱的最佳距离》,欧阳敏、石孟磊译,化学工业出版社 2009 年版。

10.[澳]福加斯:《孤独的人是可耻的:人际交往的艺术》,张保生、李晖、樊传明译,中国人民大学出版社 2014 年版。

11.[美]克里斯托弗·彼得森:《积极心理学》,徐红译,群言出版社 2010 年版。

12.[美]克里斯托弗·彼得森:《打开积极心理学之门》,侯玉波等译,机械工业出版社 2010 年版。

13.[美]马丁·塞利格曼:《真实的幸福》,洪兰译,北方联合出版传媒(集团)股份有限公司 2010 年版。

14.[美]马丁·塞利格曼:《持续的幸福》,赵昱鲲译,浙江人民出版社 2012 年版。

15.[美]卡莱特:《情绪》,周仁来译,中国轻工业出版社 2009 年版。

16.[美]罗伯特·所罗门:《幸福的情绪》,聂晶、杨壹茜、左祖晶译,中国人民大学出版社 2011 年版。

17.[美]芭芭拉·弗雷德里克森:《积极情绪的力量》,王珺译,中国人民大学出版社 2010 年版。

18.[美]汤姆·斯通:《精通情绪:充分乐享人生之道》,张超译,机械工业出版社2014 年版。

19.[美]泰勒·本—沙哈尔:《幸福的方法》,汪冰、刘骏杰译,中信出版社 2013年版。

20.[美]斯奈德、洛佩斯:《积极心理学:探索人类优势的科学与实践》,王彦等译,人民邮电出版社 2013 年版。

21.Bakker, A. B., & Demerouti, E., "*The spillover-crossover model*", New frontiers in work and family research, New York, NY, US:Psychology Press, 2013, pp.55-70.

二、期刊文献

1.陈海燕:《自主性动机在变革型领导力和员工工作投入之间的中介作用》,浙江大学硕士学位论文,2013 年。

2.陈晶、吴均林:《工作倦怠理论与研究展望》,《中国健康心理学杂志》2009 年第 9 期。

3.冯缙、秦启文:《工作满意感研究述评》,《心理科学》2009 年第 4 期。

4.郭小艳:《积极情绪对认知的扩展效应》,陕西师范大学硕士学位论文,2009 年。

5.胡少楠、王詠:《工作投入的概念、测量、前因与后效》,《心理科学进展》2014年第 12 期。

6.金静、胡金生:《消极情绪对优势认知加工的抑制》,《心理科学进展》2015 年第 1 期。

7.江雪华、申荷永:《积极心理学在临床实践中的运用》,《中国健康心理学杂志》2008 年第 3 期。

8.江雪华、申荷永:《积极心理学在心理评估与干预中的运用》,《中国临床心理学杂志》2007 年第 15 期第 1 卷。

9.刘靖东、钟伯光、姒刚彦:《自我决定理论在中国人人群的应用》,《心理科学进展》2013 年第 10 期。

10.李英、席敏娜、申荷永:《正念禅修在心理治疗和医学领域中的应用》,《心理科学》2009 年第 2 期。

11.林琳、时勘、萧爱铃:《工作投入研究现状与展望》,《管理评论》2008 年第3 期。

12.李锐、凌文辁:《工作投入研究的现状》,《心理科学进展》2007 年第 2 期。

13.苗元江、朱晓彤、陈浩彬:《从理论到测量——幸福感心理结构研究发展》,

《徐州师范大学学报(哲学社会科学版)》2009 年第 2 期。

14.苗元江:《幸福感:指标与测量》,《广东社会科学》2007 年第 3 期。

15.庞娇艳、柏涌海、唐晓晨、罗劲:《正念减压疗法在护士职业倦怠干预中的应用》,《心理科学展》2010 年第 10 期。

16.王震、宋萌、孙健敏:《真实型领导:概念、测量、形成与作用》,《心理科学进展》2014 年第 3 期。

17.吴伟炯、刘毅、谢雪贤:《国外恢复体验研究述评与展望》,《外国经济与管理》2012 年第 11 期。

18.吴伟炯、刘毅、路红、谢雪贤:《本土心理资本与职业幸福感的关系》,《心理学报》2012 年第 10 期。

19.王燕、李悦、金一波:《幸福感研究综述》,《心理研究》2010 年第 2 期。

20.王艳梅:《积极情绪的干预:记录愉快事件和感激的作用》,《心理科学》2009 年第 3 期。

21.王艳梅、汪海龙、刘颖红:《积极情绪的性质和功能》,《首都师范大学学报(社会科学版)》2006 年第 1 期。

22.吴捷:《老年人社会支持、孤独感与主观幸福感的关系》,《心理科学》2008 年第 4 期。

23.王晓春、甘怡群:《国外关于工作倦怠研究的现状述评》,《心理科学进展》2003 年第 5 期。

24.邹琼、佐斌、代涛涛:《工作幸福感:概念、测量水平与因果模型》,《心理科学进展》2015 年第 4 期。

25.张春红:《大学生应对方式、积极率和幸福感的关系研究》,浙江理工大学硕士学位论文,2014 年。

26.张剑、宋亚辉、叶岚、Zakaria Hocine:《工作激情研究:理论及实证》,《心理科学进展》2014 年第 8 期。

27.张剑、张徽、冯俭:《领导者自主支持与员工创造性绩效的关系》,《中国软科学增刊》(上)2010 年。

28.张剑、张建兵、李跃、Deci,E.L.:《促进工作动机的有效路径:自我决定理论的观点》,《心理科学进展》2010 年第 5 期。

29.Azañedo, C. M., E. G. Fernández-Abascal and J. Barraca, "Character strengths in Spain:validation of the Values in Action Inventory of Strengths(VIA-IS) in a Spanish sample", *Clínica y Salud*, Vol.25, No.2, 2014, pp.123-130.

30.Allen, T. D. & Kiburz, K. M., "Trait mindfulness and work-family balance among working parents:the mediating effects of vitality and sleep quality", *Journal of Vocational Behaviour*, Vol.80, 2012, pp.372-379.

31. Asebedo S. D. , Seay M. C. , "Positive Psychological Attributes and Retirement Satisfaction", *Journal Of Financial Counseling & Planning*, Vol.25, No.2, 2015, pp.161−173.

32. Bering J. M. , "Towards a Cognitive Theory of Existential Meaning", *New Ideas in Psychology*, Vol.21, 2003, pp.101−120.

33. Ackerman S. , Zuroff D. C. , Moskowitz D. S. , "Generativity in Midlife and Young Adults: Links to Agency, Communion, and Subjective Well-being", *International Journal of Aging & Human Development*, Vol.50, 2000, pp.17−41.

34. Bakker, A. B. , "Daily fluctuations in work engagement: An overview and current directions", *European Psychologist*, Vol.19, No.4, 2014, pp.227−236.

35. Burrow A. A. , "Perceived Change in Life Satisfaction and Daily Negative Affect: The Moderating Role of Purpose in Life", *Journal Of Happiness Studies*, Vol.15, No.3, 2014, pp.579−592.

36. Bastian B. , Kuppens P. , Roover K. D. , Diener E. , " Is valuing positive emotion associated with life satisfaction?", *Emotion*, Vol.14, No.4, 2014, pp.639−645.

37. Binnewies, C. J. , "Recovery during the weekend and fluctuations in weekly job performance: A week-level study examining intra-individual relationships", *Journal Of Occupational & Organizational Psychology*, Vol.83, No.2, 2010, pp.419−441.

38. Cooper J. , "Personal Development is Professional Development: Taking care of the wellbeing of our nurses", *Australian Nursing & Midwifery Journal*, Vol.22, No.5, 2014, p.32.

39. Diener E. , Oishi S. , Lucas R. E. , " National accounts of well-being ", *American Psychological Association*, Vol.70, No.3, 2015, pp.234−242.

40. Diener E. , Fujita F. , Tay L. , Biswas-Diener R. , "Purpose, Mood, and Pleasure in Prediction Satisfaction Judgements ", *Social Indicators Research*, Vol. 105, 2012, pp.333−341.

41. Diener, E. (1984). " Subjective well-being". *Psychological Bulletin*, 95, pp.542−575.

42. Diener, E. & Seligman, M. E. P. (2002). " Very happy people". *Psychological Science*, 13, pp.81−84.

43. Diener, E. Lucas, R. E. , & Scollon, C. N. (2006). "Beyond the hedonic treadmill: Revising the adaptation theory of well-being". *American Psychologist*, 61(4), pp.305−314.

44. Diener, E. & Suh, E. M. (2000). *Culture and subjective well-being.* Cambridge, MA: MIT Press.

45. Diener E. , Biswas-Diener, R. (2002). "Will Money Increase Subjective Well-Being?" *Social Indicators Research.* 57(2), pp.119−169.

46. Desjardins R., "Researching the links between education and well-being", *European Journal of Education.*, Vol.43, No1, 2008, pp.23-35.

47. Duckworth AL, Steen TA, Seligman MEP, "Positive Psychology in Clinical Practice", *Annual Review of Clinical Psychology*, Vol.1, 2005, pp.629-651.

48. Emmons Robert A., "Personal Goals, Life Meaning, and Virtue: Wellsprings of a Positive Life", *Flourishing: Positive psychology and the life well-lived*, 2003, pp.105-128.

49. Emmons R. A., Cheung C., Tehrani K., "Assessing Spirituality Through Personal Goals: Implications for Research on Religion and Subjective Well-being", *Social Indicators Research*, Vol.45, 1998, pp.391-422.

50. García-Alandete J., "Does Meaning in Life Predict Psychological Well-Being?", *European Journal Of Counselling Psychology*, Vol.3, No.2, 2015, pp.89-98.

51. Frankl V.E., "The doctor and the soul: From psychotherapy to logotherapy", *Vintage*, 1986, p.250.

52. Garrosa-Hernández E., Carmona-Cobo I., Ladstätter F., Blanco L. M., Cooper-Thomas H.D., "The Relationships Between Family-work Interaction, Job-Related Exhaustion, Detachment, and Meaning in Life: A day-level study of emotional well-being", *Revista De Psicologia Del Trabajo Y De Las Organizaciones*, Vol.29, No.3, 2013, pp.169-177.

53. Fisher, C.D., "Happiness at work", *International Journal of Management Reviews*, Vol.12, No.4, 2010, pp.384-412.

54. Fredrickson B.L., Losada Marcial F., "Positive affect and the complex dynamics of human flourishing", *The American psychologist*, Vol.60, No.7, Oct2005, pp.678-686.

55. Fredrickson B.L., Joiner Thomas, "Positive emotions trigger upward spirals toward emotional well-being", *Psychological Science*, Vol.13, No.2, Mar2002, pp.172-175.

56. Fredrickson B. L., "The role of positive emotions in positive psychology: The broaden-and-build theory of positive emotions", *American Psychologist*, Vol. 56, No. 3, Mar2001, pp.218-226.

57. Fredrickson B.L., "What good are positive emotions?", *Review Of General Psychology*, Vol.2, No.3, Sep1998, pp.300-319.

58. Gordon, W., Shonin, E., Zangeneh, M. & Griffiths, M., "Work-Related Mental Health and Job Performance: Can Mindfulness Help?", *International Journal Of Mental Health & Addiction*, Vol.12, No.2, 2014, pp.129-137.

59. Gander, F., et al., "Strength-Based Positive Interventions: Further Evidence for Their Potential in Enhancing Well-Being and Alleviating Depression", *Journal of Happiness Studies*, Vol.14, No.4, 2013, pp.1241-1259.

60. Garrosa-Hernández, E., Carmona-Cobo, I., Ladstätter, F., Blanco, L. M. & Cooper-

Thomas, H. D., "The relationships between family-work interaction, job-related exhaustion, detachment, and meaning in life: A day-level study of emotional well-being", *Revista De Psicologia Del Trabajo Y De Las Organizaciones*, Vol.29, No.3, 2013, pp.169−177.

61. Guéguen N., " Weather and smiling contagion: A quasi experiment with the smiling sunshine ", *Journal of Nonverbal Behavior*, Vol.37, No.1, 2013, pp.51−55.

62. Greenfield E. A., N. Marks, "Formal Volunteering as a Protective Factor for Older Adults' Psychological Well-being", *Journals of Gerontology: Series B: Psychological Sciences and Social Sciences*, Vol.59B, No.5, 2004, pp.258−264.

63. Harzer, C. and W. Ruch, "The relationships of character strengths with coping, work-related stress, and job satisfaction", *Frontiers In Psychology*, No.6, 2015, p.165.

64. Hülsheger, U. R., Alberts, H. M., Feinholdt, A., & Lang, J. B., "Benefits of mindfulness at work: The role of mindfulness in emotion regulation, emotional exhaustion, and job satisfaction", *Journal Of Applied Psychology*, Vol.98, No.2, 2013, pp.310−325.

65. Justin Storbeck., "Negative affect promotes encoding of and memory for details at the expense of the gist: Affect, encoding, and false memories", *Cognition & Emotion*, Vol. 27, No.5, Aug2013, pp.800−819.

66. Jayawickreme E., Forgeard M. C., Seligman M. P., "The Engine of Well-being", *Review Of General Psychology*, Vol.16, No.4, 2012, pp.327−342.

67. Kashdan T. B., McKnight P. E., "Commitment to a Purpose in Life: An Antidote to the Suffering by Individuals with Social Anxiety Disorder", *Emotion*, Vol.13, No.6, 2013, pp.1150−1159.

68. Kok Bethany E., Waugh Christian E., Fredrickson Barbara L., "Meditation and Health: The Search for Mechanisms of Action", *Social & Personality Psychology Compass*, Vol.7, No.1, Jan2013, pp.27−39.

69. Kovjanic, S., Schuh, S. C. & Jonas, K., "Transformational leadership and performance: An experimental investigation of the mediating effects of basic needs satisfaction and work engagement", *Journal Of Occupational & Organizational Psychology*, Vol.86, No.4, 2013, pp.543−555.

70. Lucas, R. E., Clark, A. E., Georgellis, Y., & Diener, E. (2003). "Reexamining adaptation and the set point model of happiness: reaction to changes in marital status". *Journal of Personality and Social Psychology*. 84: 527−539.

71. Lyubomirsky, S., King, L. & Diener, E. (2005). "The benefits of frequent positive affect: Does happiness lead to success?" *Psychological Bulletin*, 131, 803−855.

72. Martinez-Marti, M. L. and W. Ruch, "Character strengths and well-being across the life span: data from a representative sample of German-speaking adults living in Switzer-

land",*Frontiers In Psychology*,No.5,2014,p.1253.

73.Manfred Diehl.,Hay Elizabeth L.,Berg Kathleen M.,"The ratio between positive and negative affect and flourishing mental health across adulthood",*Aging & Mental Health*,Vol.15,Issue. 7,Sep2011,pp.882–893.

74.Man Yee Ho,Fanny M.Cheung,Shu Fai Cheung,"The Role of Meaning in Life and Optimism in Promoting Well-being",*Personality and Individual Differences*,Vol.48,Issue 5,2010,pp.658–663.

75.Mahoney A.,Pargament K.I.,Jewell T.,Swank A.B.,Scott E.,Emery E.,Rye M., "Marriage and the Spiritual Realm:The Role of Proximal and Distal Religious Constructs in Marital Functioning",*Journal of Family Psychology*,Vol.13,1999,pp.321–338.

76.Newman D.B.,Tay L.,Diener E.," Leisure and subjective well-being:A model of psychological mechanisms as mediating factors ",*Journal of Happiness Studies*,Vol.15,No. 3,2014,pp.555–578.

77.Ng W.,Diener E.," What matters to the rich and the poor? Subjective well-being,financial satisfaction,and postmaterialist needs across the world ",*Journal of Personality and Social Psychology*,Vol.107,No.2,2014,pp.326–338.

78.Oishi S.,Diener E.,Lucas R.E.,"The optimum level of well-being:Can people be too happy?",*Perspective on Psychological Science*,Vol.2,2007,pp.346–360.

79.Park C.L.,Lim H.,Newlon M.," Dimensions of religiousness and spirituality as predictors of well-being in advanced chronic heart failure patients ",*Journal of Religion and Health*,Vol.53,No.2,2014,pp.579–590.

80.Perrewé,P.L.,Hochwarter, W.A.,Ferris,G.R.,McAllister,C.P.& Harris,J.N., "Developing a passion for work passion:Future directions on an emerging construct",*Journal of Organizational Behavior*,Vol.35,No.1,2014,pp.145–150.

81.Pressman,S.D.,& Cohen, S.(2005).Does positive affect health? Psychological Bulletin,131,pp.925–971.

82.Proctor,C.,J.Maltby and P.A.Linley,"Strengths Use as a Predictor of Well-Being and Health-Related Quality of Life",*Journal Of Happiness Studies*,Vol.12,No.1,2011,pp. 153–169.

83.Peterson,C.,et al.,"Strengths of character and posttraumatic growth",*Journal of Traumatic Stress*,Vol.21,No.2,2008,pp.214–217.

84.Peterson,C. and N.Park," The incubator-Character strengths in organizations", *Journal of Organizational Behavior*,Vol.27,No.8,2006,pp.1149–1154.

85.Peterson,C.,N.Park and M.E.P.Seligman,"Greater strengths of character and recovery from illness",*The Journal of Positive Psychology*,Vol.1,No.1,2006,pp.17–26.

86.Peterson, C., "Strengths of Character and Happiness: Introduction to Special Issue", *Journal of Happiness Studies*, Vol.7, No3, 2006, pp.289-291.

87.Peterson C., Park N., Seligman M.P., "Orientations to Happiness and Life Satisfaction: the Full Life Versus the Empty Life", *Journal Of Happiness Studies*, Vol.6, No.1, 2005, pp.25-41.

88.Park, N., C.Peterson and M.E.P.Seligman, "Strengths of Character and Well-Being", *Journal of Social and Clinical Psychology*, Vol.23, No.5, 2004, pp.603-619.

89.Rodríguez-Muñoz, A.A. "Engaged at Work and Happy at Home: A Spillover-Crossover Model", *Journal Of Happiness Studies*, Vol.15, No.2, 2014, pp.271-283.

90.Rockenbach A.B., "Fostering Meaning, Purpose, and Enduring Commitments to Community Service in College: A Multidimensional Conceptual Model", *Journal Of Higher Education*, Vol.85, No.3, 2014, pp.312-338.

91.Rodríguez-Muñoz, A.& Sanz-Vergel, A.I., "Happiness and well-being at work: A special issue introduction", *Revista De Psicología Del Trabajo Y De Las Organizaciones*, Vol.29, No.3, 2013, pp.95-97.

92.Ryan K., Diener E., " Subjective well-being: A general overview ", *South African Journal of Psychology*, Vol.39, No.4, 2009, pp.391-406.

93.Ryff C.D., Singer B.H., "Know Thyself and Become What You are: A Eudaimonic Approach to Psychological Well-being", *Journal of Happiness Studies*, Vol.9, No.1, 2008, pp.13-39.

94.Ryff C.D., B.H.Singer, G.D.Love, "Positive Health: Connecting Well-being With Biology", *Philosophical Transactions of the Royal Society of London B*, Vol.359, 2004, pp.1383-1394.

95.Ryff C.D., "The Contours of Positive Human Health", *Psychological Inquiry*, Vol.9, No.1, 1998, p.1.

96.Ryff C.D., Keyes C.M., "The Structure of Psychological Well-being Revisited", *Journal of Personality And Social Psychology*, Vol.69, No.4, 1995, pp.719-727.

97.Schreurs, B., van Emmerik, I.H., Van den Broeck, A., & Guenter, H., "Work values and work engagement within teams: The mediating role of need satisfaction", *Group Dynamics: Theory, Research, And Practice*, Vol.18, No.4, 2014, pp.267-281.

98.Schaufeli, W.B., Salanova, M., González-Romá, V.& Bakker, A.B., "The measurement of engagementand burnout: A two sample confirmatory factor analytic approach", *Journal of Happiness Studies*, Vol.3, No.1, 2002, pp.71-92.

99.Siu, O.L., Cooper, C.L., & Phillips, D.R., "Intervention studies on enhancing work well-being, reducing burnout, and improving recovery experiences among Hong Kong health care workers and teachers" *International Journal Of Stress Management*, Vol. 21, No. 1, 2014, pp.69–84.

100.Simbula, S.& Guglielmi, D., "I am engaged, I feel good, and I go the extra-mile: Reciprocal relationships between work engagement and consequences", *Revista De Psicologia Del Trabajo Y De Las Organizaciones*, Vol.29, No.3, 2013, pp.117–125.

101.Sul S., Kim J., Choi I., " Subjective well-being and hedonic editing: How happy people maximize joint outcomes of loss and gain ", *Journal of Happiness Studies*, Vol.14, No4, 2013, pp.1409–1430.

102.Sanz-Vergel, A. I.& Rodríguez-Muñoz, A., "The spillover and crossover of daily work enjoyment and well-being: A diary study among working couples", *Revista De Psicologia Del Trabajo Y De Las Organizaciones*, Vol.29, No.3, 2013, pp.179–185.

103.Steptoe Andrew, Dockray Samantha, Wardle Jane, "Positive affect and psychobiological processes relevant to health", *Journal of Personality*, Vol.77, No.6, Dec2009, pp. 1747–1776.

104.Sheldon K. M., Cooper M. L., " Goal Striving Within Agentic and Communal Roles: Separate but Functionally Similar Pathways to Enhanced Well-being", *Journal of Personality*, Vol.76, 2008, pp.415–447.

105.Sheldon K. M., Elliott A. J., "Personal Goals in Social Roles: Divergences and Convergences across Roles and Levels of Analysis", *Journal of Personality*, Vol.68, 2000, pp.51–84.

106.Steger M.F., Frazier P., Oishi S., Kaler M., "The Meaning in Life Questionnaire: Assessing the Presence of and Search for Meaning in Lfe", *Journal of Counseling Psychology*, Vol.53, No.1, 2006, pp.80–93.

107.Seligman M.E.P., Steen T.A., Park N., Peterson C., "Positive Psychology Progress: Empirical Validation of Interventions", *American Psychologist*, Vol.60, No.5, 2005, pp.410–421.

108.Shek D.T., "Meaning in Life and Psychological Well-being: An Empirical Study Using the Chinese Version of the Purpose in Life Questionnaire", *Journal Of Genetic Psychology*, Vol.153, No.2, 1992, p.185.

109.van Berkel, J., Boot, C.L., Proper, K.I., Bongers, P.M.& van der Beek, A.J., "Effectiveness of a worksite mindfulness-related multi-component health promotion intervention on work engagement and mental health: Results of a randomized controlled trial", *Plos ONE*, Vol.9, No.1, 2014.

110.Van den Broeck, A.W., "Explaining the relationships between job characteristics, burnout, and engagement: The role of basic psychological need satisfaction", *Work &*

Stress, Vol.22, No.3, 2008, pp.277-294.

111. Veenhoven, R.(1988). The utility of happiness. Social Indicators Research, 20, pp.333-354.

112. Wolever, R. Q., Bobinet, K. J., McCabe, K., Mackenzie, E. R., Fekete, E., Kusnick, C. A.& Baime, M., "Effective and viable mind-body stress reduction in the workplace: A randomized controlled trial", Journal Of Occupational Health Psychology, Vol.17, No.2, 2012, pp.246-258.

113. Xanthopoulou, D., Bakker, A. B., Demerouti, E.& Schaufeli, W. B., "Reciprocal relationships between job resources, personal resources, and work engagement", Journal of Vocational Behavior, Vol.74, No.3, 2009, pp.235-244.

114. Zigarmi, D. Nimon, K., Houson, D., Witt, D.& Diehl, J., "Beyond engagement: Toward a framework and operational definition for employee work passion", Human Resource Development Review, Vol.8, No.3, 2009, pp.300-326.

115. Zika S. K., "On the Relation between Meaning in Life and Psychological Well-being", British Journal Of Psychology, Vol.83, No.1, 1992, p.133.

责任编辑:洪　琼
版式设计:顾杰珍

图书在版编目(CIP)数据

幸福心理学/严　瑜 著. -北京:人民出版社,2015.11(2022.5 重印)
ISBN 978－7－01－015636－1

Ⅰ.①幸…　Ⅱ.①严…　Ⅲ.①幸福-应用心理学　Ⅳ.①D82

中国版本图书馆 CIP 数据核字(2015)第 308825 号

幸福心理学
XINGFU XINLIXUE

严　瑜　著

人民出版社 出版发行
(100706　北京市东城区隆福寺街 99 号)

北京汇林印务有限公司印刷　新华书店经销

2015 年 11 月第 1 版　2022 年 5 月北京第 3 次印刷
开本:710 毫米×1000 毫米 1/16　印张:17.25
字数:280 千字

ISBN 978－7－01－015636－1　定价:69.00 元

邮购地址 100706　北京市东城区隆福寺街 99 号
人民东方图书销售中心　电话 (010)65250042　65289539